Une année avec marmiton

365 recettes au fil des saisons

Remerciements

Pauline Blottin, Jean-Louis Broust, Gaétan Burrus, Servane Champion, Corinne Fleury, Armelle Goraguer, Marie Jacquemin, Laura Lugand, Laure Maj, Florine Marguin, Karine Marigliano, Anne-Laure Morin, Anaïs Roué, Marjorie Seger, Marie-France Wolfsperger et Quat'Coul pour la photogravure.

Merci également à tous les membres de l'équipe Marmiton et à l'ensemble des Marmitonautes qui, pour notre plus grand bonheur, apportent chaque jour leur pierre à l'édifice de transmission que constitue Marmiton.

Directrice de collection : **Clémence Meunier**
Création et réalisation graphique : **Caroline Moutier**
Éditrice : **Audrey Génin**
Correctrice : **Maud Foutieau**

14 bis, rue des Minimes, 75003 Paris. www.playbac.fr

ISBN : 978-2-8096-5422-6
Dépôt légal : octobre 2015

Imprimé en Slovaquie par Polygraf Print sur des papiers issus de forêts gérées durablement.

Une année avec marmiton

365 recettes au fil des saisons

playBac

Introduction

365 jours sans avoir à vous soucier de ce que vous allez préparer ce soir, ce n'est pas un rêve mais une réalité, grâce à ce livre qui va vous accompagner toute l'année. Pour vous faciliter la vie, nous avons organisé l'ouvrage par mois afin de valoriser les produits. Des fruits et des légumes de saison, c'est tout de même plus savoureux !

Tout ce que vous avez à faire, c'est donc ouvrir le livre au bon mois et piocher une recette. Plus simple, ce serait déjà trop compliqué.

À vos marques... Prêt ? Cuisinez !

Christophe, Claire et toute l'équipe Marmiton

Sommaire

Janvier

Hors de question de se priver ! On va plutôt se régaler. Il fait froid, il fait gris... Une seule solution pour commencer l'année sur les chapeaux de roue : réchauffer notre assiette ! Au menu : du plaisir, du réconfort... bref, des recettes qui font du bien au corps et à l'âme.

C'est le bon moment pour cuisiner...

Légumes • *avocat, brocoli, carotte, céleri, chou de Bruxelles, panais, poireau, pomme de terre, rutabaga, salsifis*

Fruits • *banane, citron, clémentine, kiwi, kumquat, mandarine, mangue, orange, pamplemousse, pomme*

Viandes • *dinde, pintade, porc*

Poissons • *bar de ligne, églefin, haddock, merlan, raie*

Coquillages • *coquille Saint-Jacques, huître*

Fromage • *mont d'or*

Et aussi...

Légumes • cardon, chou, chou-fleur, chou rouge, courge, cresson, crosne, endive, mâche, navet, oignon, potimarron, potiron, scarole, topinambour, truffe noire du Périgord • ***Fruits*** • ananas, citron de Menton, grenade, litchi, poire • ***Viandes*** • bœuf, chapon, lièvre, mouton, oie, sanglier • ***Poissons*** • cabillaud, congre, dorade grise, hareng, lieu jaune, limande, rouget barbet, rouget de roche, rouget-grondin • ***Coquillages, mollusques et crustacés*** • bigorneau, bulot, coque, moule, oursin, poulpe, praire • ***Fromages*** • beaufort, brie de Meaux, brie de Melun, brocciu, cantal, comté, époisses, gruyère, laguiole, livarot, munster, pont-l'évêque, salers, vacherin, vieux-Lille.

Banoffee à la *banane*

Pour 8 personnes
Proposé par Katcalmejane
Facile
Moyen

Préparation	Cuisson	Repos
40 min	**2 h**	**4 h**

Lait concentré sucré (1 grande boîte) • **Spéculoos ou petits-beurre** (150 g) • **Bananes mûres** (3) • **Mascarpone** (250 g) • **Beurre demi-sel** (100 g) • **Extrait de vanille liquide** (1 c. à café) • **Sucre** (75 g) • **Blancs d'œufs** (2)

❶ Déposez la boîte de lait concentré dans une casserole au bain-marie et laissez chauffer pendant au moins 2 h (n'oubliez pas de rajouter de l'eau régulièrement). Retournez la boîte à mi-cuisson pour bien unifier le toffee.

❷ Dans un saladier, réduisez les biscuits en miettes assez fines.

❸ Faites fondre le beurre dans une petite casserole ou au micro-ondes et mélangez-le avec la poudre de biscuits.

❹ Étalez cette mixture dans le fond d'un moule à charnière préalablement recouvert d'un disque de papier sulfurisé beurré. Tassez bien puis placez au réfrigérateur.

❺ Au bout des 2 h de cuisson, sortez la boîte de lait concentré du bain-marie, laissez refroidir un peu, puis ouvrez-la et versez le contenu dans un saladier. Mélangez bien pour retirer les grumeaux.

❻ Étalez le toffee ainsi obtenu sur le fond de biscuits.

❼ Épluchez et coupez en rondelles les bananes. Déposez-les sur le toffee.

❽ Dans un saladier, mélangez le mascarpone avec le sucre et l'extrait de vanille.

❾ Montez les blancs d'œufs en neige puis incorporez-les au mélange au mascarpone.

❿ Étalez la crème obtenue sur la couche de bananes.

⓫ Placez 4 heures au réfrigérateur.

ASTUCE Pour une crème plus onctueuse, supprimez les blancs d'œufs, et pour une finition plus épaisse, doublez la quantité de mascarpone ou rajoutez 250 g de crème fouettée.

« Utilisez un rouleau à pâtisserie pour écraser les biscuits, ça marche bien mieux qu'avec les doigts ! » Klereth

« Pour une meilleure tenue, j'ai mélangé un sachet de gélatine en poudre au toffee. Et pour une crème encore plus savoureuse, j'ai incorporé (avant le mascarpone) 10 cl de crème fleurette montée en chantilly. » cicranette

Magret de canard aux *clémentines*

Pour 2 personnes
Proposé par Pierrejean_2
Facile
Moyen

Préparation	Cuisson	Repos
30 min	**15 min**	**10 min**

Magret de canard (1) • **Clémentines** (5) • **Muscade** (1 c. à café) • **Oranges** (2) • **Vinaigre** (2 c. à soupe) • **Huile** (1 c. à soupe) • **Coriandre** (1 bouquet) • **Cumin** (1 c. à café) • **Curry** (1 c. à café) • **Poivre** (1 c. à café) • **Sucre** (1 c. à soupe)

❶ Préparez les clémentines : épluchez-les et séparez les quartiers. Pressez les oranges.

❷ Préparez un caramel : dans une casserole, versez le vinaigre et le sucre. Laissez chauffer sur feu doux jusqu'à obtenir un caramel. Versez le jus d'orange et les quartiers de clémentines et faites bouillir 1 min. Éteignez le feu.

❸ Incisez la peau du magret au couteau et roulez-le dans les épices. Poêlez le magret côté peau dans l'huile 10 min environ (il doit être rosé à l'intérieur).

❹ Déposez le magret sur une feuille de papier d'aluminium, enveloppez-le et laissez-le reposer 10 min.

❺ Émincez le magret, servez-le avec les quartiers de clémentines et leur jus.

❻ Décorez avec quelques feuilles de coriandre préalablement lavées.

ASTUCE Ajoutez un peu de Maïzena dans la sauce à la fin pour la rendre plus onctueuse.

« J'ai adouci l'amertume de la sauce en ajoutant 1 c. à soupe de crème, c'était impeccable. » **Saveurelle**

« J'ai servi avec des galettes de pommes de terre, assaisonnées avec les mêmes épices que le magret, c'était tout simplement fabuleux ! » **Gaëlle_152**

ZOOM SUR LA *clémentine*

QUAND L'ACHETER ?
JANV. · **FÉV.** · MARS · AVRIL · MAI · JUIN · JUIL. · AOÛT · SEPT. · OCT. · **NOV.** · **DÉC.**

PARTICULARITÉS Fruit du clémentinier, un hybride issu de la greffe d'une mandarine et d'une orange amère. Agrume peu fourni en pépins.

COMMENT LA CHOISIR ? Sa peau doit être ferme et le pédoncule bien accroché.

COMMENT LA CONSERVER ? À température ambiante ou dans le bac du réfrigérateur pour une conservation plus longue.

COMMENT LA CUISINER ? L'associer avec des saveurs chaudes (tous les agrumes, le miel, le piment), les viandes et les crustacés.

ZOOM SUR L'*avocat*

QUAND L'ACHETER?

JANV. FÉV. MARS AVRIL MAI JUIN JUIL. AOÛT SEPT. OCT. NOV. DÉC.

COMMENT LE CHOISIR? Effectuer une légère pression avec le pouce au niveau du pédoncule : la peau doit être souple et le reste du fruit un peu ferme.

COMMENT LE FAIRE MÛRIR? Le conserver à température ambiante, dans la panière à fruits, à côté des agrumes et des bananes.

BON À SAVOIR Une fois coupée, la chair de l'avocat s'oxyde rapidement : il suffit de l'arroser de jus de citron pour éviter qu'elle noircisse.

Tartare d'*avocat* au crabe

Pour 2 personnes
Proposé par alexandra_26
Très facile
Bon marché

Préparation
15 min

Chair de crabe (170 g) • **Avocat** (1) • **Mayonnaise** (2 c. à soupe) • **Citron** (1) • **Sel, poivre**

❶ Pressez le citron.

❷ Dans un saladier, émiettez et mélangez la chair de crabe avec 1 c. à soupe de mayonnaise.

❸ Dans un grand bol, hachez grossièrement la chair de l'avocat, ajoutez le jus du citron, puis 1 c. à soupe de mayonnaise. Mélangez.

❹ Répartissez la chair de crabe dans 2 ramequins puis couvrez d'avocat.

❺ Démoulez les ramequins sur deux assiettes.

ASTUCE Pour un démoulage parfait, tapissez les ramequins de film alimentaire ou utilisez des cercles de cuisine.

« J'ai ajouté par-dessus des noix émiettées, des petites crevettes et un filet d'huile d'olive. » topie51

« Je les ai parsemés de ciboulette ciselée et de petits dés de tomates pour donner de la couleur. » david_784

La recette filmée

Risotto crémeux aux *coquilles Saint-Jacques*

Pour 4 personnes
Proposé par Turpy
Facile
Moyen

Préparation	Cuisson
15 min	**30 min**

Riz à risotto (300 g) • **Noix de Saint-Jacques** (16) • **Beurre** (100 g) • **Bouillon de poule** (80 cl, soit 2 cubes) • **Oignons** (2) • **Vin blanc** (10 cl) • **Parmesan** (30 g) • **Sel, poivre**

1. Dans une petite casserole, faites chauffer le bouillon de poule.
2. Épluchez et hachez les oignons.
3. Saisissez les noix de Saint-Jacques dans une poêle avec une belle noisette de beurre. Mettez-les de côté.
4. Dans un faitout, faites chauffer le reste de beurre et faites-y blondir les oignons à feu vif.
5. Ajoutez le riz, baissez le feu au minimum et mélangez jusqu'à ce que le riz soit translucide (comptez 1 min environ).
6. Ajoutez le vin blanc, mélangez jusqu'à complète absorption.
7. Versez une louche de bouillon de poule et laissez le riz absorber le liquide.
8. Rajoutez une louche et ainsi de suite jusqu'à épuisement du bouillon : le riz doit être bien crémeux (comptez 20 à 25 min de cuisson en tout).
9. Salez et poivrez. Ajoutez les noix de Saint-Jacques et laissez-les se réchauffer doucement 1 ou 2 min.
10. Servez le plat bien chaud accompagné de parmesan râpé.

ASTUCE Les noix de Saint-Jacques ne doivent pas trop cuire au risque d'être sèches et un peu caoutchouteuses. Saisissez-les 2 à 3 min maximum.

« Après les avoir fait revenir dans du beurre, j'ai flambé les noix de Saint-Jacques au cognac. » **Nadege_935**

« Excellente recette, j'ai rajouté, en même temps que les Saint-Jacques, des dés de saumon fumé, du persil et du basilic. » **Roberic**

La recette filmée

L'INCONTOURNABLE DU MOIS

L'Épiphanie

Galette des rois à la frangipane

Pour 6 personnes
Très facile
Bon marché

Préparation **10 min** | Cuisson **30 min**

Pâte feuilletée (2 rouleaux) • **Poudre d'amandes** (160 g) • **Sucre** (100 g) • **Œufs** (2) • **Jaune d'œuf** (1) • **Beurre** (75 g) • **Fève** (1)

❶ Préchauffez le four à 200 °C (th. 6-7).

❷ Placez une pâte feuilletée dans un moule à tarte préalablement beurré, piquez-la avec une fourchette.

❸ Dans un saladier, mélangez la poudre d'amandes, le sucre, les 2 œufs et le beurre préalablement ramolli.

❹ Étalez cette crème d'amandes sur la pâte. Placez la fève.

❺ Recouvrez avec la seconde pâte feuilletée en collant bien les bords et en veillant à chasser tout l'air.

❻ Faites des dessins sur la pâte avec la lame d'un couteau et badigeonnez de jaune d'œuf préalablement battu.

❼ Enfournez et laissez cuire 20 à 30 min : surveillez la cuisson, la galette doit être dorée.

ASTUCE À défaut de moule à tarte, réalisez la galette directement sur une plaque de cuisson recouverte de papier sulfurisé.

Réaliser une galette des rois

Rôti de *dinde*

Pour 6 personnes
Proposé par amelie_998
Très facile
Bon marché

Préparation **10 min** | Cuisson **1 h 30**

Rôti de dinde (1) • **Carottes** (6) • **Oignon** (1) • **Herbes de Provence** (3-4 c. à café) • **Sel, poivre**

❶ Préchauffez le four à 180 °C (th. 6).

❷ Placez le rôti dans un plat, versez un peu d'eau autour. Salez et poivrez la viande.

❸ Épluchez et découpez les carottes en rondelles. Épluchez et hachez l'oignon. Déposez-les dans le plat.

❹ Saupoudrez d'herbes de Provence, enfournez et laissez cuire 1 h 30 environ.

ASTUCE Si vous n'avez pas de four, la cuisson peut se faire dans une cocotte sur une plaque de cuisson. Dans ce cas, saisissez la viande dans un peu d'huile avant d'ajouter l'eau et les légumes.

Frites de *panais*

Pour 4 personnes
Proposées par MARIDET
Très facile
Bon marché

Préparation	Cuisson
15 min	**10 min**

Panais (1 kg) • **Huile de friture** (1 l) • **Sel**

❶ Épluchez et coupez les panais en forme de frites.

❷ Faites chauffer le bain de friture à 170 °C.

❸ Quand l'huile est bien chaude, plongez-y les frites de panais et laissez cuire une dizaine de minutes. Procédez en plusieurs fois si besoin, les frites doivent toutes être plongées dans l'huile et dorer de la même manière.

❹ Égouttez sur du papier absorbant.

❺ Servez aussitôt.

ASTUCE Si vous n'avez pas de friteuse, placez les frites sur une plaque, arrosez d'huile d'olive et d'herbes, et enfournez 20 min à 200 °C (th. 6-7).

« Quel délice ! Je les ai servies en apéritif et cela a été très apprécié. » **Myosotis37**

« Je les ai saupoudrées de cumin en poudre juste avant de servir, c'était vraiment très bon. » **marielemaire**

« Pour un effet pro, quelques minutes avant la fin de la cuisson, je badigeonne la galette d'un mélange lait + sucre glace. »
Naaaaa

Gâteau à *l'orange*

Pour 6 personnes
Facile
Bon marché

Préparation	Cuisson	Repos
25 min	**45 min**	**4 h**

Oranges non traitées (4) • **Œufs** (3) • **Farine** (175 g) • **Beurre** (150 g + un peu pour le moule) • **Sucre** (150 g) • **Sucre glace** (125 g) • **Levure chimique** (½ sachet)

❶ Prélevez le zeste de 2 oranges. Pressez 1 orange.

❷ Dans une casserole, faites fondre le beurre coupé en morceaux.

❸ Hors du feu, en remuant avec un fouet, ajoutez (dans l'ordre) le sucre, les œufs un à un, la farine préalablement tamisée, la levure, les zestes et le jus d'orange.

❹ Beurrez un moule rond. Versez la pâte dans le moule.

❺ Enfournez et laissez cuire 40 min environ.

❻ Sortez le gâteau du four et démoulez-le.

❼ Préparez un sirop : pressez 3 oranges. Versez le jus dans une casserole avec le sucre glace et laissez chauffer pendant 5 min.

❽ Arrosez le gâteau de sirop sur toutes les faces en le retournant délicatement.

❾ Placez au frais au moins 4 h et servez bien frais.

« J'ai ajouté des pépites de chocolat noir, un régal ! » **minettesydney**

Gratin de *céleri-rave*

Pour 4 personnes
Proposé par Nicolette_45
Très facile
Bon marché

Préparation	Cuisson
10 min	**40 min**

Céleri-rave (1 gros)
• **Chapelure** (3-4 c. à café)
• **Crème fraîche** (10-15 cl)
• **Beurre** (20 g) • **Sel, poivre**

❶ Pelez et râpez le céleri.

❷ Faites-le cuire dans une sauteuse avec le beurre à feu doux pendant environ 30 min.

❸ Quand le céleri est tendre, ajoutez la crème fraîche.

❹ Préchauffez le gril du four. Mettez cette préparation dans un plat à gratin et saupoudrez de chapelure. Salez et poivrez.

❺ Passez sous le gril du four quelques minutes puis servez.

ASTUCE Apportez une saveur originale en mélangeant la chapelure avec quelques noisettes torréfiées et réduites en poudre.

« Un délice pour les papilles ! J'ai juste ajouté un peu de curry, qui se marie très bien avec le céleri. » **Stéphanie_526**

« J'ai rajouté de la sauce soja et du gingembre à la purée. C'était délicieux ! » **Mariehelene_74**

Mont d'or au four

Pour 4 personnes
Très facile
Moyen

Préparation	Cuisson
5 min	**20 min**

Mont d'or (1 boîte) • **Vin blanc** (12 cl) • **Pommes de terre** (4-6) • **Échalote** (1)

1. Préchauffez le four à 180 °C (th. 6).

2. Épluchez et émincez l'échalote finement.

3. Ôtez le couvercle du mont d'or. Faites un puits au milieu du fromage et versez-y le vin blanc.

4. Parsemez le fromage d'un peu d'échalote.

5. Placez le fromage au four pour une vingtaine de minutes, jusqu'à ce qu'il soit fondu.

6. Servez le mont d'or fondu avec des pommes de terre et des cuillères !

7. Vous pouvez également proposer une assiette de charcuterie et une salade verte en accompagnement.

ASTUCE Pour éviter que la boîte ne « brûle » à la cuisson, vous pouvez la tremper dans de l'eau juste avant d'enfourner.

« Je remplace le vin blanc par du calvados ou de la poire Williams et j'y trempe des morceaux de poires pochées. »
woodstock66

La recette filmée

ZOOM SUR LE *mont d'or*

QUAND L'ACHETER ?

JAN.	**FÉV.**	**MARS**	AVRIL
MAI	JUIN	JUIL.	AOÛT
SEPT.	OCT.	NOV.	**DÉC.**

PARTICULARITÉS C'est un fromage au lait cru de vache à pâte molle à croûte lavée. Fabriqué dans le Jura, il est entouré d'une sangle d'épicéa et est vendu dans une boîte en bois d'épicéa.

COMMENT LE CUISINER ? Il est généralement consommé fondu au four, dans sa boîte, agrémenté parfois de vin blanc et accompagné de pommes de terre cuites à l'eau.

BON À SAVOIR Également appelé « vacherin du Haut-Doubs », il peut être confondu avec son cousin suisse, le vacherin ou vacherin Mont d'Or, qui n'est pas fabriqué avec du lait cru.

Pintade aux agrumes

Pour 4 personnes
Proposée par barbara_52
Facile
Moyen

Préparation	Cuisson
15 min	**1 h**

Pintade (1) • **Citron jaune** (1) • **Citron vert** (1) • **Jus d'orange** (1 verre) • **Beurre** (30 g) • **Bouillon de volaille** (1 cube) • **Sucre** (1 morceau) • **Vinaigre balsamique** (1 c. à soupe) • **Crème fraîche** • **Sel, poivre**

❶ Faites dorer la pintade dans une cocotte avec le beurre.

❷ Pressez les citrons. Dans un bol, mélangez les jus d'orange et de citron, le sucre et le vinaigre.

❸ Versez ce mélange sur la pintade, couvrez et laissez cuire pendant 45 min en retournant la pintade de temps en temps.

❹ Au terme de la cuisson, sortez la pintade de la cocotte.

❺ Dans une casserole, versez le cube de bouillon préalablement dilué dans un petit verre d'eau et faites réduire cette sauce. Ajoutez un peu de crème fraîche (selon les goûts) et laissez chauffer quelques instants.

❻ Servez la pintade avec la sauce.

ASTUCE Pour une viande savoureuse, ajoutez à l'intérieur de la pintade des zestes d'agrumes, du sel de Guérande et du poivre 5 baies avant de la cuire.

« Pour la cuisson, je l'ai faite au four, 1 h à 170 °C (th. 5-6), à couvert, c'était parfait ! » **Lululb**

« Un pur délice ! J'ai utilisé un mélange d'épices pour pain d'épices et j'ai remplacé les noix par des morceaux de chocolat noir pour plus de gourmandise. » **Laure_1603**

Gâteau aux *carottes*

Pour 4 personnes
Facile
Bon marché

Préparation **30 min** | Cuisson **1 h**

Carottes (250 g) • **Cerneaux de noix concassés** (60 g) • **Cannelle en poudre** (½ c. à café) • **Œufs** (2) • **Beurre** (125 g) • **Farine** (200 g) • **Sucre** (125 g) • **Levure chimique** (1 sachet)

❶ Préchauffez le four à 150 °C (th. 5).

❷ Beurrez un moule à cake.

❸ Faites fondre le beurre. Épluchez et râpez les carottes.

❹ Dans un saladier, fouettez les œufs avec le sucre. Quand le mélange double de volume et devient mousseux, ajoutez peu à peu la farine et le beurre fondu tout en continuant de fouetter.

❺ Incorporez ensuite la cannelle, la levure puis les carottes et les noix sans cesser de fouetter.

❻ Versez la préparation dans le moule.

❼ Enfournez et laissez cuire pendant 1 h. Laissez tiédir avant de démouler.

ASTUCE Préparez un glaçage en mélangeant 200 g de cream cheese, 50 g de sucre, 1 sachet de sucre vanillé et un filet de jus de citron. Étalez-le sur le gâteau refroidi ; servez ou réservez au frais.

« Je n'avais pas de noix, j'ai donc mis 60 g de poudre de noisettes et c'était délicieux. » **gbemilie**

La recette filmée

Côtes de *porc* au curry et au miel

Pour 4 personnes
Proposées par Cecile_825
Très facile
Bon marché

Préparation **10 min** | Cuisson **15 min**

Côtes de porc (4) • **Miel** (4 c. à soupe) • **Curry en poudre** (2 c. à soupe) • **Huile d'olive** • **Citron** (½)

❶ Pressez le demi-citron.

❷ Faites revenir les côtes de porc à la poêle avec de l'huile d'olive.

❸ Dans un bol, mélangez 2 c. à soupe d'huile, le curry, le miel et le jus de citron.

❹ À mi-cuisson, arrosez les côtes de porc de cette préparation.

❺ Poursuivez la cuisson en retournant régulièrement la viande.

ASTUCE Servez avec une purée de carottes maison.

« J'ai ajouté un peu de crème fraîche pour rendre la sauce plus onctueuse. » **Heiden**

Papillotes d'*églefin* sur lit de pommes de terre

Pour 2 personnes
Proposées par mamgwen
Très facile
Bon marché

Préparation	Cuisson
15 min	**40 min**

Églefin (2 filets) • **Pommes de terre** (2) • **Crème fraîche** (2 c. à soupe) • **Échalote** (1 grosse) • **Huile d'olive** • **Jus de citron** • **Thym citron** (3 ou 4 branches) • **Coriandre** (1 brin) • **Sel, poivre**

1. Faites cuire les pommes de terre dans une grande casserole d'eau salée pendant 20 min environ.

2. Préchauffez le four à 180 °C (th. 6).

3. Égouttez les pommes de terre, retirez la peau et écrasez-les à la fourchette dans un grand bol.

4. Ajoutez l'échalote préalablement épluchée et émincée, la crème fraîche, du sel et du poivre. Mélangez le tout.

5. Étalez cette préparation sur 2 rectangles de papier sulfurisé.

6. Déposez 1 filet d'églefin sur chaque lit de pommes de terre. Salez et poivrez les filets.

7. Refermez les côtés des papillotes en laissant le dessus ouvert.

8. Ajoutez quelques feuilles de coriandre et le thym citron.

9. Versez un filet d'huile d'olive et quelques gouttes de jus de citron.

10. Refermez la papillote, enfournez et laissez cuire 20 min.

ASTUCE Cette recette convient parfaitement à tout type de poisson blanc.

« J'ai utilisé un reste de purée maison pour faire le lit de pommes de terre : un vrai régal. » **Naheya**

ZOOM SUR L'*églefin*

QUAND L'ACHETER ?

JAN.	FÉV.	MARS	AVRIL
MAI	JUIN	JUIL.	AOÛT
SEPT.	OCT.	NOV.	DÉC.

PARTICULARITÉS Il est reconnaissable à sa tache noire située à la base de sa nageoire pectorale ainsi qu'à la couleur de son dos, vert olive ou noir.

COMMENT LE CUISINER ? Sa chair blanche et fine est proche de celle du cabillaud. En France, il prend le nom de haddock une fois fumé, sa chair est alors teinte à l'aide d'un colorant végétal, le roucou.

BON À SAVOIR L'églefin, ou aiglefin, est un poisson benthique (qui vit dans le fond des océans) dont le territoire s'étend le long des côtes du nord de l'Atlantique.

Confiture de *kumquats*

Pour 3 personnes
Très facile
Moyen

Préparation	Cuisson
30 min	**20 min**

Kumquats (500 g) • **Oranges à jus** (3-4) • **Sucre gélifiant** (500 g) • **Macis**

❶ Lavez les kumquats, enlevez éventuellement les restes de queue et coupez-les en fines tranches en retirant les pépins.

❷ Pressez les oranges.

❸ Mélangez les tranches de kumquats et le jus des oranges. Pesez et ajoutez la moitié de ce poids en sucre gélifiant. Portez le tout à ébullition dans une grande casserole (ou un faitout) puis laissez bouillir pendant 3 min. Retirez la mousse qui s'est éventuellement formée.

❹ Ébouillantez des bocaux et séchez-les. Remplissez-les à ras bord avec la préparation. Déposez un peu de macis à la surface.

❺ Fermez les bocaux en serrant le couvercle bien fort. Retournez-les et laissez-les reposer sur le couvercle pendant au moins 5 min.

ASTUCE S'il reste des pépins dans la confiture, filtrez-la avant de la mettre en pot.

« J'ai remplacé le sucre gélifiant par du sucre en poudre classique et un sachet d'agar-agar. » **Mathis34**

« J'ai utilisé des oranges sanguines. C'est excellent. » **Mich7E**

Salade de *pamplemousses* et d'*avocats*, sauce *mandarine*

Pour 4 personnes
Proposée par nadej
Très facile
Bon marché

Préparation	Cuisson
30 min	**2 min**

Pamplemousses roses (2)
• **Avocats bien mûrs** (2)
• **Amandes effilées** (2 c. à soupe)
Pour l'assaisonnement :
Mandarines non traitées (2)
• **Jus de citron** (2 c. à soupe)
• **Miel** (2 c. à soupe) • **Huile de tournesol** (3 c. à soupe)

❶ Râpez très finement le zeste d'une mandarine.

❷ Pressez les mandarines pour obtenir 12 cl de jus.

❸ Préparez l'assaisonnement : dans un bol, mélangez le miel et 1 c. à soupe de zeste de mandarine, puis incorporez délicatement les jus de mandarine et de citron. Versez ensuite l'huile.

❹ Pelez les pamplemousses en ôtant la pellicule blanche. Coupez-les en rondelles.

❺ Pelez, dénoyautez et coupez en morceaux les avocats.

❻ Dans un saladier, réunissez les morceaux d'avocats et de pamplemousses.

❼ Faites griller à sec les amandes dans une poêle antiadhésive.

❽ Versez les amandes dans le saladier puis arrosez de sauce mandarine. Mélangez et servez.

ASTUCE Utilisez des ingrédients à température ambiante.

“J'ai rajouté des rondelles très fines de carottes : ça donne un petit côté croquant et sucré agréable. Tout le monde a apprécié.” Debby_3

Gratin de *pommes de terre* à la paysanne

Pour 5 personnes
Facile
Bon marché

Préparation **30 min** | Cuisson **1 h 10**

Pommes de terre (1 kg) • **Jambon cuit** (5 tranches) • **Oignons** (3) • **Crème fraîche** (20 cl) • **Gruyère râpé** (75 g) • **Lait** (10 cl) • **Moutarde forte** • **Persil** • **Huile d'olive** • **Beurre** (pour le plat) • **Sel, poivre**

1. Faites cuire les pommes de terre dans une grande casserole d'eau salée pendant 20 à 40 min selon leur taille. Vérifiez qu'elles restent un peu fermes au terme de leur cuisson.
2. Pelez et émincez les oignons.
3. Faites-les revenir à la poêle dans un filet d'huile d'olive jusqu'à ce qu'ils soient dorés.
4. Badigeonnez les tranches de jambon de moutarde puis coupez-les en petits carrés (1 cm de côté).
5. Dans un bol, mélangez la crème fraîche avec le gruyère.
6. Égouttez et pelez les pommes de terre, coupez-les en rondelles.
7. Préchauffez le four à 220 °C (th. 7-8).
8. Beurrez un plat à gratin, tapissez-en le fond avec une première couche de pommes de terre.
9. Recouvrez de la moitié du jambon puis de la moitié des oignons. Salez et poivrez. Recouvrez avec une deuxième couche de pommes de terre, de jambon et d'oignons. Salez et poivrez.
10. Terminez par une couche de pommes de terre, recouvrez du mélange crème fraîche-gruyère et versez le lait sur la surface. Salez, poivrez.
11. Enfournez et laissez cuire 20 à 30 min: le dessus doit être bien doré. Saupoudrez de persil préalablement lavé et ciselé et servez.

ASTUCE Pour une cuisson homogène, veillez à tailler vos pommes de terre en rondelles fines et de taille équivalente. Utilisez une mandoline si vous en avez une.

« J'ai fait revenir un peu des lardons (à la place du jambon) avec les oignons et j'ai fait fondre du roquefort avec : résultat très sympathique. » **eve69005**

Brocolis aux lardons

Pour 4 personnes
Proposés par laetitia_2910
Facile
Bon marché

Préparation	Cuisson
10 min	25 min

Brocolis (2) • **Lardons fumés** (200 g) • **Crème fraîche** (20 cl) • **Oignons** (2) • **Échalotes** (2) • **Gruyère** • **Sel, poivre**

❶ Préchauffez le four à 180 °C (th. 6). Coupez les brocolis en bouquets.

❷ Épluchez et émincez finement les oignons et les échalotes.

❸ Plongez les brocolis dans une casserole d'eau chaude et laissez-les cuire pendant environ 10 min. Vérifiez la cuisson à l'aide de la pointe d'un couteau.

❹ Faites revenir les lardons dans une poêle avec les oignons et les échalotes.

❺ Salez, poivrez, ajoutez la crème et laissez mijoter 2 à 3 min à feu doux.

❻ Égouttez les brocolis, mettez-les dans un plat à gratin et recouvrez-les de la crème aux lardons. Parsemez de gruyère.

❼ Enfournez et laissez cuire 10 à 12 min.

ASTUCE Pour conserver la belle couleur verte des brocolis, passez-les sous l'eau froide juste après la cuisson.

« Je n'ai pas mis de gruyère, mais des petites lamelles de chèvre frais, ça se marie très bien ! » cecile_3748

« J'ai fait un mélange brocolis et chou-fleur, c'est excellent ! »
marionnette974

ZOOM SUR LE *brocoli*

QUAND L'ACHETER ?

JAN.	**FÉV.**	**MARS**	**AVRIL**
MAI	**JUIN**	**JUIL.**	AOÛT
SEPT.	OCT.	**NOV.**	**DÉC.**

COMMENT LE CHOISIR ? Ses petits bouquets doivent être d'une belle couleur verte et bien serrés, signes de leur fraîcheur. La tige doit être aussi bien ferme.

COMMENT LE CONSERVER ? Quelques jours dans le bac à légumes du réfrigérateur.

COMMENT LE CUISINER ? À la vapeur, bouilli ou poêlé, en gratin, en tarte, en purée, en soupe : il se cuisine de multiples façons et accompagne de nombreux mets.

BON À SAVOIR Il contient beaucoup de vitamine C et de fibres. Étant très peu calorique, il est l'allié idéal des régimes.

Chips de *pommes*

Pour 4 personnes
Proposées par Kallyste
Très facile
Bon marché

Préparation **20 min** | Cuisson **4 h**

Pommes à chair ferme type granny-smith (4)

❶ Préchauffez le four à 120 °C (th. 4).

❷ Ôtez le cœur des pommes, pelez-les.

❸ Émincez les pommes en fines rondelles (3 mm d'épaisseur maximum) et disposez-les sur une ou plusieurs grilles.

❹ Enfournez et laissez sécher ainsi 2 h.

ASTUCE Pensez à recouvrir les grilles d'une feuille de papier sulfurisé car les rondelles de pomme rétrécissent en séchant et risquent de tomber à travers la grille.

« Je les ai cuites à 120 °C (th. 4) en chaleur tournante pendant environ 1 h 30 (surveillez la couleur des chips) et autant de séchage à la sortie du four. » Celine_897

« Avec une mandoline réglée sur 2 mm, 4 pommes couvrent entièrement 2 plaques de cuisson... » agentFW

Poulet aux *choux de Bruxelles*

Pour 4 personnes
Proposé par elsie_2
Très facile
Bon marché

Préparation **15 min** | Cuisson **50 min**

Filets de poulet (500 g) • **Choux de Bruxelles** (400 g) • **Carottes** (2) • **Oignon** (1 gros) • **Sauce soja** (3 c. à soupe) • **Huile d'olive** (1 c. à soupe) • **Sucre** (2 c. à soupe) • **Sel, poivre**

❶ Lavez les choux de Bruxelles et plongez-les 10 min dans une casserole d'eau bouillante.

❷ Épluchez et émincez l'oignon puis faites-le revenir dans une casserole avec l'huile d'olive.

❸ Pelez les carottes et coupez-les en lamelles, puis ajoutez-les dans la casserole. Laissez revenir à feu doux.

❹ Coupez les filets de poulet en morceaux et ajoutez-les à la préparation. Saupoudrez de sucre et faites revenir le tout 10 min.

❺ Ajoutez les choux de Bruxelles ainsi que la sauce soja ; salez et poivrez.

❻ Laissez cuire 20 min environ à feu doux.

« J'ai ajouté, en même temps que le poulet, du jus de citron vert et une pointe de gingembre en poudre qui s'associe parfaitement avec la sauce soja. Un vrai régal. » sphynx13

Salsifis aux champignons

Pour 6 personnes
Très facile
Moyen

Préparation	Cuisson
20 min	**1 h 35**

Salsifis (1 kg) • **Champignons** (250 g) • **Tomates** (4) • **Oignons** (3) • **Ail** (2 gousses) • **Bouquet garni** (1) • **Huile d'olive** (1 c. à soupe) • **Jus de citron** (1 filet) • **Persil** • **Muscade** • **Sel, poivre**

❶ Épluchez les salsifis, lavez-les puis coupez-les en petits tronçons.

❷ Épluchez et émincez les oignons.

❸ Épluchez et émincez l'ail.

❹ Coupez les tomates en morceaux et épépinez-les.

❺ Dans une cocotte en fonte, faites revenir rapidement les oignons et l'ail dans l'huile d'olive. Ajoutez les tomates, les salsifis, le bouquet garni, les champignons, un filet de jus de citron, de la muscade et du persil haché. Salez et poivrez.

❻ Couvrez et laissez mijoter pendant 1 h 30.

ASTUCE Pour éviter d'avoir les doigts qui collent après l'épluchage des salsifis, portez des gants !

Bar en croûte de sel

Pour 6 personnes
Proposé par Virginie_513
Très facile
Moyen

Préparation	Cuisson
15 min	**45 min**

Bar (2,5 kg) • **Gros sel** (2,5 kg) • **Fenouil** • **Persil** • **Thym** • **Coriandre** • **Laurier**
Pour la sauce : Citron (½) • **Persil plat** (½ bouquet) • **Beurre** (150 g) • **Poivre**

❶ Préchauffez le four à 200 °C (th. 6-7).

❷ Videz le bar par les ouïes ou demandez à votre poissonnier de le faire. Ne l'écaillez pas.

❸ Faites un bouquet de toutes les herbes et placez-les à l'intérieur du poisson.

❹ Dans le fond d'un plat allant au four, mettez une couche d'environ 1 cm de gros sel. Posez le poisson dessus et recouvrez-le entièrement de gros sel.

❺ Enfournez et laissez cuire 45 min.

❻ À la sortie du four, attendez 10 min puis cassez la croûte de sel.

❼ Préparez la sauce : pressez le demi-citron, lavez et hachez le persil. Dans une petite casserole, faites fondre le beurre, ajoutez le jus de citron et le persil. Poivrez et mélangez.

❽ Disposez le poisson entier sur un plat, enlevez la peau et servez avec la sauce à part.

Cuire un poisson en croûte de sel

Purée de *rutabagas*

Pour 4 personnes
Proposée par Swingybb
Très facile
Bon marché

Préparation	Cuisson
15 min	**30 min**

Pommes de terre (4) • **Rutabagas** (4) • **Crème fraîche** (2 c. à soupe) • **Lait** (15 cl) • **Persil** (quelques brins) • **Noix de muscade** (1 pincée) • **Sel, poivre**

❶ Épluchez les pommes de terre et les rutabagas ; coupez-les en morceaux.

❷ Faites-les cuire ensemble dans une casserole d'eau ou dans un autocuiseur pendant 30 min environ : ils doivent être faciles à écraser en fin de cuisson.

❸ Dans un saladier, mélangez la crème, le lait, le persil préalablement lavé et haché ainsi que la noix de muscade ; salez et poivrez.

❹ Ajoutez les légumes égouttés et écrasez le tout avec un presse-purée.

ASTUCE Si la purée est trop liquide, remettez-la dans la casserole et faites-la sécher sur feu moyen en remuant sans cesse.

« J'ai ajouté 1 c. à café de miel et de la ciboulette hachée. » **Momirox**

« J'ai fait cuire dans un auto-cuiseur en immersion 15 min. » **Valerie_80**

« J'ai mis les verts d'un poireau sous le poisson. Bien sûr, présentez le plat aux invités avant de casser la croûte. Effet garanti ! » **sandrine_4502**

Merlan pané

Pour 4 personnes
Très facile
Bon marché

Préparation	Cuisson
10 min	**6 min**

Filets de merlan (4) • **Jaune d'œuf** (1) • **Lait** (3 c. à soupe) • **Chapelure ou biscottes mixées** (3 c. à soupe) • **Beurre** • **Sel, poivre**

❶ Dans un saladier, mélangez le jaune d'œuf et le lait de manière à obtenir un mélange homogène. Salez et poivrez.

❷ Versez la chapelure dans une assiette creuse.

❸ Plongez chaque filet de merlan dans ce mélange puis dans la chapelure.

❹ Faites-les frire dans une poêle avec une noisette de beurre jusqu'à ce qu'ils soient bien dorés. Servez aussitôt.

ASTUCE Vous pouvez remplacer la chapelure par des chips écrasées.

« Mon petit plus : je rajoute de l'ail en poudre et un peu de cumin dans le mélange œufs-lait. » **Veronique_20**

« Pour la chapelure, j'ai écrasé deux petits pains suédois. C'est une recette parfaite pour faire manger du poisson frais aux enfants. » **Ondine_2**

Tatin de *mangue* parfumée au gingembre

Pour 4 personnes
Facile
Moyen

Préparation	Cuisson
30 min	**20 min**

Mangues (2, bien mûres) • **Gingembre frais ou en poudre** • **Pâte brisée** (1 rouleau) • **Sucre roux** (50 g) • **Beurre salé** (50 g)

❶ Découpez la pâte aux dimensions du moule en ajoutant 5 cm tout autour puis placez-la au réfrigérateur.

❷ Épluchez le gingembre et râpez-le jusqu'à obtenir l'équivalent de 3 c. à café.

❸ Faites fondre le beurre et le gingembre dans une casserole, ajoutez le sucre et laissez cuire sur feu doux afin d'obtenir un caramel mousseux (comptez 5 min).

❹ Versez le caramel dans le moule préalablement beurré en recouvrant bien le fond et les bords.

❺ Épluchez les mangues et coupez-les en quartiers.

❻ Tapissez le moule avec les quartiers de mangue, saupoudrez d'un peu de sucre, puis recouvrez avec la pâte bien froide (rentrez les bords sur les côtés).

❼ Enfournez pour 20 min à 180 °C (th. 6). Laissez refroidir 5 min avant de démouler la Tatin.

« Recette sublime ! C'est un vrai bonheur. J'ai juste mis 2 c. à café de gingembre. » **Alexandra_710**

Préparer une mangue

Citrons farcis au thon

Pour 4 personnes
Facile
Bon marché

Préparation
30 min

Citrons (5) • **Thon au naturel** (1 boîte) • **Cornichons** (2) • **Céleri** (2 branches) • **Câpres** (1 c. à soupe) • **Ail** (2 gousses) • **Persil** (quelques brins) • **Paprika doux** (½ c. à café)
Pour la mayonnaise : Œuf (1) • **Moutarde** (1 c. à café) • **Vinaigre** (½ c. à café) • **Huile d'olive** (6 c. à soupe) • **Sel, poivre de Cayenne** (1 pincée)

« Je remplace la mayonnaise par 2 petits-suisses mélangés à la moutarde et au thon, c'est plus léger et extra ! »
Christelline

❶ Coupez la partie supérieure de 4 citrons du côté pointu, puis évidez-les à l'aide d'une cuillère. Conservez les chapeaux des citrons.

❷ Coupez légèrement la base des citrons de manière qu'ils puissent tenir debout.

❸ Pressez la pulpe retirée des citrons pour obtenir la valeur de 2 c. à soupe de jus.

❹ Lavez le persil et le céleri. Hachez finement les cornichons, le persil et le céleri. Épluchez et écrasez les gousses d'ail.

❺ Égouttez le thon. Dans un saladier, mélangez-le avec le persil, le céleri, l'ail, le paprika et les câpres.

❻ Préparez une mayonnaise très ferme : dans un bol, mélangez l'œuf, la moutarde et le vinaigre. Sans cesser de fouetter, ajoutez l'huile d'olive, d'abord goutte à goutte puis en fin filet. Salez et ajoutez le poivre de Cayenne.

❼ Ajoutez le jus de citron au thon, puis la mayonnaise de façon à obtenir une préparation très homogène.

❽ Garnissez les citrons de cette farce en la faisant dépasser du bord pour qu'elle forme un dôme puis remettez le chapeau sur chaque citron.

❾ Servez très frais.

ASTUCE Vous pouvez préparer la farce à l'avance en la filmant bien, mais garnissez les citrons au dernier moment.

Rôti de *porc* aux pruneaux

Pour 4 personnes
Facile
Bon marché

Préparation	Cuisson
20 min	1 h 40

Rôti de porc (1) • **Pruneaux dénoyautés** (10 + 15) • **Ail** (4 gousses) • **Zeste d'orange non traitée** (1) • **Vin blanc** (20 cl) • **Fond de veau déshydraté** (2 c. à café) • **Crème fraîche** (20 cl) • **Margarine** • **Sel, poivre**

1. Ouvrez le rôti en deux dans la longueur et farcissez-le avec une dizaine de pruneaux.

2. Refermez et ficelez le rôti. Salez et poivrez.

3. Dans une cocotte, faites fondre une noix de margarine.

4. Faites-y dorer le rôti sur toutes ses faces.

5. Ajoutez les gousses d'ail préalablement épluchées et émincées, le vin blanc et le fond de veau. Couvrez et laissez cuire pendant 1 h en retournant le rôti de temps en temps.

6. Ajoutez les pruneaux restants ainsi que le zeste d'orange. Poursuivez la cuisson 30 min.

7. Ajoutez la crème et laissez frémir un instant.

8. Servez avec des pâtes fraîches ou des galettes de pomme de terre.

ASTUCE Pour plus de sauce, ajoutez 15 cl d'eau avec le vin blanc.

« J'ai rajouté un brin de romarin et de sauge, et remplacé le zeste par une clémentine confite. » **michelothis**

« Recette très facile ! Grand succès auprès de toute la famille. La viande était vraiment moelleuse, je l'ai servie avec des petites pommes de terre revenues à la sauteuse et parsemée d'un peu de fleur de sel. » **Carotte1981**

ZOOM SUR LE *porc*

QUAND L'ACHETER ?

JAN.	**FÉV.**	MARS	AVRIL
MAI	JUIN	JUIL.	AOÛT
SEPT.	**OCT.**	**NOV.**	**DÉC.**

LES DIFFÉRENTS MORCEAUX
Tout se mange dans le cochon : le jambon, le filet, la pointe de filet, le jarret, le filet mignon, les travers, la poitrine, le plat de côtes, l'épaule (ou palette), l'échine, la tête, les pieds, les oreilles et même la queue !

COMMENT LE CUISINER ? Facile à cuisiner, entière ou coupée en morceaux, la viande de porc peut être rôtie, braisée, grillée, poêlée, marinée ou non. Elle permet également de nombreuses préparations charcutières : jambon blanc, jambon cru, jambon fumé, saucisses, pâtés...

BON À SAVOIR Contrairement à celle du bœuf, la viande du porc ne peut pas se manger crue. La graisse du porc, appelée saindoux, est aussi utilisée en cuisine.

Huîtres au coulis de poireaux

Pour 4 personnes
Proposées par SYLVIE_510
Facile
Moyen

Préparation	Cuisson
20 min	**40 min**

Huîtres (24) • **Blancs de poireau** (3) • **Crème fraîche épaisse** (50 cl) • **Beurre** • **Gros sel** (250 g) • **Poivre**

❶ Ouvrez et décoquillez les huîtres ; récupérez leur eau et placez-les au frais dans un grand bol.

❷ Filtrez l'eau des huîtres pour éliminer les débris de coquille. Rincez et séchez les demi-coquilles creuses.

❸ Nettoyez les blancs de poireau et coupez-les en lamelles très fines.

❹ Dans une casserole, faites suer les blancs de poireau avec une noix de beurre à couvert pendant 20 min. Poivrez. Mouillez avec l'eau des huîtres et laissez réduire.

❺ Préchauffez le four à 230 °C (th. 7-8).

❻ Mixez les blancs de poireau puis ajoutez la crème fraîche. Poivrez. Remettez sur le feu pour faire réduire un peu le coulis.

❼ Calez les coquilles d'huîtres sur un lit de gros sel dans un plat allant au four. Glissez une huître dans chaque coquille, nappez-les de coulis de poireaux.

❽ Faites gratiner au four pendant 4 min.

Kiwis au gingembre

Pour 4 personnes
Très facile
Bon marché

Préparation	Repos
10 min	**1 h**

Kiwis (6) • **Racine de gingembre** (3 cm) • **Sucre** (6 c. à café)

❶ Pelez les kiwis, coupez-les en rondelles et mettez-les dans un saladier.

❷ Épluchez et râpez très finement le gingembre.

❸ Ajoutez-le aux kiwis avec le sucre, mélangez le tout délicatement.

❹ Laissez reposer au moins 1 h au réfrigérateur.

❺ Mélangez une dernière fois avant de servir, éventuellement avec une boule de glace à la vanille.

ASTUCE À défaut de gingembre frais, utilisez du gingembre râpé (½ ou 1 c. à café, selon les goûts).

« J'ai composé un trifle avec yaourt coco + spéculoos + kiwi au gingembre : cela va devenir un classique à la maison ! » **ikako**

« Excellent ! Avec du sucre brun, c'est encore meilleur. » **baxime**

La recette filmée

Parmentier de *haddock*

Pour 4 personnes
Proposé par Nathalie_527
Facile
Bon marché

Préparation	Cuisson
40 min	**1 h**

Pommes de terre (800 g) • **Haddock frais** (500 g) • **Lait** (1,3 l) • **Beurre** (60 g) • **Chapelure**

❶ Épluchez les pommes de terre puis faites-les cuire dans une casserole d'eau bouillante pendant 45 min environ.

❷ Préchauffez le four à 210 °C (th. 7). Déposez le haddock dans une casserole, recouvrez-le avec 1 l de lait puis faites chauffer. Dès les premiers frémissements, éteignez le feu, couvrez la casserole puis laissez pocher le poisson pendant 10 min.

❸ Écrasez les pommes de terre en purée. Ajoutez 30 cl de lait et 30 g de beurre.

❹ Égouttez le haddock puis émiettez-le.

❺ Beurrez un plat à gratin.

❻ Disposez une couche de purée puis une couche de poisson émietté. Recommencez jusqu'à épuisement des ingrédients. Terminez par une couche de purée.

❼ Recouvrez de chapelure et déposez dessus quelques noisettes de beurre.

❽ Enfournez pendant 20 min.

ASTUCE Pour réaliser une chapelure maison, râpez la croûte d'une baguette de pain rassise.

« Je l'ai fait avec du potiron plutôt qu'avec des pommes de terre. C'était très bon. » **Yambru**

Ailes de *raie* au four

Pour 4 personnes
Proposées par Gandahar75
Très facile
Bon marché

Préparation	Cuisson
10 min	**20 min**

Ailes de raie (2, de 600 à 800 g) • **Vin blanc** (20 cl) • **Persil ou estragon** (1 bouquet) • **Crème fraîche entière** (10 cl) • **Oignon** (1) • **Sel, poivre**

1. Préchauffez le four à 200 °C (th. 6-7).

2. Épluchez et émincez finement l'oignon. Lavez et hachez le persil ou l'estragon.

3. Dans un plat allant au four, disposez les ailes de raie, arrosez avec le vin, salez, poivrez puis répartissez l'oignon et les herbes. Enfournez pour 15 min.

4. Ajoutez la crème fraîche et remettez à nouveau 5 min au four. Servez avec du boulgour.

« Recette superbe, light et très facile à faire. J'ai remplacé le vin blanc par un peu de vinaigre balsamique et c'était divin ! » **Anoahna**

« Pour que la crème se mélange mieux, je retire les ailes de raie du plat, et je l'incorpore au jus de cuisson avec un fouet. » **Clinsette**

ZOOM SUR LA *raie*

QUAND L'ACHETER ?
JANV. FÉV. MARS AVRIL MAI JUIN JUIL. (AOÛT, SEPT., OCT., NOV., DÉC.)

PARTICULARITÉS Grand poisson de mer plat, sans écailles, dont on consomme principalement les ailes.

COMMENT LA CUISINER ? Sa chair, fine et blanche, s'accommode très simplement. Elle est généralement cuite pochée dans un court-bouillon. On l'accompagne souvent de câpres, ou d'un beurre noisette.

BON À SAVOIR Sa chair est dépourvue d'arêtes, ce qui en fait un poisson très apprécié des enfants.

Février

Il faut résister à l'envie d'hiberner. Quoi de mieux qu'un délicieux plat mijoté pour nous faire sortir de sous la couette ? Rien, si ce n'est la perspective d'un bon repas entre amis pour réchauffer les cœurs et remplir les estomacs. Refaire le monde autour d'une table et d'un bon petit plat, ce n'est d'ailleurs pas ce dont vous rêvez, là, tout de suite ?

C'est le bon moment pour cuisiner...

Légumes • avocat, brocoli, chou de Bruxelles, chou-fleur, courge, endive, mâche, navet, poireau, pomme de terre

Fruits • banane, citron, clémentine, litchi, mandarine, mangue, orange

Viandes • bœuf, grenouille, mouton, pintade, pintadeau, porc

Poissons • bar de ligne, dorade, lieu jaune, merlan, rouget-grondin

Crustacé • crevette rose

Fromage • beaufort

Et aussi...

Légumes • cardon, carotte, céleri, chou, chou rouge, cresson, crosne, oignon, potiron, rutabaga, salsifis, topinambour, truffe noire du Périgord • **Fruits** • ananas, citron de Menton, grenade, kiwi, kumquat, pamplemousse, poire, pomme • **Viande** • oie • **Poissons** • cabillaud, congre, daurade royale, églefin, hareng, limande, maquereau, raie, rouget barbet, rouget de roche, sole, turbot • **Coquillages et crustacés** • bulot, coque, coquille Saint-Jacques, huître, moule, oursin, praire • **Fromages** • brie de Meaux, brie de Melun, brocciu, comté, époisses, gruyère, laguiole, livarot, mont d'or, munster, pont-l'évêque, salers, vacherin, vieux-Lille.

Flan d'endives

Pour 4 personnes
Facile
Bon marché

Préparation	Cuisson
25 min	**1 h 15**

Endives (11) • **Échalotes** (2) • **Cerneaux de noix** (50 g) • **Œuf** (1) • **Jaunes d'œufs** (2) • **Crème fleurette** (20 cl) • **Beurre** (50 g) • **Citron** (½) • **Miel** (3 c. à soupe) • **Quatre-épices** • **Noix de muscade** • **Sel, poivre**

1. Dans une cocotte, faites fondre les échalotes préalablement pelées et émincées dans le beurre.

2. Hachez grossièrement les noix. Lavez et émincez les endives. Ajoutez-les dans la cocotte avec le jus du demi-citron ; salez et poivrez. Laissez mijoter 10 min à couvert (pour faire fondre les endives).

3. Ôtez le couvercle et laissez cuire 20 min, jusqu'à l'évaporation totale du jus de cuisson.

4. Préchauffez le four à 180 °C (th. 6).

5. Dans un bol, mélangez la crème, l'œuf entier, les jaunes d'œufs et le miel. Assaisonnez avec de la muscade et du quatre-épices. Mélangez bien.

6. Mettez les endives dans un plat et versez la préparation dessus.

7. Enfournez et laissez cuire environ 45 min.

ASTUCE Pour une jolie présentation à l'assiette, utilisez des moules individuels en silicone afin de faciliter le démoulage.

« J'ai ajouté du gruyère râpé et des petits lardons. C'était excellent. » **Grounette**

Soupe de courge

Pour 4 personnes
Très facile
Bon marché

Préparation	Cuisson
20 min	**45 min**

Courge (1 kg) • **Pommes granny-smith** (2) • **Oignons** (2) • **Ail** (1 gousse) • **Gingembre** (3 cm de racine) • **Curry** (1 c. à café) • **Bouillon de volaille** (2 cubes) • **Huile d'olive** • **Crème fraîche** (2 c. à soupe) • **Sel, poivre**

1. Épluchez la courge, retirez les graines et les filaments puis coupez-la en gros cubes.

2. Épluchez et émincez finement les oignons et l'ail. Épluchez et coupez les pommes en gros dés. Épluchez et râpez le gingembre.

3. Dans un autocuiseur, versez 1 c. à soupe d'huile d'olive et faites-y revenir les oignons.

4. Ajoutez successivement les pommes, le gingembre, l'ail et le curry. Faites revenir 2 min.

5. Ajoutez la courge, remuez puis versez 1 l à 1,25 l d'eau ainsi que les cubes de bouillon de volaille. Fermez l'autocuiseur, laissez cuire 30 min dès que la soupape tourne.

6. Ouvrez, mixez, rectifiez l'assaisonnement et servez avec de la crème fraîche.

« Délicieux ! J'ai remplacé la crème fraîche par un peu de lait de coco. » **Lanullencuisine3112**

« J'ai ajouté un demi-bouchon de rhum. »
Pegue

L'INCONTOURNABLE DU MOIS

La Chandeleur

Crêpes au beurre salé

Pour 10 crêpes
Proposées par Lucie_360
Très facile
Bon marché

Préparation	Cuisson	Repos
10 min	**10 min**	**30 min**

Beurre salé (30 g) • **Farine** (125 g) • **Œufs** (2) • **Lait** (25 cl) • **Sucre** (1 c. à soupe) • **Sucre vanillé** (1 sachet) • **Sel** (1 pincée)

1. Dans un saladier, mélangez la farine avec le sel.

2. Battez les œufs dans un bol puis ajoutez-les dans le saladier avec la farine. Mélangez bien.

3. Ajoutez les sucres, le lait, très lentement, puis 5 cl d'eau. Incorporez le beurre préalablement fondu.

4. Laissez reposer la pâte 30 min au frais.

5. Graissez une poêle à crêpes, versez-y une louche de pâte et laissez cuire. Retournez la crêpe à l'aide d'une spatule.

6. Recommencez jusqu'à épuisement de la pâte.

ASTUCE Pour des crêpes au chocolat, faites fondre 150 g de chocolat noir avec un peu de lait, ajoutez-y 1 c. à soupe de sucre, et versez sur la crêpe avant de la plier. Servez avec une boule de glace vanille et un peu de noix de coco râpée.

Réaliser une pâte à crêpes

Mangue au jus d'agrumes épicé

Pour 2 personnes
Proposée par anne_158
Facile
Moyen

Préparation	Cuisson	Repos
15 min	3 min	2-3 h

Mangue (1) • **Orange** (1) • **Pamplemousse** (1) • **Citron vert** (1) • **Miel liquide** (1 c. à soupe) • **Menthe** (quelques feuilles) • **Cardamome verte** (2-3 capsules) • **Étoile de badiane** (1) • **Baies roses** (4-5) • **Bâton de cannelle** (1) • **Graines de coriandre grillées** (3-4) • **Gingembre frais** (1 rondelle) **ou gingembre moulu** (½ c. à café) • **Graines d'anis** (3-4) • **Gousse de vanille** (¼)

❶ Ouvrez les capsules de cardamome. Fendez la gousse de vanille. Pilez les baies roses et les graines de coriandre.

❷ Pressez l'orange, le citron et le pamplemousse. Versez le jus dans une petite casserole. Ajoutez le miel et mélangez pour le dissoudre.

❸ Ajoutez la menthe préalablement lavée et hachée et les épices. Portez doucement à ébullition puis laissez bouillir pendant quelques minutes. Éteignez le feu et laissez infuser les épices dans le jus d'agrumes pendant au moins 15 min.

❹ Pelez puis détaillez la chair de la mangue en dés, placez-les dans un saladier.

❺ Filtrez le jus d'agrumes au chinois et versez-le sur les dés de mangue. Laissez mariner au frais pendant au moins 2 h avant de servir.

❻ On peut servir tel quel, saupoudré d'amandes effilées grillées à la poêle et/ou accompagné d'une boule de glace à la vanille.

ASTUCE Si vous n'avez pas de chinois, mettez les épices dans une gaze avant de les mettre dans le jus d'agrumes.

La recette filmée

« Pour une présentation plus originale, nous avons égoutté les cubes de mangue marinés pour les envelopper dans des feuilles de brick. Après les avoir pliées en petits paquets, nous les avons poêlées dans un peu de beurre salé et du miel, c'était exquis. » Melanie

« J'ai ajouté dans le jus d'agrumes un petit peu de piment de Cayenne. »
Veronique_20

Choux de Bruxelles au lard en cocotte

Pour 4 personnes
Facile
Moyen

Préparation	Cuisson
25 min	**40 min**

Choux de Bruxelles (500 g) • **Lard fumé** (250 g) • **Pignons de pin** • **Échalotes** (2) • **Beurre** (50 g) • **Noix de muscade** • **Sel, poivre**

1. Préparez d'abord les choux de Bruxelles. Nettoyez-les puis lavez-les en les plongeant dans plusieurs bains d'eau froide. Faites-les cuire 15 à 20 min dans une casserole d'eau bouillante salée. En fin de cuisson, passez-les sous l'eau froide afin de les refroidir puis égouttez-les.

2. Faites dorer une poignée de pignons de pin dans une poêle à sec.

3. Détaillez le lard en lardons. Faites-les revenir dans une cocotte beurrée jusqu'à ce qu'ils soient bien dorés.

4. Pelez puis hachez les échalotes. Mettez-les dans la cocotte avec les lardons pour les faire colorer. Ajoutez ensuite les choux de Bruxelles et faites-les revenir.

5. Assaisonnez en saupoudrant de sel, de poivre et de noix de muscade. Remuez bien et servez immédiatement, parsemé de pignons de pin.

ASTUCE Ajoutez 1 c. à café de bicarbonate dans l'eau de cuisson des choux de Bruxelles afin qu'ils soient plus digestes.

« En fin de cuisson, je déglace avec un filet de vinaigre balsamique. Un bonheur ! » sonate11

Dorade parfumée

Pour 2 personnes
Proposée par Marion_1576
Très facile
Moyen

Préparation	Cuisson
10 min	**30 min**

Dorade (1 belle) • **Fenouil** (½) • **Carotte** (1) • **Ail** (1 gousse) • **Oignon** (¼) • **Citron** (½) • **Herbes de Provence** (1 c. à café) • **Huile d'olive** • **Sel, poivre**

1. Préchauffez le four à 180 °C (th. 6).

2. Épluchez la carotte, l'oignon et l'ail. Lavez le fenouil. Découpez la carotte en rondelles fines, et le fenouil en minces lanières. Hachez l'oignon et l'ail.

3. Déposez le poisson dans un plat allant au four, disposez les légumes dessus et autour, et saupoudrez d'herbes de Provence.

4. Salez, poivrez, arrosez du jus du demi-citron et d'un bon filet d'huile d'olive.

5. Enfournez et laissez cuire 30 min environ en surveillant la cuisson.

6. Servez avec du riz blanc.

« Le poisson est moelleux et les légumes parfaits. Personnellement, j'ai ajouté deux petites tomates et mis un peu d'huile d'olive au fond du plat. » Sofouette

La recette filmée

Tarte au citron

Pour 6 personnes
Très facile
Bon marché

Préparation	Cuisson
15 min	**30 min**

Pâte brisée (1 rouleau) • **Citrons** (2) • **Sucre** (150 g) • **Œufs** (3) • **Beurre fondu** (100 g)

1. Préchauffez le four à 200 °C (th. 6-7).
2. Déposez la pâte brisée dans un moule à tarte préalablement beurré ou recouvert de papier sulfurisé.
3. Pressez les citrons. Faites fondre le beurre.
4. Dans un saladier, battez les œufs avec le sucre jusqu'à l'obtention d'un mélange mousseux.
5. Ajoutez le jus des citrons et le beurre fondu. Mélangez et versez sur la pâte.
6. Enfournez et laissez cuire environ 30 min. La préparation doit dorer.

ASTUCE Si vous utilisez une pâte brisée maison, faites-la précuire une dizaine de minutes à 160 °C (th. 5-6) avant de la garnir.

« Je n'ai mis que 75 g de sucre et utilisé un pot de yaourt nature au lieu des 100 g de beurre. » Vivisaletete

« Ma tarte était bien dorée et succulente. J'ai ajouté 1 c. à soupe de Maïzena et le zeste d'un citron. » JJ2013

Cuisses de grenouille sauce au riesling

Pour 4 personnes
Facile
Moyen

Préparation	Cuisson
15 min	**20 min**

Cuisses de grenouille (24) • **Riesling** (10 cl) • **Échalotes** (3) • **Ail** (1 gousse) • **Fond de volaille** (10 cl) • **Crème fleurette** (10 cl) • **Beurre** (50 g) • **Fines herbes hachées** (2 c. à soupe) • **Farine** • **Sel, poivre**

1. Épluchez et hachez l'ail et les échalotes.
2. Farinez les cuisses de grenouille puis faites-les revenir dans une poêle avec le beurre.
3. Au bout de 2 min, ajoutez l'ail et l'échalote hachés. Mélangez puis versez le fond de volaille préalablement chauffé et le vin blanc.
4. Couvrez et laissez mijoter 10 à 12 min à feu doux.
5. Ôtez les cuisses de grenouille à l'aide d'une écumoire et réservez-les au chaud dans un plat de service préchauffé.
6. Versez la crème dans le jus de cuisson puis laissez réduire quelques instants afin d'obtenir une consistance onctueuse. Salez et poivrez.
7. Nappez les cuisses de grenouille de cette sauce et saupoudrez de fines herbes.

« J'ai préparé ce plat la veille et fait réchauffer le tout 10 min au four : une pure réussite. » ghylis

« J'ai fait mariner les cuisses de grenouille une nuit dans le riesling avant de les cuire. » clochette311

Ragoût de *mouton* aux *pommes de terre* et à l'ail

Pour 4 personnes
Proposé par Cerise
Très facile
Moyen

Préparation	Cuisson
20 min	50 min

Collier de mouton (800 g) • **Pommes de terre** (1 kg) • **Ail** (1 tête) • **Farine** (3 c. à soupe rases) • **Bouillon de légumes** (1 cube) • **Cumin en poudre** • **Huile** • **Sel, poivre**

1. Coupez le mouton en gros cubes. Faites revenir la viande dans une cocotte-minute avec un peu d'huile. Salez, poivrez, et saupoudrez de cumin.

2. Ajoutez 2 c. à soupe de farine, laissez roussir quelques secondes, puis ajoutez de l'eau à hauteur. Déposez le cube de bouillon et raclez bien le fond avec une cuillère en bois.

3. Épluchez les gousses d'ail, coupez-les en deux et retirez le germe. Ajoutez 3 gousses coupées en deux dans la cocotte, pressez les autres puis ajoutez-les également. Fermez la cocotte puis laissez cuire 15 min.

4. Épluchez les pommes de terre et coupez-les en gros cubes.

5. Ajoutez-les à la viande, après avoir rajouté un bol d'eau : la sauce doit affleurer les pommes de terre, sans les recouvrir tout à fait. Goûtez et rectifiez l'assaisonnement si besoin.

6. Fermez la cocotte et poursuivez la cuisson 20 min.

7. Remuez délicatement avant de servir.

ASTUCE Le collier peut être remplacé par de l'épaule.

« La seule petite modification que j'ai faite, c'est d'écraser 3 morceaux de pomme de terre pour donner une sauce plus crémeuse. » shapka

« Comme je n'avais pas de cumin, j'ai utilisé du colombo, un vrai régal ! » estella3725

Soupe de *poireaux* au citron et au curry

Pour 4 personnes
Proposée par catherine_1709
Très facile
Bon marché

Préparation	Cuisson
20 min	**25 min**

Poireaux (4) • **Oignons** (2) • **Pomme de terre** (1) • **Bouillon de légumes** (1 cube) • **Lait** (15 cl) • **Curry doux** (1 c. à café) • **Jus de citron** (1 c. à soupe) • **Beurre** • **Sel, poivre**

1. Nettoyez et coupez les poireaux en rondelles. Épluchez et coupez en cubes la pomme de terre. Épluchez et hachez les oignons.

2. Dans une casserole sur feu doux, faites fondre une noix de beurre puis faites-y revenir les poireaux, les oignons et la pomme de terre pendant 5 min.

3. Mouillez avec 75 cl d'eau et ajoutez le cube de bouillon. Laissez cuire 20 min.

4. Ajoutez le lait et le curry doux et mixez.

5. Ajoutez le jus de citron, salez, poivrez. Mélangez et servez.

« J'ai mis de la crème fraîche épaisse à la place du lait, on s'est vraiment régalé. » MissLili

La recette filmée

« J'ai ajouté des épices à guacamole dans ma purée d'avocat. Trop bon ! » mathias_56

Guacamole (purée d'avocat)

Pour 6 personnes
Très facile
Bon marché

Préparation
10 min

Avocats (2, bien mûrs) • **Oignon frais** (1) • **Coriandre fraîche** (quelques branches) • **Citron vert** (1 ou 2) • **Sel**

1. Épluchez et émincez l'oignon frais. Lavez et émincez les feuilles de coriandre. Écrasez la chair des avocats dans un grand bol.

2. Ajoutez l'oignon, la coriandre, le jus de 1 citron (ou 2, selon les goûts) et salez à votre convenance.

3. Ce guacamole est idéal avec des nachos (chips de maïs) ou encore en accompagnement de viandes grillées.

« Délicieux avec un oignon rouge et une tomate pour deux avocats ! Bien pimenter et ajouter du citron vert pour équilibrer. » LWIN

Tarte au chou-fleur

Pour 6 personnes
Très facile
Bon marché

Préparation **15 min** | Cuisson **1 h**

Pâte feuilletée ou brisée (1 rouleau) • **Chou-fleur** (½) • **Comté** (150 g) • **Lait** (50 cl) • **Œufs** (3) • **Beurre** (30 g + pour le moule) • **Farine** (1 c. à soupe) • **Noix de muscade** • **Sel, poivre**

1. Préchauffez le four à 180 °C (th. 6).

2. Coupez le chou-fleur en petits bouquets, lavez-les. Faites-les cuire à l'eau dans une casserole ou à la vapeur. Comptez 15 min.

3. Réalisez une béchamel : faites fondre le beurre à feu doux dans une petite casserole, ajoutez la farine d'un seul coup et remuez avec un fouet. Ajoutez le lait petit à petit et laissez épaissir.

4. Assaisonnez avec de la noix de muscade, du sel et du poivre.

5. Mixez le chou-fleur préalablement égoutté avec la béchamel.

6. Ajoutez les œufs et mixez encore quelques secondes.

7. Étalez la pâte dans un moule à tarte préalablement beurré.

8. Versez la préparation au chou-fleur sur la pâte. Répartissez dessus le comté coupé en tout petits cubes.

9. Enfournez et laissez cuire 45 min.

ASTUCE Vous pouvez remplacer le comté par un fromage plus fort en goût comme du roquefort ou du bleu d'Auvergne.

« J'ai badigeonné le fond de tarte de moutarde et j'ai rajouté des rondelles de saucisse. C'est une très bonne tarte. » Cecile_1445

ZOOM SUR LE *merlan*

QUAND L'ACHETER ?

JANV.
FÉV.
MARS
AVRIL
MAI
JUIN
JUIL.
AOÛT
SEPT.
OCT.
NOV.
DÉC.

COMMENT LE CUISINER ? La chair de ce poisson de mer, blanche et maigre, est tendre, fine et feuilletée. La cuisson ne doit donc pas être trop longue afin de respecter la texture de la chair. Le merlan se prépare entier ou en filets, grillé, frit, en papillote, poché, etc.

BON À SAVOIR Traditionnellement, le merlan est frit « en colère » : afin de pouvoir le cuire entier dans l'huile de friture et faciliter sa manipulation, il est de coutume de faire mordre sa queue au merlan.

COMMENT LE CONSERVER ? Une fois nettoyé et vidé, il peut être conservé cru 6 mois au congélateur.

Filets de *merlan* en papillote

Pour 4 personnes
Proposés par squen
Très facile
Bon marché

Préparation	Cuisson
15 min	**25 min**

Filets de merlan (4) • **Carottes** (4) **Champignons de Paris** (250 g) • **Échalotes** (4) • **Jus de citron** • **Beurre** • **Sel, poivre**

❶ Préchauffez le four à 200 °C (th. 6-7).

❷ Pelez et râpez les carottes puis faites-les revenir 5 min dans une poêle avec une noix de beurre. Mettez-les de côté.

❸ Lavez et émincez les champignons puis faites-les revenir 5 min dans la même poêle avec une noix de beurre.

❹ Pelez et émincez les échalotes.

❺ Disposez un filet de merlan au centre d'une feuille de papier sulfurisé, salez et poivrez. Arrosez le poisson de jus de citron et recouvrez-le d'échalotes. Ajoutez les carottes, et les champignons.

❻ Recommencez avec les 3 autres filets.

❼ Fermez les papillotes puis enfournez 25 min.

ASTUCE Ajoutez 1 c. à soupe de crème fraîche dans chaque papillote, à la sortie du four.

« Je n'ai pas lésiné sur les échalotes et j'ai rajouté une touche de cumin dans les carottes. » Valothw

Tarte *clémentine* et chocolat

Pour 8 personnes
Proposée par Jessica_5
Facile
Bon marché

Préparation	Cuisson	Repos
30 min	25 min	4 h

Pour la pâte sablée : **Farine** (250 g) • **Beurre** (125 g) • **Sucre** (50 g) • **Jaune d'œuf** (1) • **Sel** (1 pincée) • Pour la crème à la clémentine : **Clémentines non traitées** (4) • **Œufs** (3) • **Sucre** (100 g) • **Fécule** (1 c. à café) • Pour le nappage au chocolat : **Chocolat noir pâtissier à 70 %** (100 g) • **Beurre** (25 g) • **Sucre glace** (50 g)

1. Préchauffez le four à 180 °C (th. 6).

2. Préparez la pâte sablée : dans un saladier, mélangez la farine, le sucre et le sel. Ajoutez le beurre coupé en petits morceaux ainsi que le jaune d'œuf et travaillez avec les doigts jusqu'à obtenir une consistance sableuse. Ajoutez un peu d'eau (environ 3 c. à soupe) pour pouvoir former une boule.

3. Étalez la pâte au rouleau, sur un plan de travail fariné (si la pâte colle, placez-la 10 min au congélateur avant de l'étaler).

4. Garnissez un moule à tarte préalablement beurré avec la pâte et couvrez-la de papier sulfurisé et de légumes secs. Enfournez pour 25 min.

5. Préparez la crème à la clémentine : lavez et brossez les clémentines.

6. Dans une casserole, râpez le zeste de 2 clémentines et pressez les 4. Ajoutez le sucre et la fécule et faites chauffer à feu doux.

7. Pendant ce temps, battez les œufs dans un bol. Hors du feu, versez les œufs dans la casserole et fouettez à nouveau le tout. Remettez sur feu très doux et laissez chauffer en remuant constamment. Retirez la casserole du feu dès que le mélange commence à prendre.

8. Lorsque le fond de tarte est cuit, versez la crème dessus. Placez-la au réfrigérateur 1 à 2 h.

9. Préparez le nappage au chocolat : faites fondre le chocolat et le beurre au bain-marie. Hors du feu, ajoutez le sucre glace et remuez bien.

10. Versez le nappage sur la tarte, lissez avec une spatule. Placez la tarte au réfrigérateur quelques heures.

« *Ne pas hésiter à mettre deux clémentines supplémentaires.* »
Sylviane_46

ASTUCE Si vous avez peu de temps et pour être sûr que la crème à la clémentine prenne, remplacez la fécule par une feuille de gélatine (ramollie dans de l'eau froide et essorée) à la fin de la cuisson.

« *J'ai remplacé le nappage au chocolat par une mousse au chocolat... Une merveille !* »
ccc33

Bœuf braisé aux carottes

Pour 8 personnes
Facile
Moyen

Préparation	Cuisson
40 min	2 h

Bœuf à bourguignon (1 kg) • **Lardons** (100 g) • **Carottes** (6) • **Concentré de tomates** (1 petite boîte) • **Oignons** (2) • **Laurier** (1 feuille) • **Thym** (3 brins) • **Sauge** (1 feuille) • **Ail** (2 gousses) • **Bouillon de bœuf** (1 cube) • **Huile d'olive** • **Sel, poivre**

1. Coupez la viande en morceaux.

2. Épluchez et émincez les oignons. Épluchez les carottes et coupez-les en tronçons. Épluchez, dégermez et émincez l'ail.

3. Dans une cocotte en fonte, faites chauffer un peu d'huile puis faites-y revenir les morceaux de viande.

4. Retirez la viande puis faites revenir les oignons et les lardons dans la cocotte.

5. Dans un bol, diluez le cube de bouillon dans 50 cl d'eau tiède.

6. Ajoutez la viande et l'ail dans la cocotte, mélangez puis versez le bouillon, le concentré de tomates, les carottes et les herbes.

7. Salez, poivrez, mélangez puis laissez mijoter à couvert pendant 1 h 30.

ASTUCE Ajoutez des pommes de terre coupées en deux ou en quatre 30 min avant la fin de la cuisson.

ZOOM SUR LE bœuf

QUAND L'ACHETER ?

JAN.	FÉV.	MARS	AVRIL
MAI	JUIN	JUIL.	AOÛT
SEPT.	OCT.	NOV.	DÉC.

(Mois surlignés : JAN., FÉV., MARS, DÉC.)

COMMENT LE CHOISIR ? On distingue deux grandes catégories de viande bovine : les pièces nobles, situées le long du dos de l'animal, très tendres, pour lesquelles on privilégiera des cuissons rapides, à la poêle, au four, au gril ou au barbecue (entrecôte, côte, filet, faux-filet, rumsteck, bavette, onglet, aiguillette, araignée) ; et les « bas morceaux », moins tendres mais tout aussi goûteux, qui nécessitent une cuisson longue et mijotée (plat de côtes, macreuse, jumeaux, gîte, collier).

BON À SAVOIR En boucherie, le terme « bœuf » regroupe toutes les viandes issues des animaux de l'espèce *Bos taurus*, regroupant le bœuf (mâle castré), la vache, la génisse, le bouvillon, le taureau et le taurillon.

PARTICULARITÉ Un morceau peut être qualifié de « persillé » : on le remarque par les nombreux petits filaments de graisse qui parsèment sa chair. Cette graisse rend la viande très tendre et moelleuse et permet, lors d'une cuisson vive (barbecue, plancha), de ne pas rajouter de corps gras.

Bananes flambées

Pour 2 personnes
Proposées par cucurum
Facile
Bon marché

Préparation **5 min** | Cuisson **5 min**

Bananes (2, bien mûres) • **Sucre vanillé** (1 sachet) • **Rhum ou Grand Marnier** (1 petit verre) • **Beurre** (2 noisettes)

1. Épluchez les bananes, coupez-les en deux dans la longueur.

2. Faites chauffer une poêle et faites-y fondre le beurre.

3. Ajoutez-y les bananes et faites-les dorer de chaque côté.

4. Saupoudrez de sucre vanillé, versez le rhum ou le Grand Marnier et faites flamber : lorsqu'il n'y aura plus de flammes, servez !

ASTUCE Au moment de flamber, assurez-vous que la hotte est bien éteinte.

« J'ai ajouté le jus d'une orange juste avant le rhum, un délice ! » tibs68

« Faites fondre du chocolat noir dans un peu de crème liquide et nappez vos bananes avec, c'est encore plus gourmand ! » colt59

La recette filmée

Crozets à la carbonara gratinés au *beaufort*

Pour 4 personnes
Proposés par TIBOU76
Très facile
Bon marché

Préparation	Cuisson
5 min	**50 min**

Crozets (400 g) • **Lardons** (200 g) • **Crème fraîche** (50 cl) • **Beaufort** (200 g) • **Sel, poivre**

1. Préchauffez le four à 175 °C (th. 5-6).

2. Faites cuire les crozets dans 1 l d'eau à peine salée en suivant les indications sur le paquet.

3. Égouttez-les et répartissez-les aussitôt dans un plat à gratin.

4. Ajoutez les lardons crus et la crème, poivrez. Mélangez bien le tout.

5. Coupez le beaufort en lamelles et disposez-les sur le gratin.

6. Enfournez et laissez cuire 30 min jusqu'à ce que le fromage soit bien gratiné.

ASTUCE Pour un maximum de saveur, choisissez un beaufort de bonne qualité.

« Ma seule modification de la recette a été de poêler les lardons. » Ariane_242

« J'ai remplacé les lardons par un reste de rôti de porc, c'était excellent ! » sticote

Pintade normande

Pour 4 personnes
Facile
Moyen

Préparation	Cuisson
25 min	**40 min**

Pintade (1) • **Champignons de Paris** (200 g) • **Échalotes** (2) • **Pommes** (2) • **Citron** (1) • **Calvados** (5 cl) • **Crème fraîche** (20 cl) • **Beurre** • **Thym** • **Laurier en poudre** • **Sel, poivre**

1. Pelez et hachez les échalotes. Lavez les champignons, coupez-les en lamelles.

2. Coupez la pintade en morceaux. Faites-les revenir dans une cocotte avec une grosse noix de beurre.

3. Ajoutez les échalotes et les champignons. Saupoudrez de thym et de laurier. Laissez revenir 2 min à feu vif en remuant.

4. Versez le calvados et flambez. Salez et poivrez puis versez la crème fraîche. Remuez et laissez mijoter 20 min à feu doux.

5. Pelez, épépinez et coupez en quartiers les pommes. Citronnez-les puis faites-les dorer dans une poêle avec du beurre.

6. Servez la pintade nappée de sauce avec les pommes rôties.

ASTUCE Préférez des pommes un peu sucrées, qui se tiennent à la cuisson, type Golden ou Boskoop.

« *En fin de cuisson, j'ai rajouté une cuillère de moutarde, c'est encore meilleur.* » Eliane_2

« *J'ai ajouté du cidre à la cuisson pour la sauce. C'est pas mal et on utilise moins de crème fraîche.* » Adele_20

ZOOM SUR LA *pintade*

QUAND L'ACHETER ?

JAN.	**FÉV.**	MARS	AVRIL
MAI	JUIN	JUIL.	AOÛT
SEPT.	OCT.	**NOV.**	**DÉC.**

COMMENT LA CUISINER ? La pintade, tout comme le pintadeau, a une chair au goût sauvage, proche de celle du gibier. Elle se cuisine entière ou en morceaux, farcie ou non, et s'accommode de tous les modes de cuisson : rôtie au four, grillée au barbecue, en cocotte, en papillote, au wok... Elle se marie particulièrement bien avec les mélanges sucrés salés et les garnitures de fruits (pomme, figue, pruneau, ananas...) qui rendent sa viande blanche encore plus moelleuse.

PARTICULARITÉ La viande de la pintade est la plus maigre de toutes les volailles.

COMMENT LA CONSERVER ?
Au réfrigérateur (jusqu'à 1 semaine) ou au congélateur (12 à 18 mois), veillez à ce que les abattis soient retirés.

BON À SAVOIR Le chapon de pintade, castré et engraissé, est vendu principalement pour les fêtes de fin d'année.

Bœuf bourguignon

Pour 4 personnes
Facile
Moyen

Préparation	Cuisson	Repos
1 h	**5 h**	**12 h**

Bœuf à bourguignon (600 à 800 g) • **Vin rouge** (75 cl) • **Carottes** (4-5) • **Bouquet garni** (1) • **Oignons** (4-5) • **Beurre** (100 g) • **Sel, poivre**

1. Détaillez la viande en cubes de 3 cm de côté, enlevez les gros morceaux de gras.

2. Pelez et coupez les oignons en morceaux. Faites-les revenir dans une poêle avec une noix de beurre. Quand ils sont transparents, versez-les dans une cocotte en fonte.

3. Procédez de même avec la viande mais en plusieurs fois, jusqu'à ce que tous les morceaux soient cuits. Ajoutez-les au fur et à mesure dans la cocotte. N'hésitez pas à rajouter du beurre entre chaque poêlée.

4. Quand toute la viande est dans la cocotte, déglacez la poêle avec un peu de vin (ou de l'eau) et faites bouillir en raclant bien le fond pour récupérer le suc. Salez, poivrez et versez dans la cocotte.

5. Recouvrez le tout avec le vin et laissez mijoter 2 ou 3 h avec le bouquet garni et les carottes pelées et coupées en rondelles.

6. Le lendemain, faites de nouveau mijoter la viande pendant au moins 2 h, en plusieurs fois. Ajoutez du vin ou de l'eau si nécessaire.

ASTUCE Le secret est de bien faire revenir la viande à feu fort pour qu'elle soit très dorée voire presque noire. Plus le plat aura mijoté très doucement avec des phases de repos, meilleur il sera.

« J'ai ajouté de la farine dans le dernier quart d'heure de cuisson pour ne pas avoir une sauce trop liquide. » Sculder01

Amuse-gueules litchi crevette

Pour 4 personnes
Proposés par AnneBerengere
Très facile
Bon marché

Préparation
25 min

Litchis (1 boîte) • **Crevettes roses** (200 g) • **Menthe fraîche** (½ bouquet)

1. Décortiquez les crevettes. Égouttez les litchis. Lavez et effeuillez la menthe.

2. Dans chaque litchi, insérez 1 feuille de menthe et 1 crevette.

3. Piquez le tout avec une pique en bois.

4. Dégustez très frais.

« Je fais mariner les crevettes dans un mélange citron, huile d'olive, gingembre et sauce soja. » Lititu

Filets de *lieu* à la crème au cidre

Pour 6 personnes
Facile
Moyen

Préparation	Cuisson
10 min	**30 min**

Filets de lieu (6) • **Cidre** (50 cl) • **Crème fraîche épaisse** (3 c. à soupe) • **Échalotes** (3) • **Beurre** (25 g) • **Persil** (½ bouquet) • **Sel, poivre**

1. Préchauffez le four à 210 °C (th. 7). Épluchez et hachez les échalotes.

2. Déposez les filets de poisson dans un plat préalablement beurré allant au four. Recouvrez-les d'échalotes. Salez, poivrez et arrosez de cidre.

3. Enfournez et laissez cuire 20 min. Gardez les filets au chaud.

4. Filtrez la sauce, puis faites-la réduire de moitié avec la crème fraîche et du persil lavé et haché.

5. Servez les filets nappés de sauce, accompagnés de pommes de terre et de poireaux par exemple.

ASTUCE Liez la sauce en ajoutant 1 c. à soupe de farine délayée dans du beurre fondu.

« Un poisson fondant, une sauce délicieuse et onctueuse, un régal ! » AURELIE_15

« Cette recette change des préparations habituelles, c'est simple, rapide et économique. » constance_145

« Une réussite pour mon premier bourguignon ! J'ai ajouté une demi-orange à la préparation. Miam ! » titevavou

Velouté de *mâche*

Pour 4 personnes
Très facile
Bon marché

Préparation	Cuisson
10 min	**25 min**

Mâche (150 g) • **Beurre** (130 g) • **Pommes de terre** (2) • **Bouillon de volaille** (1 cube) • **Sel, poivre**

1. Épluchez et coupez les pommes de terre en morceaux.

2. Lavez la mâche.

3. Faites revenir la mâche et les morceaux de pommes de terre dans une casserole avec le beurre pendant quelques minutes.

4. Ajoutez 1 l d'eau et le cube de bouillon de volaille, du sel et du poivre.

5. Laissez cuire 25 min puis mixez pour obtenir un velouté.

6. Dégustez avec des tartines de pain grillé et très légèrement aillé.

ASTUCE Pour un velouté encore plus onctueux, ajoutez 1 grosse c. à soupe de crème fraîche.

« Délicieux ! Je mixe les légumes avec du pain sec pour l'épaissir un peu. » diddldaz

« J'ai ajouté deux oignons que j'ai fait fondre avec la mâche et les pommes de terre. Juste parfait ! » moonette13

Bar aux petits légumes

Pour 4 personnes
Proposé par jess76
Facile
Bon marché

Préparation	Cuisson
30 min	**40 min**

Bar (800 g) • **Carottes** (3) • **Poireau** (1) • **Champignons de Paris frais** (500 g) • **Oignon** (1 gros) • **Crème fleurette** (10 cl) • **Vin blanc sec** (12 cl) • **Thym** • **Sel, poivre**

1. Préchauffez le four à 200 °C (th. 6-7).

2. Préparez le bar : videz-le, écaillez-le et coupez la tête (ou demandez à votre poissonnier de le faire).

3. Placez le bar dans un plat allant au four (de préférence à bords assez hauts et en terre cuite).

4. Préparez les petits légumes : pelez et râpez grossiérement les carottes.

5. Nettoyez le poireau et coupez-le en fines lanières. Pelez et coupez l'oignon finement, lavez et émincez les champignons.

6. Faites revenir les petits légumes dans une poêle avec la crème fleurette pendant environ 10 min. Répartissez-les autour et à l'intérieur du poisson.

7. Arrosez le tout de vin blanc, parsemez légèrement de thym ; salez et poivrez.

8. Enfournez et laissez cuire environ 30 min.

ASTUCE À défaut de bar entier, utilisez des filets. Réduisez alors le temps de cuisson à 20 min.

« Le bar doit être bien assaisonné, n'hésitez pas à le garnir de légumes mais aussi de thym. » monicabellucci

Pintadeaux aux mandarines

Pour 4 personnes
Facile
Moyen

Préparation	Cuisson
30 min	**55 min**

Pintadeaux (2) • **Mandarines** (4) • **Beurre** (70 g) • **Sucre glace** (50 g) • **Vinaigre d'alcool** (5 cl) • **Porto** (2 petits verres) • **Liqueur de mandarine** (2 petits verres) • **Sel, poivre**

1. Préchauffez le four à 230 °C (th. 7-8).

2. Placez les pintadeaux dans un plat allant au four. Faites-les rôtir pendant 45 min en les arrosant régulièrement avec le jus de cuisson. Assaisonnez de sel et de poivre à mi-cuisson.

3. Préparez une sauce caramel en faisant fondre le beurre et le sucre dans une casserole jusqu'à ce que le mélange caramélise légèrement. Allongez cette sauce avec le vinaigre, la liqueur de mandarine et le porto. Salez et poivrez. Laissez cuire doucement en mélangeant.

4. Épluchez les mandarines et détaillez-les en quartiers en enlevant la peau pour ne conserver que la pulpe.

5. Faites-les cuire quelques minutes dans la sauce puis retirez-les.

6. Ôtez les pintadeaux du plat de cuisson, déglacez le jus avec un peu d'eau.

7. Ajoutez ce jus à la sauce caramel. Mélangez sur feu doux quelques instants pour lier la sauce.

8. Disposez les pintadeaux dans un plat avec les mandarines et nappez de sauce.

9. Servez ce plat avec des pommes dauphine.

ASTUCE Pour obtenir des suprêmes (des quartiers sans la peau blanche), coupez les extrémités et découpez la peau en suivant la courbe de l'agrume afin d'enlever la peau blanche et en gaspillant le moins de pulpe possible. Détaillez ensuite chaque quartier en suivant les membranes qui l'entourent.

« Succès à table ! Avec du Grand Marnier mais sans porto. » Roxanne_108

« Super recette, mais j'ai cuit les pintadeaux dans une cocotte en fonte avec un fond de vin blanc. » Annie_582

Omelette aux *navets*

Pour 4 personnes
Proposée par popolabelette
Facile
Bon marché

Préparation	Cuisson
20 min	**15 min**

Navets (1 kg) • **Œufs** (6) • **Ail** (1 gousse) • **Huile d'olive** (3 c. à soupe) **ou beurre** (30 g) • **Persil** • **Sauce soja** (1 c. à soupe) • **Sel, poivre**

1. Épluchez et coupez les navets en tranches de moins de 1 cm d'épaisseur puis taillez chaque tranche en petits cubes.

2. Dans une poêle, faites chauffer 2 c. à soupe d'huile (ou 20 g de beurre) et ajoutez l'ail préalablement pressé ou haché très finement. Remuez quelques instants.

3. Ajoutez les navets et laissez-les colorer tout en remuant régulièrement, à feu moyen.

4. Lorsque les cubes sont dorés, versez la sauce soja et ajoutez 10 cl d'eau pour terminer la cuisson des navets.

5. Une fois les navets tendres, ajoutez le reste d'huile d'olive (ou de beurre) puis le persil.

6. Cassez les œufs et battez-les en omelette, salez et poivrez. Versez sur les navets et terminez la cuisson comme une omelette traditionnelle.

ASTUCE Pour une omelette bien moelleuse, incorporez 1 c. à soupe de crème fraîche aux œufs battus.

« Les navets sont tendres et goûteux. J'ai mis de l'emmental dans l'omelette. » **Nicochris**

« Je n'avais pas de persil, je l'ai remplacé avantageusement par de la ciboulette. » **nadinka**

Réaliser une omelette plate

ZOOM SUR LE *navet*

QUAND L'ACHETER ?

COMMENT LE CHOISIR ? Cette racine, consommée comme un légume, peut être ronde ou allongée, sa peau blanche, légèrement violacée ou jaune (pour les navets boule d'or). Préférez les petits calibres aux gros, souvent moins filandreux.

COMMENT LE CONSERVER ? Quelques jours dans le bac à légumes du réfrigérateur.

COMMENT LE CUISINER ? Sa chair cuite est tendre et légèrement douceâtre. Le navet se cuisine de différentes manières : sauté, glacé, en purée, en soupe ou encore bouilli dans le couscous ou le pot-au-feu. Il accompagne particulièrement bien le canard.

BON À SAVOIR Le navet appartient à la famille des crucifères, comme le chou.

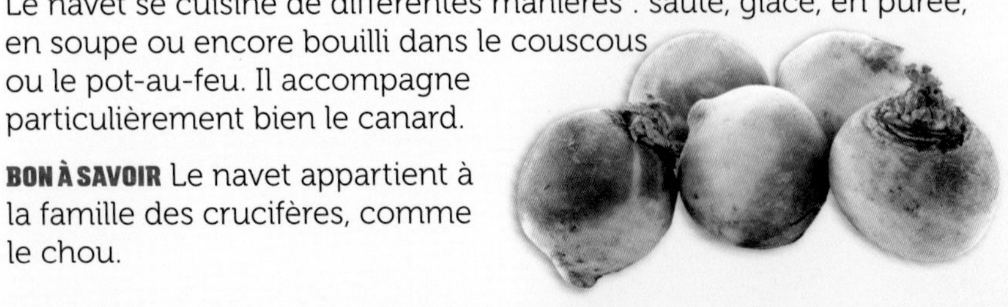

Sauté de porc au cidre

Proposé par Genevieve_03
Pour 6 personnes
Facile
Bon marché

Préparation **15 min** | Cuisson **1 h 15**

Échine de porc (600 g) • **Cidre brut** (1 bouteille) • **Oignons** (2) • **Farine** (2 c. à soupe) • **Fond de volaille** (facultatif) • **Huile d'olive** • **Sel, poivre**

1. Découpez l'échine de porc en cubes d'environ 5-6 cm de côté.

2. Épluchez et émincez les oignons.

3. Mettez les cubes de porc à dorer dans une cocotte avec un peu d'huile d'olive.

4. Ôtez la viande de la cocotte, rajoutez un peu d'huile et faites dorer les oignons émincés.

5. Remettez la viande avec les oignons, ajoutez la farine et remuez bien. Mouillez avec le cidre. Laissez cuire à feu doux pendant 1 h environ. Salez et poivrez.

6. Si la sauce vous semble trop liquide, vous pouvez l'épaissir en y délayant 2 c. à café de fond de volaille.

ASTUCE Préférez un rôti d'échine de porc, plus moelleux.

« Vingt minutes avant la fin de la cuisson, j'ai ajouté des pommes de terre coupées en morceaux, qui ont cuit dans le jus. Excellent ! » cricri10150

Grondins à la sauce asiatique au gingembre

Pour 6 personnes
Facile
Moyen

Préparation	Cuisson
20 min	**5 min**

Grondins (6, écaillés) • **Oignons nouveaux** (4) • **Gingembre en poudre** (4 c. à soupe rases) • **Sauce soja** (3 c. à soupe) • **Huile de tournesol** (2 c. à soupe) • **Sel**

1. Dans une sauteuse, couvrez les grondins d'eau froide salée puis portez à ébullition. Laissez cuire à couvert, sur feu doux et eau frémissante, pendant 5 min.

2. Épluchez et émincez finement les oignons.

3. Mélangez-les dans un bol avec la sauce soja, l'huile et le gingembre.

4. Égouttez les poissons et déposez-les sur un plat préchauffé.

5. Nappez de sauce aux oignons et servez avec du riz.

ASTUCE Le grondin est un poisson à robe colorée rouge souvent dénommé rouget-grondin, à ne pas confondre avec le rouget barbet, un poisson saisonnier, beaucoup moins fréquent et donc plus cher.

« Préférez le gingembre frais. Son goût est totalement différent de celui du gingembre en poudre et bien meilleur. » **Dcblegny**

Timbales de brocoli

Pour 4 personnes
Proposées par Claire_372
Très facile
Bon marché

Préparation	Cuisson
15 min	**35 min**

Fleurettes de brocoli (400 g) • **Muscade** • **Pignons de pin** (1 poignée) • **Crème fraîche** (3 c. à soupe) • **Œuf** (1) • **Jaune d'œuf** (1) • **Oignon** (1) • **Beurre** • **Sel, poivre**

1. Préchauffez le four à 180 °C (th. 6). Beurrez légèrement 4 ramequins.

2. Pelez et émincez l'oignon.

3. Faites cuire les fleurettes de brocoli dans une casserole d'eau bouillante jusqu'à ce qu'elles soient bien tendres.

4. Faites dorer une poignée de pignons de pin dans une poêle à sec.

5. Dans un saladier, écrasez les brocolis avec une fourchette et mélangez-les avec la crème, l'œuf entier et le jaune d'œuf.

6. Ajoutez l'oignon, du sel, du poivre et un peu de muscade.

7. Versez cette préparation dans les ramequins et enfournez pour 25 min.

8. Servez immédiatement, parsemé de pignons de pin.

ASTUCE Après avoir écrasé les brocolis, retirez l'eau restante avant de les mélanger à la crème fraîche.

« Une nouvelle façon de manger les brocolis, c'est vraiment délicieux. Pour ma part, j'ai ajouté du gruyère râpé pour faire gratiner. » **AnneLise_1**

ZOOM SUR L'orange

QUAND L'ACHETER ?

JANV.
FÉV.
MARS
AVRIL
MAI
JUIN
JUIL.
AOÛT
SEPT.
OCT.
NOV.
DÉC.

COMMENT LA CHOISIR ?
On distingue deux types d'orange : les oranges de table et les oranges à jus. Il existe aussi une variété sanguine à la peau légèrement rouge et à la pulpe parfois violette.

COMMENT LA CUISINER ?
Juteuse et sucrée, elle se consomme souvent nature, en salade ou en jus. Mais elle apprécie également les associations aigres-douces : elle est excellente avec le gibier, les volailles et certains poissons.

BON À SAVOIR
La marmelade d'orange n'est préparée qu'avec des oranges amères.

Trifle à l'orange

Pour 4 personnes
Proposé par phuongly
Facile
Bon marché

Préparation
20 min

Oranges à jus (6) • **Biscuits à la cuiller** (16) • **Gervita nature** (6) • **Cannelle** (½ c. à café) • **Cardamome en poudre** (½ c. à café) • **Cointreau** (1 c. à soupe) • **Copeaux de chocolat**

1. Pressez 4 oranges et versez le jus dans un plat creux avec le cointreau.

2. Pelez 2 oranges, prélevez les quartiers en enlevant la peau blanche pour ne conserver que la pulpe.

3. Découpez ces quartiers de pulpe en petits dés. Gardez-en quelques-uns pour la décoration.

4. Dans un saladier, mélangez les Gervita avec la cannelle et la cardamome.

5. Brisez les biscuits à la cuiller en plusieurs morceaux, laissez-les s'imbiber dans le jus d'orange.

6. Dans 4 verres, déposez une couche de biscuits, puis une couche de Gervita puis quelques dés d'orange. Répétez l'opération plusieurs fois. Couronnez l'ensemble de dés d'orange et de copeaux de chocolat.

7. Servez bien frais.

ASTUCE Pour les amateurs de chocolat, remplacez les Gervita par une crème au chocolat.

« J'ai mis du pain d'épices au fond des verres, cela se marie très bien avec les épices. » Marie_3

« Un pur régal. J'ai simplement rajouté au mélange Gervita-cardamome-cannelle 1 c. à soupe de miel. » danielle_6

Préparer une orange

Mars

On attend la sortie de l'hiver avec impatience...
Avant l'arrivée du printemps, on ne rechigne pas
sur quelques petits plats hivernaux qui font du bien
et on en profite pour célébrer et fêter le carnaval
comme il se doit.

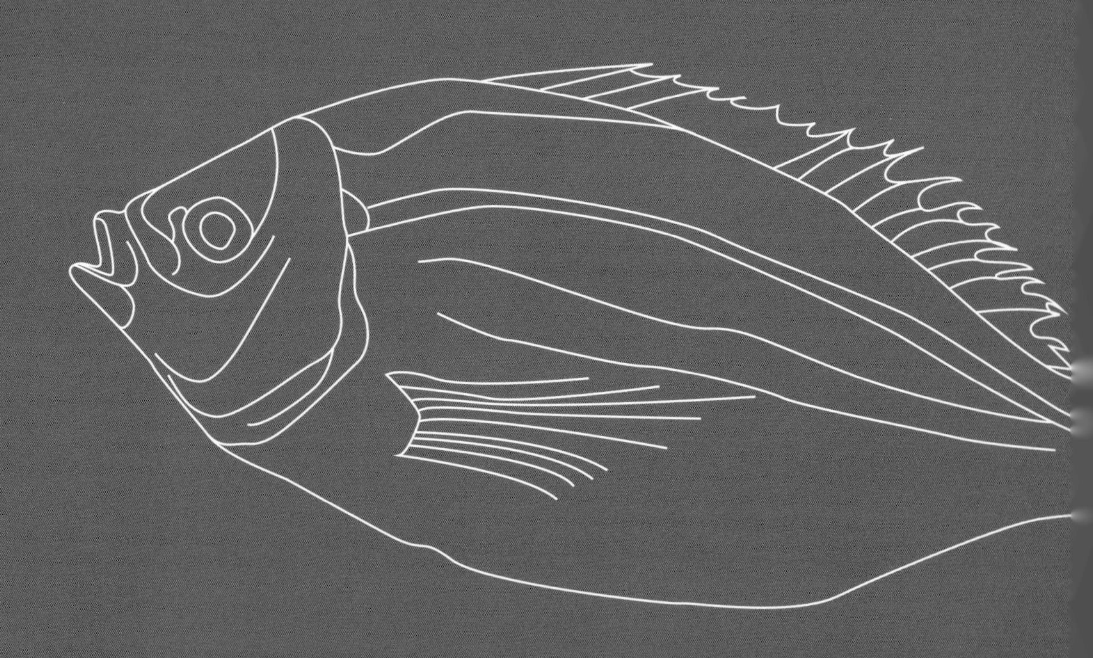

C'est le bon moment pour cuisiner...

Légumes • *betterave, cardon, carotte, chou de Bruxelles, chou-fleur, épinard, oseille, poireau*

Fruits • *banane, citron, kiwi, mandarine, orange sanguine, pamplemousse*

Viande • *bœuf*

Poissons • *bar, brochet, cabillaud/morue, daurade royale, hareng, lotte, merlan*

Coquillages et crustacés • *bulot, coque, crevette rose*

Fromages • *brocciu, époisses, langres*

Et aussi... **Légumes** • avocat, brocoli, céleri, chou rouge, cresson, endive, navet, oignon, pomme de terre, radis • **Fruits** • ananas, litchi, mangue, pomme • **Viande** • grenouille • **Poissons** • chinchard, congre, dorade, dorade grise, églefin, lieu, limande, maquereau, raie, rouget barbet, rouget de roche, sole, turbot • **Coquillages et crustacés** • coquille Saint-Jacques, huître, langoustine, moule • **Fromages** • beaufort, brie de Meaux, brie de Melun, comté, gruyère, laguiole, livarot, mont d'or, munster, neufchâtel, salers, vacherin, vieux-Lille.

ZOOM SUR LA *dorade*

QUAND ACHETER LA DORADE ROSE?

JANV.
FÉV.
MARS
AVRIL
MAI
JUIN
JUIL.
AOÛT
SEPT.
OCT.
NOV.
DÉC.

COMMENT LA CHOISIR? On distingue trois espèces : la dorade grise et la dorade rose, pêchées en Atlantique, et la daurade royale, pêchée en Méditerranée.

COMMENT LA CUISINER? La dorade est souvent vendue entière pour être consommée grillée, rôtie ou cuite à la vapeur. Sa chair blanche et maigre est très savoureuse et s'accomode par conséquent d'un assaisonnement simple.

BON À SAVOIR En France, seule l'espèce royale peut prendre la dénomination de daurade.

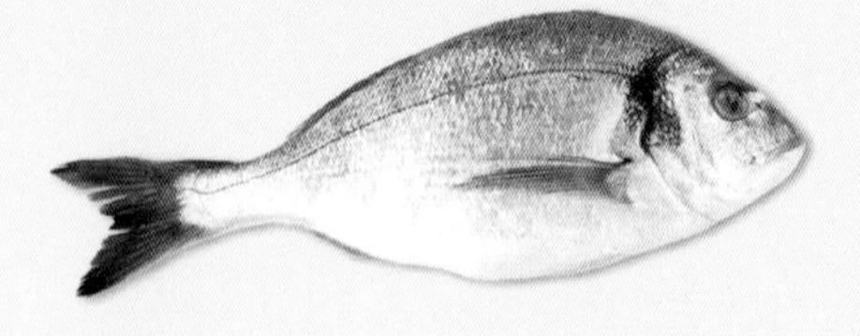

Daurade royale au piment d'Espelette

Pour 2 personnes
Proposée par nicolas91140
Facile
Moyen

Préparation **20 min** | Cuisson **30 min**

Daurade royale entière (1) • **Piment d'Espelette** (2 c. à café) • **Vinaigre de cidre** (2 c. à café) • **Citron non traité** (1) • **Huile d'olive** (3 c. à soupe) • **Oignon** (1)

1. Préchauffez le four à 180 °C (th. 6).

2. Lavez et écaillez la daurade. Videz-la de ses entrailles (ou demandez à votre poissonnier de le faire).

3. Épluchez l'oignon et coupez-le en tranches fines. Coupez le citron en tranches fines et retirez les pépins.

4. Mettez 2 tranches de citron et 2 tranches d'oignon en alternance à l'intérieur du poisson.

5. Saupoudrez les 2 faces de la daurade de piment d'Espelette.

6. Placez la daurade dans un plat allant au four.

7. Enfournez et laissez cuire 30 min. Au bout de 15 min de cuisson, arrosez-la d'huile d'olive et de vinaigre de cidre.

« En panne de vinaigre de cidre, je l'ai remplacé par un mélange de jus de pomme et de vinaigre balsamique. » **YvesHu**

« J'ai farci la daurade de citron et d'herbes fraîches (persil et romarin) : le poisson était tendre et bien parfumé. » **Romain_59400**

Taboulé au *chou-fleur*

Pour 6 personnes
Proposé par lili
Très facile
Bon marché

Préparation **20 min** | Repos **6 h**

Chou-fleur (1) • **Menthe** (1 bouquet) • **Persil** (1 bouquet) • **Coriandre** (1 bouquet) • **Ciboulette** (quelques brins) • **Tomates concassées** (200 g) • **Raisins de Corinthe** (80 g) • **Pignons de pin** (50 g) • **Jus de citron** (15 cl) • **Oignon** (1 petit) • **Huile d'olive** (20 cl) • **Sel, poivre**

❶ Lavez le chou-fleur.

❷ Ôtez le trognon et les morceaux de tige du chou-fleur pour ne garder que les fleurs.

❸ Râpez-les : on obtient une poudre blanche (à titre indicatif, pour un chou-fleur entier, environ 700 g).

❹ Épluchez et coupez l'oignon en fines lamelles.

❺ Lavez les herbes (menthe, persil, coriandre et ciboulette), effeuillez-les, séchez-les et ciselez-les.

❻ Dans un saladier, mélangez tous les ingrédients à l'exception des pignons.

❼ Faites reposer au frais pendant au moins 6 h.

❽ Ajoutez les pignons 1 h avant de servir.

ASTUCE Pour un plat complet, vous pouvez ajouter des dés de jambon blanc.

« Je n'ai pas mis d'huile ni de pignons afin d'alléger encore plus ce taboulé. J'ai simplement rajouté un peu de concombre et un demi-poivron jaune. » **Marie1991**

Crèmes à l'*orange sanguine*

Pour 4 personnes
Proposées par Isabelle_1179
Facile
Bon marché

Préparation **15 min** | Cuisson **5 min** | Repos **2 h**

Oranges sanguines non traitées (5) • **Citron** (½) • **Sucre** (75 g) • **Maïzena** (2 c. à soupe) • **Crème épaisse** (180 g) • **Crème fluide** (20 cl)

❶ Prélevez les zestes de 1 orange et du demi-citron. Pressez toutes les oranges de manière à obtenir 30 cl de jus.

❷ Dans une casserole, mélangez les zestes d'agrumes, le jus d'orange, le sucre et la Maïzena. Portez à ébullition en fouettant.

❸ Dès les premiers signes d'ébullition, versez immédiatement dans un saladier et laissez refroidir. Quand le mélange est bien froid, incorporez la crème épaisse.

❹ Dans un bol, fouettez la crème fluide et incorporez-la délicatement dans le saladier.

❺ Versez la préparation dans des verrines ou des coupes et placez 2 h au moins au réfrigérateur.

ASTUCE Si vous n'aimez pas les zestes, retirez-les en filtrant le jus cuit avant de le laisser refroidir.

« Vraiment très bon accompagnées de petits muffins au chocolat noir. » **Sardetbigorno**

Persillade de *coques*

Pour 2 personnes
Proposée par Marielle
Facile
Moyen

Préparation	Cuisson	Repos
10 min	**20 min**	**2 h**

Coques (500 g) • **Échalote** (1) • **Ail** (2 belles gousses) • **Persil plat haché** (3 c. à soupe) • **Vin blanc sec** (10 cl) • **Beurre** (20 g) • **Poivre**

❶ Faites dégorger les coques dans une bonne quantité d'eau très salée pendant au moins 2 h. Lavez-les ensuite plusieurs fois à grande eau.

❷ Pelez l'échalote et hachez-la très finement. Épluchez les gousses d'ail puis hachez-les très finement. Mettez de côté.

❸ Versez le vin dans une casserole, poivrez et ajoutez les coques. Faites-les ouvrir sur feu fort (comptez environ 5 min).

❹ Lorsque les coques sont ouvertes, retirez celles-ci de la casserole et décoquillez-les (jetez celles qui seraient restées fermées). Mettez de côté.

❺ Filtrez le jus de cuisson à l'aide d'un chinois dans lequel vous aurez préalablement mis un filtre à café en papier.

❻ Versez le jus filtré dans une casserole. Ajoutez l'échalote et l'ail. Laissez mijoter environ 5 min. Augmentez le feu et laissez réduire un peu.

❼ Ajoutez le beurre bien froid préalablement coupé en morceaux en prenant soin de bien mélanger.

❽ Poivrez, ajoutez le persil et les coques, mélangez et laissez encore 2 min, le temps de réchauffer les coques.

❾ Servez chaud, accompagné de pain pour saucer.

ASTUCE Les coques ne doivent pas trop cuire : veillez à les retirer du feu dès qu'elles commencent à s'ouvrir.

« Je n'avais pas de vin blanc sec donc j'ai mis un blanc moelleux et j'ai rajouté des moules de bouchot. Cela a fait notre plat principal ! » **timlili**

« Accompagné de tagliatelles fraîches et d'une pointe de crème fraîche, c'était très bon. » **benchacal**

Tiramisu à la *banane*

Pour 4 personnes
Proposé par fraise_2
Facile
Bon marché

Préparation	Cuisson	Repos
25 min	**10 min**	**3 h**

Bananes (3) • **Biscuits à la cuiller** (20) • **Crème fraîche épaisse** (20 cl) • **Œuf** (1) • **Rhum brun** (3 c. à soupe) • **Sucre** (3 c. à soupe) • **Cacao en poudre** (2 c. à soupe) • **Beurre** (10 g)

❶ Découpez 2 bananes en rondelles.

❷ Faites-les revenir dans une poêle avec le beurre, 2 c. à soupe de sucre, 2 c. à soupe de rhum et 1 c. à soupe d'eau sur feu doux.

❸ Séparez le blanc du jaune d'œuf.

❹ Dans un saladier, mélangez la crème, le jaune d'œuf, le reste de sucre et de rhum. Battez énergiquement pour obtenir un mélange onctueux.

❺ Battez le blanc d'œuf en neige et incorporez-le délicatement au mélange précédent.

❻ Retirez les bananes de la poêle, laissez refroidir le sirop obtenu dans la poêle.

❼ Disposez les biscuits dans le fond d'un plat de sorte qu'il en soit entièrement recouvert. Versez le sirop de cuisson dessus. Recouvrez de rondelles de banane puis de crème.

❽ Filmez et laissez prendre 3 h au moins au réfrigérateur.

❾ Au moment de servir, saupoudrez le tiramisu de cacao en poudre et décorez avec la banane restante coupée en rondelles.

ASTUCE S'il n'y a pas assez de sirop, ajoutez un petit peu d'eau dans la poêle et mélangez quelques instants sur feu doux.

« J'ai rajouté 3 bananes et j'ai fait un tiramisu à étages : biscuits, bananes, crème, biscuits, bananes et chocolat en poudre dans un plat carré. » **Helene1981**

La recette filmée

ZOOM SUR LA *banane*

QUAND L'ACHETER ?
JANV. • FÉV. • MARS • AVRIL • MAI • JUIN • JUIL. • AOÛT • SEPT. • OCT. • NOV. • DÉC.

COMMENT LA CHOISIR ? Cueillie encore verte, la banane continue de mûrir pendant son transport. Il est préférable de la choisir sans taches et pas trop mûre.

COMMENT LA CONSERVER ? À température ambiante.

BON À SAVOIR Il existe deux catégories de banane : les bananes fruits, idéales dans les desserts mais également dans certains mets salés, et les bananes à cuire, qui comptent les fameuses bananes plantain et les bananes carrées utilisées cuites comme des légumes.

Velouté de *carottes* au cumin

Pour 6 personnes
Très facile
Bon marché

Préparation	Cuisson
15 min	**40 min**

Carottes (1 kg) • **Curry** (½ c. à café) • **Cumin** (½ c. à café) • **Crème liquide** (20 cl) • **Pomme de terre** (1) • **Oignon** (1) • **Beurre** (20 g) • **Sel de Guérande**

❶ Épluchez les carottes et la pomme de terre, coupez-les en morceaux. Épluchez et émincez l'oignon.

❷ Faites fondre le beurre dans un auto-cuiseur puis ajoutez l'oignon. Laissez-le dorer pendant une dizaine de minutes.

❸ Ajoutez les carottes et la pomme de terre. Laissez cuire 5 min.

❹ Ajoutez 75 cl d'eau, le curry, le cumin et un peu de sel. Fermez l'auto-cuiseur et faites cuire 20 min après la montée en pression.

❺ Mixez le tout, ajoutez la crème liquide et mélangez.

ASTUCE Pour une soupe encore plus exotique, remplacez la crème liquide par du lait de coco.

« Avec un morceau de foie gras dedans, cette soupe est un délice ! » **Gaetj69**

« Recette suivie à la lettre, avec juste un cube de bouillon de légumes rajouté. Nous nous sommes régalés ! Merci. » **pinkkangel**

« Recette originale, le mariage des épices et de la carotte est étonnant. J'ai adoré ! » **Cathy_1244**

Crevettes aux gombos

Pour 6 personnes
Proposées par moranne
Facile
Moyen

Préparation	Cuisson
20 min	**20 min**

Grosses crevettes crues décortiquées (600 g) • **Gombos** (600 g) • **Céleri** (2 branches) • **Oignon** (1) • **Aneth** (4 brins) • **Huile** (2 c. à soupe) • **Ail** (2 gousses) • **Gingembre frais** (1 morceau de 4 cm) • **Clous de girofle** (3) • **Cannelle** (1 bâton) • **Poivre** (10 grains) • **Cardamome noire** (2 gousses) • **Curcuma** (1 c. à café) • **Paprika fort** (1 c. à café)

❶ Lavez et épluchez les gombos et le céleri, découpez ce dernier en lamelles. Pelez et émincez finement l'oignon et l'ail.

❷ Dans le bol du robot, placez toutes les épices (sauf le bâton cannelle) et l'ail. Ajoutez un demi-verre d'eau puis mixez pour obtenir une pâte.

❸ Faites chauffer l'huile dans une cocotte, faites-y dorer l'oignon, puis ajoutez la pâte d'épices.

❹ Mélangez, puis ajoutez les gombos, le céleri, le bâton de cannelle et 2 verres d'eau. Couvrez et laissez cuire 15 min.

❺ Ajoutez les crevettes et l'aneth. Laissez mijoter jusqu'à ce que les crevettes soient cuites.

ASTUCE Le gombo peut être remplacé par de l'aubergine, dont les saveurs sont proches.

« Comme je n'avais pas de gombos, je les ai remplacés par des courgettes. Recette rapide, facile et bonne. » **Posilippo**

« Je laisse mijoter la cardamome noire et le bâton de cannelle avec le reste et je les retire juste avant de servir. » **orfilamanu**

Chips de betterave

Pour 4 personnes
Facile
Bon marché

Préparation	Cuisson
15 min	**5 min**

Betteraves crues (2) • **Huile de friture** (1 l)

❶ Épluchez les betteraves crues, puis coupez-les en très fines lamelles.

❷ Faites chauffer l'huile de friture. Quand elle est suffisamment chaude et qu'elle commence à fumer, ajoutez les lamelles de betterave et faites-les frire jusqu'à ce qu'elles soient dorées.

ASTUCE Procédez en plusieurs fois et laissez l'huile remonter en température entre chaque fournée.

« Un petit conseil : posez les chips sur du papier absorbant et saupoudrez-les de sel, de poivre et de cumin. Un délice ! » **MAROU_2**

« La cuisson est plus longue que pour des pommes de terre mais les chips sont bien croustillantes. À essayer d'urgence. » **Julie_1898**

Tarte aux *poireaux* et aux lardons

Pour 6 personnes
Facile
Bon marché

Préparation 20 min | Cuisson 35 min

Poireaux (3) • **Lardons** (400 g) • **Farine** (250 g) • **Beurre** (160 g + un peu pour le moule) • **Œufs** (3) • **Crème fraîche** (25 cl) • **Gruyère râpé** (100 g) • **Sel, poivre**

❶ Préchauffez le four à 210 °C (th. 7).

❷ Préparez la pâte à tarte : dans un saladier, malaxez 140 g de beurre coupé en dés et la farine. Ajoutez de 2 c. à soupe d'eau et mélangez pour obtenir une pâte.

❸ Étalez la pâte puis garnissez-en un moule à tarte préalablement beurré.

❹ Émincez les poireaux, lavez-les et faites-les dorer dans un peu de beurre à la poêle.

❺ Faites dorer les lardons à part, égouttez-les soigneusement puis ajoutez-les aux poireaux.

❻ Dans un bol, mélangez les œufs et la crème fraîche, salez et poivrez.

❼ Étalez les poireaux et les lardons sur la pâte. Parsemez de gruyère râpé, couvrez avec la préparation œufs-crème.

❽ Enfournez et laissez cuire 25 min.

ASTUCE Pour gagner du temps, vous pouvez utiliser une pâte feuilletée prête à l'emploi.

« J'ai mis une boîte de thon à la place des lardons et c'est un vrai régal. » **mary921**

Sauce à l'*époisses*

Pour 4 personnes
Proposée par Jocelyn21
Très facile
Moyen

Préparation 3 min | Cuisson 10 min

Époisses affiné à point (100 g) • **Crème semi-épaisse** (20 cl) • **Noix de muscade** • **Poivre**

❶ Dans une casserole, à feu très doux, faites chauffer doucement la crème.

❷ Ajoutez l'époisses préalablement coupé en dés (on peut laisser la croûte qui fondra tranquillement elle aussi).

❸ Laissez épaissir à feu toujours très doux. Poivrez légèrement et ajoutez un peu de noix de muscade.

ASTUCE Cette sauce accompagne très bien une entrecôte ou un faux-filet.

« Très bon, mais avant de faire chauffer la crème, je fais revenir des oignons dans du vin blanc. » **laurelap**

“J'ai d'abord fait mariner la viande avec du thym, du laurier, du paprika et du vin blanc.” anne38640

Bœuf Stroganoff

Pour 4 personnes
Facile
Bon marché

Préparation	Cuisson
15 min	25 min

Filet de bœuf (400 à 500 g) • **Champignons de Paris** (100 g) • **Oignon** (1) • **Beurre** (30 g) • **Crème fraîche** (4 c. à soupe) • **Moutarde** (1 c. à café) • **Concentré de tomates** (1 c. à soupe) • **Paprika** (½ c. à café) • **Sucre** (1 pincée) • **Vin blanc sec** (5 cl) • **Sel, poivre**

❶ Coupez la viande en fines lamelles. Lavez et émincez les champignons. Épluchez et hachez l'oignon.

❷ Dans une sauteuse, faites chauffer le beurre à feu vif, faites-y revenir l'oignon et les champignons de Paris.

❸ Ajoutez la viande, salez, poivrez, sucrez, et saupoudrez de paprika. Mélangez bien.

❹ Au bout de 5 min, ajoutez le concentré de tomates préalablement dilué dans le vin blanc. Laissez mijoter 10 min.

❺ Ajoutez avec la crème et la moutarde. Remuez pendant quelques minutes.

❻ Servez avec des pâtes ou du riz.

ASTUCE Utilisez un morceau de viande tendre (première catégorie) qui nécessite une cuisson courte.

“J'ai fait cuire la viande à part juste quelques instants afin qu'elle reste tendre et rosée, puis je l'ai ajoutée à la sauce au moment de servir.” Audrey2204

Smoothie *épinard, kiwi* et *banane*

Pour 2 personnes
Proposé par miniris
Très facile
Moyen

Préparation
10 min

Kiwis (1 ou 2) • **Banane** (1) • **Pousses d'épinard** (2 grosses poignées) • **Gingembre frais** (1 à 3 cm) • **Basilic** (5 ou 6 feuilles) • **Lait d'amande** (20 cl)

❶ Lavez le basilic et les pousses d'épinard.

❷ Épluchez les fruits et le gingembre. Coupez-les en morceaux et mettez-les dans un blender.

❸ Mixez une première fois. Ajoutez le basilic et mixez de nouveau.

❹ Ajoutez les pousses d'épinard et le lait d'amande. Mixez le tout quelques minutes et dégustez !

ASTUCE Vous pouvez remplacer le lait d'amande par du lait de soja, de riz, etc.

« J'ai utilisé un mélange de pousses d'épinard et de roquette, c'était très bon. » **Meriam_37**

« Une fois versé dans les verres, j'ai déposé quelques graines germées. » **Loladalbert**

La recette filmée

Lotte à l'armoricaine

Pour 4 personnes
Facile
Assez cher

Préparation	Cuisson
20 min	**50 min**

Queue de lotte (1, préparée par votre poissonnier) • **Tomates pelées** (1 petite boîte) • **Oignons grelots** (12) • **Cognac** (5 cl) • **Ail** (1 gousse) • **Échalotes** (4) • **Concentré de tomates** (1 c. à soupe) • **Vin blanc sec** (20 cl) • **Beurre** (20 g) • **Huile d'arachide** (2 c. à soupe) • **Piment de Cayenne** (1 pincée) • **Sel, poivre**

❶ Pelez et hachez les échalotes. Pelez et pressez la gousse d'ail. Pelez les oignons grelots. Coupez les tomates pelées en morceaux.

❷ Dans un bol, délayez le concentré de tomates dans le vin blanc.

❸ Dans une cocotte en fonte, faites chauffer le beurre et l'huile puis faites-y colorer les tranches de lotte à feu vif.

❹ Une fois qu'elles sont bien dorées, flambez-les avec le cognac. Déposez ensuite les tranches de lotte sur une assiette.

❺ Dans la même cocotte, mettez les échalotes, l'ail, les oignons grelots, les tomates et le concentré de tomates délayé. Salez, poivrez, ajoutez le piment et laissez mijoter environ 20 min à découvert.

❻ Remettez la lotte dans la sauce, couvrez et laissez cuire encore 20 min.

❼ Accompagnez de pommes de terre et de carottes cuites à la vapeur.

ASTUCE Si la sauce est trop acide, ajoutez un petit morceau de sucre et laissez-le fondre.

Velouté froid de *betteraves*

Pour 4 personnes
Proposé par Vivi
Très facile
Bon marché

Préparation	Cuisson
20 min	**30 min**

Betteraves crues (2) • **Concombre** (¼) • **Yaourts bulgares** (2) • **Huile d'olive** (1 c. à café) • **Ail** (1 gousse) • **Sel, poivre**

❶ Lavez et rincez les betteraves avant de les faire cuire (avec un auto-cuiseur, comptez 25 à 30 min).

❷ Laissez refroidir avant de les éplucher.

❸ Mixez les betteraves avec les yaourts, l'huile d'olive, le concombre et l'ail. Salez et poivrez la préparation.

❹ Avant de servir, vous pouvez décorer vos assiettes de fins bâtonnets de concombre, de feuilles de persil plat ou encore de quelques brins d'aneth.

ASTUCE Pour rehausser le goût, vous pouvez ajouter une pointe de vinaigre de framboise.

« À faire et à refaire. Je l'ai agrémenté d'une mini brochette feta-betterave et, comme touche finale, j'ai saupoudré de paprika. » **Camumble**

Préparer la betterave crue

ZOOM SUR LA *betterave*

QUAND L'ACHETER ?

JAN.	FÉV.	**MARS**	**AVRIL**
MAI	**JUIN**	**JUIL.**	**AOÛT**
SEPT.	**OCT.**	**NOV.**	**DÉC.**

BON À SAVOIR Il existe trois catégories de betterave : la sucrière, cultivée pour la fabrication du sucre, la fourragère, utilisée pour l'alimentation animale, et la potagère, destinée à la consommation humaine.

REMARQUE Il en existe plusieurs variétés : la crapaudine, de forme allongée, l'égyptienne, la jaune, la blanche, la chioggia (célèbre pour sa belle marbrure rose et blanche) et la noire ronde, ou « globe », la plus couramment consommée, vendue aussi cuite sous vide.

COMMENT LA CUISINER ? La betterave se consomme crue ou cuite, coupée en rondelles fines, en lanières ou en cubes. Elle convient aussi pour certains desserts.

COMMENT LA CONSERVER ? Crue, plusieurs semaines dans le bac à légumes du réfrigérateur ; cuite, jusqu'à une semaine au frais dans une boîte hermétique.

Ragoût d'agneau aux *cardons*

Pour 4 personnes
Proposé par evasouf
◐ Facile
€€€ Moyen

Préparation	Cuisson
30 min	**1 h 20**

Épaule d'agneau désossée (1) • **Cardons bien blancs** (1 botte) • **Tomates** (2 ou 3) • **Pommes de terre** (10 petites) • **Oignons** (2) • **Ail** (2 ou 3 gousses) • **Piment oiseau vert** (1) • **Coriandre** (½ bouquet) • **Cumin** (1 c. à café) • **Paprika** (1 c. à café) • **Beurre**

❶ Coupez la viande en gros cubes (ou faites-le faire par votre boucher). Lavez, épuchez et coupez les cardons en tronçons. Ôtez la peau des tomates et épépinez-les. Épluchez les pommes de terre. Épluchez et hachez l'ail et les oignons. Émincez finement le piment. Lavez et ciselez la coriandre.

❷ Dans une sauteuse, faites revenir la viande dans un peu de beurre.

❸ Quand elle est dorée de toutes parts, ajoutez les oignons et faites-les revenir quelques instants.

❹ Ajoutez les tomates et 1,5 grand verre d'eau.

❺ Ajoutez les épices (cumin, paprika, piment), la coriandre et l'ail.

❻ Ajoutez les pommes de terre entières ou coupées en deux selon leur taille, et les cardons. Couvrez et laissez mijoter à feu doux pendant 1 h.

ASTUCE Faites tremper les cardons, une fois coupés, dans un saladier d'eau citronnée jusqu'à la cuisson afin d'éviter qu'ils noircissent.

« J'ai remplacé les pommes de terre par des pois chiches et la coriandre par du persil. » **Phramboise**

« J'ai fait la recette sans viande, les cardons se marient très bien avec les épices. J'ai servi les légumes avec de la dorade cuite au four. » **MARION_492**

Filets de *merlan* à la crème moutardée

Pour 8 personnes
Facile
Moyen

Préparation	Cuisson	Repos
15 min	**40 min**	**10 min**

Filets de merlan (8 de 200 g) • **Moutarde** (2 c. à soupe) • **Tomates** (4) • **Citrons** (2 + quelques rondelles pour la déco) • **Beurre** (100 g) • **Farine** (2 c. à soupe rases) • **Cube de bouillon** (1,5) • **Crème liquide** (20 cl) • **Chapelure** (4 c. à soupe, facultatif) • **Sel, poivre**

1. Rincez les filets de merlan sous l'eau courante, puis essuyez-les à l'aide de papier absorbant.

2. Salez et poivrez les filets de poisson, arrosez-les de jus de citron. Laissez-les mariner 10 min dans un plat creux.

3. Préchauffez le four à 210 °C (th. 7).

4. Portez 25 cl d'eau à ébullition dans une petite casserole, puis faites-y dissoudre le cube et demi de bouillon.

5. Dans une autre casserole, faites fondre 75 g de beurre, ajoutez la farine et fouettez. Ajoutez doucement le bouillon sans cesser de fouetter, puis laissez mijoter 10 min à feu doux.

6. Dans un bol, délayez la moutarde dans la crème liquide, puis incorporez ce mélange à celui de la casserole. Mélangez bien.

7. Lavez les tomates, puis détaillez-les en rondelles épaisses.

8. Dans un plat à gratin préalablement beurré, déposez les rondelles de tomates, puis les filets de poisson et nappez le tout de sauce.

9. Saupoudrez de chapelure (si vous le souhaitez) et parsemez de noisettes de beurre.

10. Enfournez et laissez cuire 20 min.

11. Juste avant de servir, décorez de rondelles de citron si vous le souhaitez.

ASTUCE Vous pouvez accompagner ce plat de pommes de terre chaudes.

« Je n'avais pas de tomates fraîches, j'ai donc mis des tomates concassées en boîte : une vraie réussite ! » **Lilou_roussel**

« J'ai ajouté quelques oignons roses, juste avant d'enfourner. C'est un délice pour les papilles. » **Lulucuisto**

L'INCONTOURNABLE DU MOIS

Mardi gras

Beignets de carnaval

Pour 8 personnes
Facile
Bon marché

Préparation	Cuisson	Repos
20 min	5 min	30 min

Huile de friture (50 cl) • **Kirsch** (1 c. à soupe) • **Levure de bière** (20 g) • **Farine** (500 g) • **Lait tiède** (15 cl) • **Œufs** (2) • **Beurre** (75 g) • **Sucre** (3 c. à soupe) • **Sel** (1 pincée) • **Sucre glace**

❶ Versez la farine dans un saladier. Faites un puits.

❷ Ajoutez-y tous les ingrédients (sauf l'huile et le sucre glace).

❸ Pétrissez bien pour obtenir une pâte souple et aérée. Laissez-la reposer pendant au moins 30 min.

❹ Étalez la pâte sur environ 1 cm d'épaisseur sur un plan de travail fariné.

❺ Découpez la pâte en carrés, losanges ou ronds à l'aide d'un emporte-pièce.

❻ Faites chauffer l'huile dans une poêle à bord haut puis faites-y dorer les beignets.

❼ Égouttez-les puis saupoudrez-les de sucre glace.

❽ Dégustez-les tièdes ou froids.

ASTUCE Ces beignets peuvent être fourrés après cuisson (pâte à tartiner, confiture, etc.).

La recette filmée

Choux de Bruxelles aux marrons

Pour 4 personnes
Proposés par Nancy_8
Très facile
Bon marché

Préparation	Cuisson
10 min	45 min

Choux de Bruxelles (1 kg) • **Lardons fumés** (250 g) • **Marrons cuits** (400 g) • **Beurre** (50 g) • **Sel, poivre**

❶ Plongez les choux dans une casserole d'eau bouillante salée et faites-les cuire environ 20 min. Vérifiez la cuisson en plantant la pointe d'un couteau dans un chou : elle doit s'enfoncer facilement.

❷ Égouttez les choux.

❸ Faites fondre le beurre dans une poêle puis faites-y revenir les lardons.

❹ Ajoutez les choux et les marrons. Salez, poivrez et faites revenir le tout 10 min environ.

ASTUCE S'ils sont gros, coupez les choux de Bruxelles en deux après la cuisson à l'eau.

« Comme nous n'aimons pas les marrons, je les ai remplacés par des pommes de terre grenailles cuites. » **Zabounette**

Brochet à la romande

Pour 6 personnes
Proposé par Julien
Facile
Moyen

Préparation	Cuisson
30 min	1 h 10

Brochet (1,5-2 kg) • **Estragon** (4 c. à soupe) • **Crème fraîche** (40 cl) • **Vin blanc type riesling ou pinot blanc** (20 cl) • **Échalotes grises** (2 grosses) • **Citron** (½) • **Beurre** (100 g)

1. Préchauffez le four à 200 °C (th. 6-7). Videz et lavez le brochet, retirez bien le mucus (avec un papier absorbant, frottez-le à grande eau).

2. Placez-le dans une casserole à poisson ou dans une papillote puis ajoutez le vin, les échalotes préalablement épluchées et coupées en morceaux, le jus du demi-citron et le beurre coupé en morceaux. Enfournez et laissez cuire pendant environ 1 h (selon l'épaisseur du poisson).

3. Placez le brochet sur un plat de service, récupérez le jus de cuisson dans une casserole, ajoutez la crème et l'estragon ciselé. Laissez réduire sur feu moyen jusqu'à obtenir une sauce onctueuse dont vous napperez le brochet.

ASTUCE Surveillez qu'il y a toujours suffisamment de liquide afin que le poisson ne sèche pas ; si besoin, ajoutez un peu de vin blanc ou d'eau au cours de la cuisson.

“J'ai juste ajouté 1 c. à soupe de Maïzena pour épaissir un brin la sauce. Cette recette est une valeur sûre !” **jillounette**

Sauce à l'oseille

Pour 6 personnes
Proposée par emmarosegabrielle
Facile
Bon marché

Préparation 15 min | Cuisson 25 min

Oseille (1 bouquet) • **Vin blanc** (25 cl) • **Échalotes** (2 petites) • **Crème liquide** (20 cl) • **Court-bouillon** (1 cube) • **Beurre** • **Sel, poivre**

1. Dans une poêle, faites revenir les échalotes préalablement pelées et émincées avec une noix de beurre.

2. Ajoutez le vin blanc, l'oseille lavée et le cube de court-bouillon. Laissez réduire de moitié.

3. Ajoutez un peu d'eau (environ 5 cl) et laissez de nouveau réduire.

4. Ajoutez la crème et laissez un peu épaissir. Goûtez et rectifiez l'assaisonnement si besoin. Si la sauce est trop acide, rajoutez un peu de crème.

5. Mixez puis servez, avec du saumon par exemple.

ASTUCE Vous pouvez congeler cette sauce sans problème : versez-la dans un bac à glaçon afin de pouvoir la portionner.

« J'ai fait ma sauce avec moitié oseille moitié épinards : extra. » daniel_373

« Très bonne sauce, j'ajoute juste un peu de sucre pour corriger l'acidité. » Nono18

ZOOM SUR L'oseille

QUAND L'ACHETER ?
JANV.
FÉV.
MARS
AVRIL
MAI
JUIN
JUIL.
AOÛT
SEPT.
OCT.
NOV.
DÉC.

COMMENT LA CHOISIR ? Bien verte, avec de belles feuilles fermes, brillantes et crissantes.

COMMENT LA CUISINER ? En cuisine, l'oseille est utilisée à la fois comme un légume et comme un condiment. Crues, les jeunes pousses peuvent être dégustées en salade ou être utilisées ciselées pour parfumer des sauces à base de crème ou des vinaigrettes. Cuite, l'oseille se consomme comme l'épinard. À l'instar de ce dernier, elle réduit considérablement à la cuisson : comptez environ 300 g par personne.

BON À SAVOIR Son goût acidulé apporte fraîcheur à de nombreux plats ; elle accompagne classiquement le saumon.

Cannellonis au *brocciu*

Pour 8 personnes
Proposés par Jeanne
Facile
Bon marché

Préparation	Cuisson	Repos
1 h	**55 min**	**15 min**

Plaques de lasagne (24)
• **Brocciu frais** (1 kg)
• **Menthe** (1 bouquet) • **Tomates** (4)
• **Basilic** (5 feuilles) • **Œuf** (1)
• **Ail** (1 gousse) • **Oignon** (1)
• **Thym** (2 brins) • **Laurier** (1 feuille)
• **Sucre** (1 morceau) • **Huile d'olive**
• **Maïzena** (1 c. à soupe, facultatif)
• **Sel, poivre**

❶ Dans un grand saladier, mélangez le brocciu avec l'œuf et 1 c. à soupe d'huile d'olive. Si le brocciu est trop liquide, ajoutez la Maïzena.

❷ Épluchez et hachez l'ail. Lavez et hachez la menthe.

❸ Ajoutez l'ail et la menthe au brocciu. Mélangez bien. Salez si besoin et poivrez. Laissez reposer 15 min.

❹ Dans une grande casserole d'eau bouillante salée, faites cuire les plaques de lasagne : faites-en cuire 4 ou 5 en même temps pendant quelques minutes (vous devez pouvoir les rouler ensuite) puis plongez-les dans un saladier d'eau froide pour stopper la cuisson. Déposez-les sur un linge propre, sans les faire se chevaucher.

❺ Prenez une plaque de lasagne dans le sens de la longueur. À une extrémité, mettez 1 grosse c. à soupe de farce.

❻ Roulez jusqu'aux deux tiers de la pâte puis coupez-la (si vous utilisez la plaque entière, vos cannellonis seront trop épais). Répétez l'opération jusqu'à épuisement des ingrédients.

❼ Préchauffez le four à 180 °C (th. 6).

❽ Préparez la sauce tomate : épluchez et émincez l'oignon. Lavez puis coupez les tomates en petits morceaux.

❾ Dans une poêle, faites revenir l'oignon dans un peu d'huile d'olive. Ajoutez les tomates puis le sucre, du sel, du poivre, le thym, le laurier et le basilic préalablement lavé et ciselé. Laissez mijoter 10 à 15 min.

❿ Retirez la feuille de laurier et mixez le tout.

⓫ Placez les cannellonis dans un plat à gratin. Versez la sauce tomate dessus.

⓬ Enfournez et laissez cuire environ 30 min.

ASTUCE Si vous avez peur que les cannellonis se décollent, vous pouvez consolider la jointure avec un mélange d'eau et de farine ou un peu de blanc d'œuf.

Brandade de *morue*

Pour 4 personnes
Très facile
Moyen

Préparation	Cuisson	Repos
15 min	**50 min**	**36-48 h**

Morue salée (500 g) • **Persil plat** (1 bouquet) • **Pommes de terre** (500 g) • **Huile d'olive** • **Ail** (1 gousse) • **Poivre**

❶ Deux jours avant : faites dessaler la morue en la faisant tremper dans de l'eau pendant 36 à 48 h, en changeant l'eau régulièrement.

❷ Le jour J : épluchez puis lavez les pommes de terre. Faites-les cuire dans une casserole d'eau bouillante 30 min. Préchauffez le four à 180 °C (th. 6).

❸ Écrasez les pommes de terre à l'aide d'une fourchette. Émiettez la morue dessalée.

❹ Mélangez la morue et la purée de pommes de terre dans un saladier.

❺ Épluchez et pilez l'ail. Lavez et hachez le persil.

❻ Ajoutez l'ail et le persil au mélange purée-morue. Mélangez.

❼ Ajoutez petit à petit de l'huile d'olive jusqu'à obtenir la consistance et le goût souhaités. Poivrez.

❽ Mettez la brandade dans un plat allant au four. Enfournez et laissez cuire 15 à 20 min. Passez la brandade sous le gril avant de servir afin de gratiner légèrement.

ASTUCE Si vous achetez de la morue en morceaux, 3 à 4 h de dessalage suffisent.

« Excellente recette. J'ai remplacé la morue séchée par de la morue fraîche que j'ai cuite « à point » à frémissement dans un mélange moitié lait moitié eau. » **Madoka_13**

ZOOM SUR LE *bar*

QUAND L'ACHETER?

JANV. · FÉV. · **MARS** · **AVRIL** · **MAI** · **JUIN** · **JUIL.** · **AOÛT** · SEPT. · OCT. · NOV. · DÉC.

PARTICULARITÉ Le bar est un poisson de mer à la jolie robe argentée qui peut mesurer entre 35 et 80 cm de long.

COMMENT LE CHOISIR? Préférez le bar de ligne (sauvage) au bar d'élevage : il est certes plus cher mais aussi beaucoup plus savoureux. En revanche, vous le trouverez de septembre à février.

COMMENT LE CUISINER? Sa chair parfumée, ferme et délicate supporte tous les modes de cuisson mais révèle toutes ses saveurs rôtie au four, cuite en papillote ou en croûte de sel.

Bar au vin blanc

Pour 4 personnes
Proposé par sabine_111
Facile
Moyen

Préparation	Cuisson
15 min	**50 min**

Bar (1 de 1 kg) • **Vin blanc** (15 cl) • **Beurre** (100 g + un peu pour le plat) • **Thym** (1 branche) • **Laurier** (1 feuille) • **Persil** (4 brins) • **Oignon** (1 petit) • **Clous de girofle** (2) • **Noix de muscade** • **Sel, poivre**

❶ Faites écailler et vider le bar par votre poissonnier. Rincez le bar sous l'eau froide.

❷ Beurrez un plat allant au four avec une noix de beurre. Préchauffez le four à 180 °C (th. 6).

❸ Épluchez l'oignon, coupez-le en fines lamelles et déposez celles-ci au fond du plat.

❹ Placez le poisson dessus puis arrosez de vin blanc. Ajoutez le thym, le laurier, le persil préalablement lavé ainsi que les clous de girofle. Salez, poivrez, saupoudrez de muscade et couvrez avec une feuille de papier d'aluminium.

❺ Enfournez et laissez cuire 40 min. Retirez le poisson du plat, gardez-le au chaud au four.

❻ Versez le jus de cuisson dans une petite casserole en le filtrant. Faites réduire sur feu moyen.

❼ Baissez le feu et ajoutez 100 g de beurre morceau après morceau, sans cesser de fouetter afin d'obtenir un mélange crémeux et homogène.

❽ Versez cette sauce sur le poisson bien chaud et servez.

ASTUCE Pour monter la sauce au beurre, laissez bien fondre le morceau de beurre avant d'en ajouter un autre.

« Nous avons lié la sauce avec de la crème fraîche et ajouté tomates et poivrons à la cuisson. Très bon ! » LNNico

Gratin de *brochet*

Pour 4 personnes
Proposé par benoit_254
Facile
Bon marché

Préparation	Cuisson
15 min	**1 h 05**

Brochet (1 petit) • **Champignons en boîte** (125 g) • **Bouquet garni** (1) • **Vin blanc sec d'Alsace** (50 cl + ½ verre) • **Gruyère râpé** (150 g)
Pour la sauce Nantua : Farine (2 c. à soupe) • **Beurre** (50 g) • **Lait** (75 cl) • **Crème fraîche** (1 c. à soupe) • **Concentré de tomates** (70 g)

❶ Préparez le court-bouillon : dans une casserole, portez à ébullition 50 cl de vin blanc avec le bouquet garni puis baissez le feu et laissez mijoter à couvert une dizaine de minutes.

❷ Faites pocher le poisson dans le court-bouillon à frémissement pendant 15 à 20 min. Sortez le poisson du court-bouillon et laissez refroidir. Préchauffez le four à 200 °C (th. 6-7).

❸ Émiettez le poisson dans un plat à gratin en ôtant toutes les arêtes.

❹ Arrosez le poisson avec le vin blanc restant. Ajoutez les champignons préalablement égouttés puis émincés.

❺ Préparez une béchamel : faites fondre le beurre dans une casserole, ajoutez la farine en une fois et fouettez vivement. Ajoutez le lait petit à petit sans cesser de remuer puis laissez épaissir une dizaine de minutes sur feu doux.

❻ Incorporez la crème fraîche et le concentré de tomates à la béchamel.

❼ Versez cette préparation sur le poisson et parsemez de gruyère.

❽ Enfournez et laissez cuire 20 min environ.

« J'avais quelques moules à la crème que j'ai ajoutées à la sauce du brochet, les deux saveurs se mélangent bien. » **Marignan**

« Le goût du vin blanc ressort bien et avec la sauce Nantua, cela fait un mariage très réussi. » **Clementine_2**

Cuisson des *bulots*

Pour 4 personnes
Très facile
Bon marché

Préparation	Cuisson	Repos
5 min	**20 min**	**2 h**

Bulots (800 g à 1 kg) • **Thym** • **Algues séchées, type dulse** (facultatif) • **Sel, poivre**

❶ Faites dégorger les bulots en les recouvrant d'eau très salée pendant 1 à 2 h afin qu'ils rejettent le sable et les impuretés qu'ils contiennent.

❷ Rincez-les puis plongez-les dans une marmite remplie d'eau froide. Ajoutez du sel (30 g par litre d'eau), du poivre, du thym et éventuellement des algues.

❸ Portez à ébullition et laissez cuire pendant 20 min.

❹ Laissez-les refroidir dans leur eau de cuisson avant de les servir.

« J'ai suivi la recette à la lettre, j'ai juste ajouté une feuille de laurier. Les bulots sont tendres et délicieux, merci. » **aude_771**

Sorbet *citron*

Pour 6 personnes
Proposé par sylvie_1007
Facile
Bon marché

Préparation	Cuisson	Repos
10 min	**10 min**	**1 h 45**

Jus de citron frais (750 cl)
• **Citrons verts non traités** (3)
• **Sucre** (700 g)

❶ Réalisez un sirop : dans une grande casserole, faites dissoudre le sucre dans 1 l d'eau sur feu doux en remuant, puis laissez chauffer de manière à obtenir un sirop. Retirez du feu.

❷ Prélevez le zeste des citrons verts puis faites-les mariner 1 h dans le sirop.

❸ Ajoutez le jus de citron et mélangez.

❹ Versez le mélange dans une sorbetière et laissez turbiner 45 min.

ASTUCE À défaut de sorbetière, versez la préparation dans une boîte en plastique et laissez prendre plusieurs heures au congélateur en grattant de temps en temps avec une fourchette afin d'éviter la formation de cristaux.

« Je l'ai servi en trou normand avec de la vodka, les invités en ont redemandé. » **Michel472**

« J'ai enfilé les zestes cuits dans le sirop sur un fil solide avant de les tremper dans du chocolat noir ! » **kathy44**

Réaliser un sorbet aux fruits

Turbot à l'orange

Pour 2 personnes
Proposé par Estelle_804
Facile
Moyen

Préparation	Cuisson
15 min	**25 min**

Turbot (2 filets) • **Oranges non traitées** (2) • **Beurre** (60 g) • **Court-bouillon** (50-75 cl) • **Maïzena** • **Sel**

❶ Préchauffez le four à 200 °C (th. 6-7). Prélevez le zeste d'une demi-orange, pressez les deux oranges.

❷ Salez les filets de turbot.

❸ Dans un plat allant au four, déposez les filets de turbot (peau au-dessus). Recouvrez de court-bouillon jusqu'au niveau de la peau (celle-ci doit frôler la surface).

❹ Enfournez 15 à 20 min : la peau doit être dorée et se décoller facilement.

❺ Dans une casserole, portez le jus des oranges à ébullition puis incorporez le beurre coupé en morceaux en fouettant continuellement. Salez, portez une nouvelle fois à ébullition, retirez du feu puis ajoutez les zestes d'orange.

❻ Ajoutez un peu de Maïzena et remettez quelques minutes sur le feu pour rendre la sauce plus onctueuse.

❼ Servez le poisson nappé de sauce à l'orange avec du riz.

ASTUCE Veillez à ne pas surcuire le poisson : le turbot a une chair délicate qui devient très sèche si elle est trop cuite.

« Bon et facile ! Je testerai à nouveau cette recette en ajoutant un peu de miel dans la sauce. » carovdh100

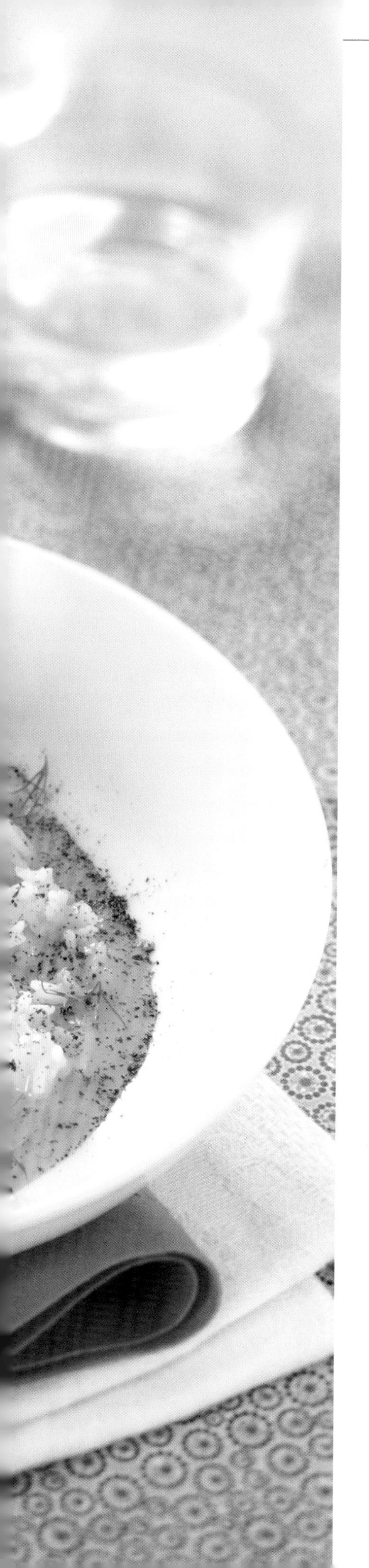

Confiture de *mandarines*

Pour 3 pots
Proposée par roselyne_7
Très facile
Bon marché

Préparation **30 min** | Cuisson **1 h**

Mandarines non traitées (1 kg) • **Sucre** (850 g)

❶ Lavez les mandarines, épluchez-les, retirez les pépins (mettez ces derniers dans un sac en mousseline).

❷ Placez les écorces dans une grande casserole d'eau bouillante et laissez bouillir 5 min. Égouttez.

❸ Coupez ces écorces en fines lanières. Retirez avec soin les parties blanches. Séparez les fruits en quartiers.

❹ Pesez les quartiers de fruit et pesez le même poids de sucre.

❺ Versez le sucre dans une cocotte, ajoutez 20 cl d'eau et faites chauffer doucement en remuant.

❻ Quand l'ébullition est bien déclarée, mettez les écorces, les fruits et les pépins dans la cocotte. Laissez bouillir 45 à 50 min.

❼ Quand le fruit devient transparent, le sirop est assez consistant. Retirez les pépins, remuez et mettez en pots.

ASTUCE Si vous n'avez pas de sac en mousseline, vous pouvez mettre les pépins dans une boule à thé !

« Excellente recette ! J'ai mis un tiers des écorces coupées très finement et donné un petit coup de mixeur avant de mettre en pot. » Piwies

Délice de *pamplemousse*

Pour 4 personnes
Proposé par Alexandrine_37
Très facile
Bon marché

Préparation **15 min** | Repos **2 h**

Pamplemousses (2 gros) • **Fromage blanc** (400 g) • **Noix de coco râpée** (4 c. à soupe) • **Sucre** (5 c. à soupe) • **Raisins secs** (1 poignée)

❶ Coupez les pamplemousses en deux. Dans un saladier, videz la pulpe des fruits. Jetez les peaux blanches mais conservez les demi-pamplemousses.

❷ Ajoutez à la pulpe le fromage blanc, les raisins, la noix de coco râpée et le sucre. Mélangez le tout.

❸ Goûtez et rectifiez la quantité de sucre ou de noix de coco si besoin.

❹ Versez la préparation dans les pamplemousses creusés. Laissez reposer 2 à 3 h au réfrigérateur avant de servir.

ASTUCE Égouttez bien le pamplemousse avant d'ajouter le reste des ingrédients afin de ne pas trop liquéfier la préparation.

« J'ai mis les raisins secs à gonfler 30 min dans du thé avant de les mélanger à la préparation. » Yasmine_4

« Je l'ai préparé juste avant le début du dîner, c'était frais et bon. » YOBOKI

Filets mignons en croûte au fromage de *Langres*

Pour 4 personnes
Proposés par volfoni
Facile
Moyen

Préparation	Cuisson
20 min	**1 h 10**

Filets mignons (2) • **Jambon cru** (2 tranches) • **Fromages de Langres** (2) • **Pâte feuilletée** (2 rouleaux) • **Oignon** (1) • **Crème fraîche** (2 c. à soupe) • **Jaune d'œuf** (1) • **Beurre** • **Sel, poivre**

❶ Dans une poêle, faites revenir les filets dans un peu de beurre pendant 40 min en les retournant de temps en temps. Salez et poivrez.

❷ Préchauffez le four à 220 °C (th. 7-8).

❸ Étalez chaque rouleau de pâte puis déposez 1 filet mignon au centre de chacun.

❹ Épluchez et hachez l'oignon. Coupez 1 fromage de Langres en morceaux.

❺ Sur chaque filet, déposez de l'oignon haché et des morceaux de fromage. Posez une tranche de jambon et refermez la pâte.

❻ Badigeonnez au jaune d'œuf à l'aide d'un pinceau.

❼ Enfournez et laissez cuire 20 min jusqu'à ce que la pâte soit dorée.

❽ Coupez le fromage restant en morceaux et mettez-les dans une casserole. Ajoutez un peu d'eau et la crème fraîche. Poivrez.

❾ Laissez cuire doucement pour faire fondre le fromage et laisser la sauce épaissir.

❿ Servez les filets en croûte avec la sauce au fromage.

ASTUCE Si vous n'avez pas de pinceau, utilisez votre index pour dorer les pâtes uniformément.

ZOOM SUR LE *langres*

QUAND L'ACHETER ?

JAN. FÉV. **MARS** **AVRIL**
MAI **JUIN** **JUIL.** **AOÛT**
SEPT. OCT. NOV. DÉC.

PARTICULARITÉS Fromage au lait de vache cru, à pâte molle et à croûte lavée. La couleur orange de cette dernière est liée à l'adjonction de rocou, un colorant naturel présent dans la solution avec laquelle il est lavé. Ce fromage porte le nom de la ville qui l'a vu naître : Langres, en Champagne.

BON À SAVOIR Le langres est creux dans sa partie supérieure (dénommée « la fontaine ») puisqu'il n'est jamais retourné durant son affinage (la fontaine d'un langres AOC doit être d'au moins 5 mm).

COMMENT LE CUISINER ? On peut le déguster nature ou verser dans son creux un peu de marc de champagne. Chaud, c'est en tarte, quiche ou feuilleté qu'il sera le plus apprécié.

“J'ai fait revenir les filets avec de l'ail en chemise écrasé afin de leur donner plus de saveur.” **Michagogo**

Pâté de *hareng*

Pour 6 personnes
Proposé par pargamin
Très facile
Bon marché

Préparation	Repos
15 min	**2 h**

Filets de hareng (4) • **Oignon blanc, avec le vert** (1) • **Cream cheese type St Môret ou Philadelphia** (150 g) • **Citron** (1) • **Moutarde forte** (2 c. à café) • **Sel, poivre** • **Lait** (facultatif)

1. Éventuellement, faites dessaler les harengs dans du lait pendant 2 h.

2. Coupez les harengs en morceaux. Pressez le citron.

3. Lavez et ciselez l'oignon avec le vert (gardez un peu de vert pour la déco).

4. Mettez les harengs dans le bol d'un mixeur avec le fromage, l'oignon, la moutarde et le jus du citron. Mixez jusqu'à obtenir une pâte homogène. Poivrez et salez, si besoin.

5. Dressez la préparation dans une petite terrine, et parsemez la surface de vert d'oignon.

6. Servez avec du pain grillé chaud.

“J'ai rajouté 1 c. à soupe de crème fraîche épaisse, quelques câpres, et, pour la déco, de la ciboulette hachée.” **Christian_60**

“Pour une meilleure consistance, j'ajoute un petit pain au lait préalablement trempé dans du lait.” **Nicole_121**

Avril

En avril, se produit systématiquement un phénomène étrange : nos corps, mus par le besoin impérieux de croire à l'arrivée des beaux jours, sont irrémédiablement attirés par tout ce qui ressemble à une terrasse. Avec un peu de chance, le soleil est là, sinon, vous pourrez toujours le retrouver dans l'assiette.

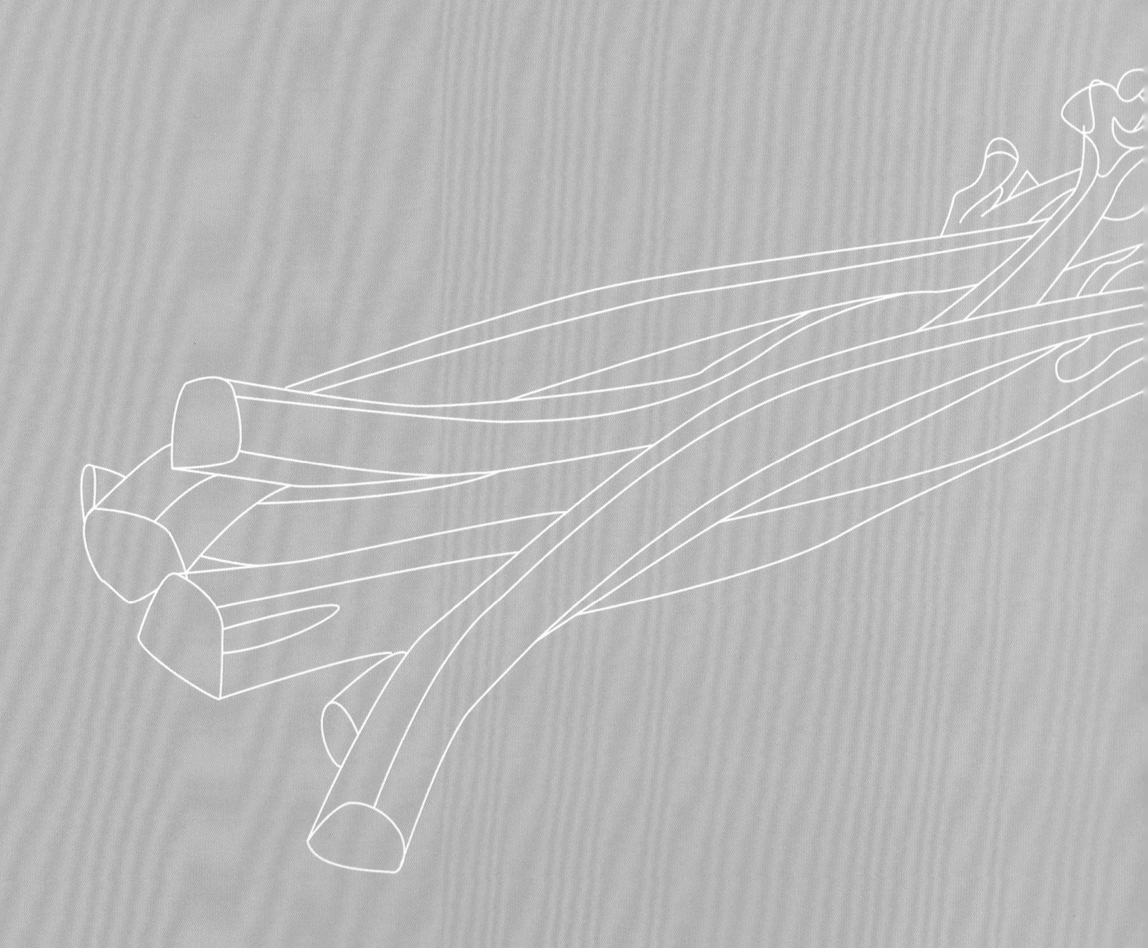

C'est le bon moment pour cuisiner…

Légumes • *asperge, blette, carotte, chou-fleur, endive, estragon, navet, oseille, pois gourmand, pomme de terre nouvelle, radis*

Fruits • *banane, mangue, pamplemousse, pomme, rhubarbe*

Viandes • *agneau, veau*

Poissons • *cabillaud, lieu noir, lotte, saumon, sardine*

Crustacé • *crevette rose*

Fromages • *beaufort, brie de Meaux, camembert, crottin de Chavignol, morbier, roquefort*

Et aussi…

Légumes • ail, aneth, avocat, batavia, betterave, brocoli, céleri, chou rouge, ciboulette, coriandre, cresson, épinard, frisée, laitue, morille, oignon, origan, persil, poireau primeur, pomme de terre, salade romaine, sarriette, sauge • ***Fruits*** • citron, litchi, orange sanguine • ***Viande*** • chevreau • ***Poissons*** • bar, baudroie, brochet, carpe, chinchard, colin/merlu, congre, daurade royale, dorade, dorade grise, églefin, flétan, hareng, lieu, limande, maquereau, merlan, raie, saint-pierre, sole, turbot • ***Coquillages et crustacés*** • coquille Saint-Jacques, gamba, langouste, langoustine, tourteau • ***Fromages*** • brie de Melun, brillat-savarin, brocciu, cabécou, chabichou, coulommiers, langres, livarot, mimolette, munster, neufchâtel, parmesan, rocamadour, saint-félicien, sainte-maure, selles-sur-cher, valençay, vieux-Lille.

Filets mignons au roquefort et au porto

Pour 4 personnes
Facile
Assez cher

Préparation	Cuisson
15 min	1 h

Filets mignons (2 gros ou 4 petits, comptez 200 g par personne) • **Champignons frais** (200 g) • **Roquefort** (150 g) • **Porto** (1 verre) • **Échalotes** (2) • **Beurre** (30 g) • **Cognac** (3 c. à café) • **Crème fraîche** (20 cl) • **Sel, poivre**

1. Coupez les filets mignons en deux s'ils sont gros. Avec un petit couteau pointu, pratiquez une ouverture au centre de chaque filet mignon en remontant vers la pointe, afin de faire une poche.

2. Dans un grand bol, mélangez le roquefort avec le cognac à l'aide d'une fourchette, poivrez.

3. Remplissez les filets mignons avec cette préparation et refermez l'ouverture à l'aide de ficelle de cuisine afin que le fromage ne s'échappe pas au cours de la cuisson.

4. Épluchez et hachez les échalotes.

5. Faites fondre le beurre dans une cocotte et ajoutez les échalotes. Mélangez.

6. Ajoutez les filets mignons et faites-les revenir sur tous les côtés. Quand ils sont bien dorés, ajoutez le porto ; salez, poivrez. Laissez mijoter environ 45 min à couvert. Ajoutez les champignons préalablement lavés et coupés, soit en lamelles soit en quartiers, 15 min avant la fin de la cuisson.

7. Avant de servir, ajoutez la crème fraîche. Servez immédiatement, avec des pommes de terre rissolées par exemple.

ASTUCE Pour coudre la viande, refermez le filet avec des cure-dents, puis, avec du fil de cuisine, entrelacez chaque cure-dents, comme un corset, en serrant bien, et faites un nœud pour finir la « couture ».

« J'ai mis moins de cognac et utilisé de la crème de Saint-Agur. Tout le monde a été conquis. » Laurence_3943

« Comme je n'avais pas de matériel pour recoudre la viande, j'ai pris de la crépine achetée chez le boucher qui maintient bien la viande. » Axelle_30

ZOOM SUR L'*asperge*

QUAND L'ACHETER?

JANV.
FÉV.
MARS
AVRIL
MAI
JUIN
JUIL.
AOÛT
SEPT.
OCT.
NOV.
DÉC.

PARTICULARITÉS Il existe trois sortes d'asperge qui diffèrent par leur couleur (blanche, violette et verte), liée à la durée d'exposition à la lumière.

COMMENT LA CHOISIR? Fraîche, l'asperge doit toujours être droite, la tige cassante, le talon légèrement humide et la pointe aux écailles serrées.

BON À SAVOIR Les asperges blanches et violettes doivent être épluchées avant la cuisson.

Poêlée d'*asperges vertes* et coppa

Pour 4 personnes
Proposée par FrenchyEve
Facile
Bon marché

Préparation	Cuisson
5 min	**15 min**

Asperges vertes (1 botte) • **Coppa** (80 g, tranchée finement) • **Parmesan** (50 g) • **Vinaigre balsamique** (2 c. à soupe) • **Huile d'olive** (1 à 2 c. à soupe)

1. Coupez les asperges vertes en morceaux de 2 cm environ (sans les éplucher). Mettez les pointes de côté.

2. Dans une poêle, chauffez l'huile puis faites revenir les morceaux d'asperges sur feu vif.

3. Au bout de 5 min, ajoutez les pointes d'asperges. Continuez la cuisson 5 à 10 min (les asperges doivent rester croquantes). Ajoutez la coppa 1 à 2 min avant la fin de la cuisson.

4. Versez le vinaigre balsamique et arrosez les asperges avec le jus de cuisson.

5. Déposez les asperges dans quatre assiettes. Parsemez chaque portion de copeaux de parmesan et servez aussitôt.

ASTUCE Ajoutez des pignons de pin quelques minutes avant la fin de la cuisson pour les dorer légèrement.

Préparer les asperges

« J'ai parsemé de basilic frais et de tomates cerises coupées en quatre. » Flo8204

L'INCONTOURNABLE DU MOIS

L'agneau de Pâques

Agneau confit aux pommes de terre nouvelles

Pour 6 personnes
Proposé par coralie_158
Facile
Moyen

Préparation	Cuisson
15 min	**4 h 10**

Gigot ou épaule d'agneau (1) • **Pommes de terre nouvelles** (500 g) • **Carottes** (4) • **Raisins secs** (3 c. à soupe) • **Pignons de pin** (1 poignée) • **Oignons** (3 ou 4) • **Ail** (2 têtes) • **Ras-el-hanout** (1,5 c. à café) • **Fond de veau** (1 c. à café) • **Huile** (2 c. à soupe)

1. Épluchez et émincez grossièrement les oignons. Séparez les gousses d'ail sans les éplucher.

2. Épluchez et coupez chaque carotte en 5 ou 6 morceaux. Lavez les pommes de terre sans les éplucher.

3. Délayez le fond de veau dans un grand verre d'eau bouillante.

4. Dans une grande cocotte (en fonte de préférence), sur feu vif, faites chauffer l'huile puis faites-y revenir l'agneau sur toutes les faces avec les gousses d'ail et les oignons pendant 5 min : le tout doit commencer à dorer.

5. Répartissez les épices sur toutes les faces de la viande. Versez le fond de veau autour. Ajoutez les carottes et les pommes de terre, les raisins secs et les pignons.

6. Couvrez et laissez cuire à feu très doux 4 h au moins. Une fois par heure, retournez la viande pour qu'elle baigne bien dans son jus. À la fin de la cuisson, la viande doit être fondante et se détacher toute seule des os.

ASTUCE Plus la viande cuira, plus elle sera confite et meilleure elle sera. Vous pouvez donc la laisser cuire jusqu'à 7 h !

ZOOM SUR L'agneau

QUAND L'ACHETER ?

JAN.	FÉV.	MARS	**AVRIL**
MAI	**JUIN**	**JUIL.**	AOÛT
SEPT.	OCT.	NOV.	DÉC.

BON À SAVOIR L'agneau de lait (moins de 5 semaines après sa naissance) est nourri exclusivement avec le lait de sa génitrice. Il a une chair blanche tendre et délicate. L'agneau blanc (moins de 4 mois) donne une viande rose qui deviendra tendre au moment de la cuisson. Son goût est un peu plus prononcé. L'agneau gris d'herbage (6 à 9 mois) est reconnaissable à sa chair plus rouge et à son goût également plus fort.

COMMENT LE CUISINER ? L'agneau se déguste juste rosé ou à point.

Quiche à l'*oseille*

Pour 6 personnes
Proposée par stephanie
Très facile
Bon marché

Préparation	Cuisson
15 min	**35 min**

Pâte brisée (1 rouleau) • **Oseille** (350 g) • **Œufs** (3) • **Crème fraîche** (200 g) • **Parmesan râpé** (60 g) • **Beurre** • **Sel, poivre** • **Haricots secs** (pour la cuisson)

1. Préchauffez le four à 210 °C (th. 7).

2. Beurrez un moule à tarte.

3. Lavez, séchez puis hachez l'oseille.

4. Dans un saladier, battez les œufs puis ajoutez la crème. Salez et poivrez. Mélangez bien.

5. Ajoutez l'oseille et la moitié du parmesan. Mélangez.

6. Étalez la pâte brisée dans un moule, couvrez de papier sulfurisé et de haricots secs puis faites-la précuire 5 min.

7. Retirez les haricots secs et le papier sulfurisé puis versez la préparation à l'oseille sur le fond de tarte. Saupoudrez du reste du parmesan râpé, enfournez de nouveau et laissez cuire 30 min.

ASTUCE Pour ôter l'amertume de l'oseille, vous pouvez la faire blanchir 5 min dans de l'eau bouillante avant de l'utiliser.

« J'ai remplacé le fond de veau et l'eau par un vin blanc sec d'Alsace et j'ai laissé cuire 6 heures. Un régal… » **Pimentbleu**

« Pour une recette plus légère, j'ai remplacé la crème fraîche par du fromage blanc et le parmesan par de la crème légère et c'était délicieux ! »
Sylvie_1796

Compote de *pommes*

Pour 2 personnes
Proposée par Marielle
Facile
Bon marché

Préparation	Cuisson
10 min	**20 min**

Pommes Jonagold (3) • **Sucre de canne roux** (2 c. à soupe) • **Sucre vanillé** (1 sachet) • **Cannelle en poudre** (½ c. à café) • **Beurre** (1 c. à soupe)

1. Épluchez et coupez les pommes en gros morceaux.

2. Mettez-les dans une casserole sur feu assez fort avec 2 c. à soupe d'eau.

3. Dès l'ébullition, baissez sur feu moyen et ajoutez le sucre de canne et le sucre vanillé. Mélangez et laissez cuire en remuant de temps en temps.

4. Lorsque les pommes sont fondues (et qu'il n'y a plus d'eau), ajoutez la cannelle et le beurre. Mélangez bien et écrasez les éventuels morceaux de pommes restants. Laissez cuire encore 2 à 3 min.

ASTUCE Pour éviter que les pommes noircissent, arrosez-les du jus d'un demi-citron.

« J'ai réalisé cette compote en mettant de la confiture de fraise à la place du sucre. Un véritable régal. » Marionlobry89

« Vraiment excellente en accompagnement du boudin noir. Et même sans cannelle, la compote reste parfaite ! » Nipo53

Navets caramélisés

Pour 2 personnes
Très facile
Bon marché

Préparation	Cuisson
10 min	**30 min**

Navets (5) • **Beurre** • **Sucre** (2 c. à soupe)

1. Épluchez les navets, coupez-les en cubes (2 sur 2 cm environ). Mettez-les dans une casserole et recouvrez-les à moitié d'eau.

2. Faites cuire, sans couvercle, jusqu'à ce que l'eau soit évaporée (comptez une vingtaine de minutes). Les navets doivent être moelleux, mais pas trop.

3. Baissez le feu, ajoutez une noix de beurre et, quand il est fondu, saupoudrez de sucre tout en remuant. Laissez dorer (mais sans brûler) puis dégustez.

ASTUCE Pour une saveur plus soutenue, vous pouvez utiliser de la cassonade.

« J'ai préparé un bouillon (1 litre) avec des épices et des herbes de Provence et je l'ai ajouté à fur et à mesure pour éviter que les navets ne finissent en purée. » Bruno_412

« J'ai mélangé les navets avec des carottes, c'était excellent. » Marie_2152

Blanquette de *saumon*

Pour 4 personnes
Proposée par Audrey_2717
Facile
Bon marché

Préparation **10 min** | Cuisson **20 min**

Saumon sans la peau (800 g) • **Champignons de Paris** (250 g) • **Fumet de poisson** (25 cl) • **Échalotes** (2) • **Citron** (½) • **Jaune d'œuf** (1) • **Crème fraîche** (25 cl) • **Beurre** (10 g) • **Sel, poivre**

1 Découpez le saumon en gros cubes.

2 Pelez puis émincez les échalotes. Lavez puis émincez les champignons.

3 Dans une sauteuse, faites fondre le beurre et rajoutez les champignons. Faites revenir 5 min.

4 Ajoutez les échalotes et laissez dorer pendant 2 min.

5 Ajoutez le saumon en cubes puis le fumet de poisson. Salez et poivrez. Couvrez et laissez cuire 10 min en mélangeant régulièrement (attention, le saumon cuit assez vite).

6 Dans un bol, mélangez le jaune d'œuf à la crème fraîche, puis ajoutez le jus du demi-citron.

7 Versez cette crème dans la préparation au saumon, assaisonnez et faites mijoter à feu très doux pendant 2 à 3 min sans faire bouillir. Vous pouvez également ajouter quelques crevettes et noix de Saint-Jacques pour améliorer la sauce.

ASTUCE Ne laissez pas la blanquette mijoter trop longtemps afin que la chair du saumon ne se dessèche pas.

« J'ai rajouté des asperges vertes et servi avec une semoule aux épices : un vrai régal. » karimhunter

« J'ai servi cette blanquette avec du riz et un mélange de 3 poivrons (surgelés). C'était très bon, avec de jolies couleurs. » Jackie22

Carottes Vichy

Pour 4 personnes
Proposées par Cassiopée
Très facile
Bon marché

Préparation	Cuisson
20 min	**45 min**

Carottes (12) • **Beurre** (30 g) • **Sucre** (1 pincée) • **Bouillon de poulet** (1 cube)

1 Épluchez les carottes et coupez-les en petites rondelles.

2 Dans une casserole, préparez le bouillon de poulet : diluez le cube le bouillon dans une quantité d'eau suffisante pour recouvrir ensuite les carottes.

3 Dans une sauteuse, faites fondre le beurre puis ajoutez le sucre. Remuez jusqu'à l'obtention d'une légère mousse. Ajoutez les carottes, remuez un peu puis versez le bouillon de manière qu'elles en soient juste recouvertes.

4 Laissez cuire à petit feu sans couvrir pendant 40 min.

ASTUCE Pour réduire le temps de cuisson, faites précuire les carottes 5 min à la cocotte-minute ou à la vapeur.

« J'ai mis de la coriandre et du cumin pour assaisonner, cette cuisson est vraiment facile et inratable ! » Hoops

« Parfait. Encore meilleur avec du quatre-épices pour relever le tout. » Neshka

ZOOM SUR LA carotte

QUAND L'ACHETER ?
JANV. FÉV. MARS AVRIL MAI JUIN JUIL. AOÛT SEPT. OCT. NOV. DÉC.

COMMENT LA CHOISIR ? Bien ferme, lisse et à la couleur bien prononcée.

COMMENT LA CONSERVER ? Le plus approprié est dans le bac à légumes du réfrigérateur, à l'abri de la lumière.

COMMENT LA CUISINER ? Toutes les cuissons conviennent mais les cuissons courtes sont à privilégier afin de conserver toutes ses vitamines.

BON À SAVOIR Les carottes couramment consommées sont dites « de garde ». Les carottes primeur, plus jeunes et plus fines, ne sont vendues qu'au printemps.

Carré d'agneau aux herbes

Pour 8 personnes
Très facile
Assez cher

Préparation	Cuisson
10 min	**35 min**

Carré d'agneau (1, de 16 côtelettes) • **Échalotes** (2) • **Persil plat** (1 bouquet) • **Cerfeuil** (1 bouquet) • **Estragon** (2 branches) • **Pain de mie** (2 tranches) • **Thym** • **Ail** (10 gousses) • **Moutarde de Dijon** • **Huile d'olive**

1. Préchauffez le four à 240 °C (th. 8).

2. Épluchez les échalotes. Lavez et effeuillez toutes les herbes. Mixez-les avec les échalotes et le pain de mie.

3. Enduisez le carré d'agneau de moutarde. Recouvrez-le du mélange aux herbes.

4. Placez-le dans un plat allant au four, arrosez d'un filet d'huile d'olive.

5. Placez les gousses d'ail non épluchées tout autour puis enfournez 30 à 35 min.

6. Servez avec une purée de pommes de terre.

« J'ai remplacé le persil et le cerfeuil par de la sauge et du basilic. Vraiment délicieux ! » lesbills

La recette filmée

Chou-fleur gratiné au jambon

Pour 4 personnes
Proposé par Melanie_108
Très facile
Bon marché

Préparation	Cuisson
25 min	**40 min**

Chou-fleur (1) • **Jambon** (2 tranches) • **Crème fraîche** (20 cl) • **Gruyère râpé** (150 g)

1. Coupez le chou-fleur en morceaux et faites-les cuire 20 min dans une casserole d'eau bouillante. Préchauffez le four à 180 °C (th. 6).

2. Pendant ce temps, découpez les tranches de jambon en carrés.

3. Égouttez le chou-fleur cuit puis mixez-le.

4. Ajoutez les 9/10e de la crème fraîche et mélangez. Ajoutez ensuite les trois quarts du fromage et le jambon. Mélangez délicatement.

5. Versez la préparation dans un plat à gratin, parsemez du fromage restant et arrosez de la crème fraîche restante.

6. Enfournez et laissez cuire 15 à 20 min environ.

7. Servez aussitôt.

ASTUCE Pour un gratin plus texturé, ne mixez pas le chou-fleur, écrasez-le grossièrement avec une fourchette.

« J'ai fait un mélange chou-fleur et brocolis. Ce fut très bon ! » Liloutte33

Paupiettes de veau aux oignons et tomates

Pour 2 personnes
Proposées par Ludovic_8
Facile
Bon marché

Préparation **25 min** | Cuisson **45 min**

Paupiettes de veau (2) • **Champignons de Paris** (1 boîte de 200 g) • **Tomates** (2) • **Oignon jaune** (1) • **Ail** (1 gousse) • **Huile d'olive** • **Vin blanc** • **Laurier** (1 ou 2 feuilles) • **Olives noires** (1 dizaine) • **Herbes de Provence** • **Basilic** • **Sel, poivre**

1. Épluchez l'oignon et l'ail et coupez-les en petits morceaux.

2. Faites dorer les paupiettes dans une sauteuse avec un peu d'huile d'olive. Salez et poivrez. Mettez de côté.

3. Dans la même sauteuse, faites suer l'oignon et l'ail (rajoutez un peu d'huile si nécessaire). Lorsqu'ils sont bien colorés, ajoutez les tomates et les champignons égouttés. Salez, poivrez, parsemez d'herbes de Provence et de basilic préalablement lavé et ciselé.

4. Ajoutez 1 ou 2 feuilles de laurier et laissez cuire 2 min.

5. Ajoutez les paupiettes. Arrosez le tout de vin blanc (4 à 5 c. à soupe). Ajoutez quelques olives noires et laissez mijoter à feu doux pendant 20 à 30 min.

6. Servez, accompagné de haricots verts ou de riz.

ASTUCE N'oubliez pas de couper les ficelles entourant chaque paupiette avant de servir.

La recette filmée

« Excellente recette. J'ai ajouté une petite boîte de concentré de tomates et un morceau de sucre pour pallier l'acidité de la tomate. » Fromagerouge

Crème de sardines

Pour 4 personnes
Très facile
Bon marché

Préparation **10 min**

Sardines à l'huile (100 g) • **Fromage frais** (3 portions) • **Citron** (1) • **Poivre**

1. Égouttez les sardines de leur huile, écrasez-les dans un bol. Pressez le citron.

2. Ajoutez les fromages frais puis mélangez bien.

3. Ajoutez un peu de jus de citron et du poivre. Dégustez sur des toasts, à l'apéritif ou en entrée.

ASTUCE Si la crème vous semble un peu trop compacte, ajoutez un peu de l'huile des sardines pour la fluidifier.

« J'ai ajouté 1 c. à café de sésame grillé, c'était parfait. » Nora_9

> “Nous avons essayé dans des ramequins individuels en entrée, c'était impeccable avec 15 minutes de cuisson.”
> **marmitonnaute**

Soufflé au *beaufort*

Pour 6 personnes
Proposé par ninieee
Facile
Bon marché

Préparation **10 min** | Cuisson **40 min**

Beaufort (100 g) • **Beurre** (60 g + un peu pour le moule) • **Farine** (80 g) • **Lait** (35 cl) • **Œufs** (4) • **Sel, poivre**

1. Beurrez soigneusement un moule à soufflé.

2. Préchauffez le four à 200 °C (th. 6-7).

3. Dans une casserole, faites fondre le beurre. Ajoutez la farine et mélangez vivement. Ajoutez le lait puis laissez cuire jusqu'à ce que le mélange épaississe. Retirez du feu, salez et poivrez. Laissez tiédir.

4. Séparez les blancs des jaunes d'œufs.

5. Râpez le beaufort.

6. Incorporez les jaunes d'œufs à la béchamel.

7. Montez les blancs d'œufs en neige puis incorporez-les également.

8. Ajoutez le beaufort râpé et mélangez délicatement.

9. Versez la préparation dans le moule beurré jusqu'aux trois quarts de sa hauteur. Enfournez et laissez cuire une trentaine de minutes.

Réaliser un soufflé au fromage

Galette de *camembert* aux pommes

Pour 4 personnes
Proposée par annecelinz
Facile
Bon marché

Préparation 20 min | Cuisson 20 min

Camembert (1) • **Pommes** (4) • **Feuilles de brick** (4) • **Beurre** (15 g)

1 Préchauffez le four à 180 °C (th. 6).

2 Épluchez les pommes, ôtez le trognon et coupez-les en lamelles.

3 Faites-les revenir dans une poêle avec le beurre pour les faire fondre.

4 Placez le camembert sur 2 feuilles de brick superposées, disposez les lamelles de pommes cuites dessus.

5 Recouvrez le tout de 2 feuilles de brick, puis rabattez les bords et fermez avec une ficelle.

6 Enfournez 10 à 15 min, le temps que les feuilles de brick soient dorées.

ASTUCE Pour des portions individuelles, utilisez une feuille de brick par personne.

Utiliser des feuilles de brick

« Comme les feuilles de brick se brisent en miettes à la dégustation, j'utilise des galettes de sarrasin que je sers en aumônières. Elles sortent dorées et croustillantes. » Francoise_3660

« C'est original ! Nous avons mangé ce plat à deux, accompagné d'une salade. » Soph_7

« J'ai flambé les pommes au calvados, c'était parfait. » Julientintin

ZOOM SUR LE *camembert*

QUAND L'ACHETER ?
JANV.
FÉV.
MARS
AVRIL
MAI
JUIN
JUIL.
AOÛT
SEPT.
OCT.
NOV.
DÉC.

COMMENT LE CHOISIR ?
La croûte doit être blanche, légèrement mouchetée de brun. Au toucher, le bord ne doit pas être trop ferme et la pâte souple, ni trop ferme ni trop molle.

COMMENT LE CUISINER ?
Il se déguste nature, mais aussi chaud, fondu ou rôti au four dans sa boîte.

BON À SAVOIR
Le camembert de Normandie est le seul à bénéficier d'une AOC et d'une AOP.

Verrines de radis au chèvre frais

Pour 4 personnes
Proposées par Carolyn
Très facile
Bon marché

Préparation **10 min** | Repos **30 min**

Fromage de chèvre frais, type Petit Billy (1) • **Ciboulette** (1 bouquet) • **Radis** (1 botte) • **Crème liquide** (25 cl) • **Ail** (1 gousse) • **Sel, poivre**

1. Dans un bol, mélangez le chèvre frais avec la crème, la ciboulette (gardez quelques tiges entières pour la décoration), l'ail émincé finement, du sel et du poivre.

2. Nettoyez les radis et coupez-les en fines rondelles. Mélangez-les à la préparation précédente, gardez quelques rondelles pour la décoration.

3. Mettez un peu de préparation dans chaque verrine, en veillant à ne pas salir les bords.

4. Terminez par quelques rondelles de radis et plantez quelques tiges de ciboulette dans chaque verrine.

5. Laissez reposer au frais pendant 30 min.

6. Sortez les verrines du réfrigérateur 5 min avant de passer à table. Si vous le souhaitez, ajoutez un petit gressin dans chaque verrine.

ASTUCE Préférez les radis ronds roses, légèrement piquants, afin de donner un peu de peps à ces verrines.

Pamplemousses grillés

Pour 2 personnes
Proposés par mareva_4
Très facile
Bon marché

Préparation **10 min** | Cuisson **5 min**

Pamplemousses (2 gros) • **Sucre roux** (4 c. à soupe) • **Beurre ramolli** (2 c. à soupe) • **Rhum** (2 c. à soupe) • **Cannelle** (½ c. à café)

1. Préchauffez le gril du four. Coupez les pamplemousses en deux, ôtez les pépins.

2. Dans un bol, mélangez le sucre, le beurre, le rhum et la cannelle. Répartissez cette crème sur le dessus des pamplemousses.

3. Passez-les 5 min sous le gril : le dessus doit être doré et mousseux.

4. Servez très chaud.

ASTUCE Choisissez des pamplemousses roses, plus sucrés que les jaunes.

« *Saupoudrez un peu de cannelle sur les pamplemousses cuits !* »
Guillemette_78

Gratin de *blettes*

Pour 6 personnes
Facile
Moyen

Préparation	Cuisson
20 min	**50 min**

Blettes (2 kg) • **Beurre** (50 g + un peu pour le plat) • **Farine** (40 g) • **Lait** (50 cl) • **Jaunes d'œufs** (3) • **Gruyère râpé** (75 g) • **Noix de muscade** • **Sel, poivre**

1. Lavez puis faites cuire les blettes 20 min dans une casserole d'eau bouillante légèrement salée.

2. Égouttez-les et hachez-les grossièrement avec un couteau.

3. Préchauffez le four à 210 °C (th. 7).

4. Déposez les blettes dans un plat à gratin préalablement beurré.

5. Préparez la sauce béchamel : dans une casserole, faites fondre le beurre sur feu moyen, ajoutez la farine d'un coup en mélangeant vivement. Délayez avec le lait puis laissez épaissir en remuant. Assaisonnez de sel, de poivre et de noix de muscade râpée. Laissez tiédir.

6. Incorporez les jaunes d'œufs un à un et le gruyère.

7. Versez la sauce sur les blettes et enfournez 20 min environ jusqu'à ce que le dessus soit doré.

ASTUCE Ce gratin fonctionne très bien avec des épinards. Faites-les alors cuire 5 à 10 min à l'eau et égouttez-les en les pressant entre vos mains.

« Bonne recette. Pour plus de goût, j'ai ajouté quelques rondelles de chorizo. » karine_3129

« J'ai fait un gratin moitié blettes moitié pommes de terre et c'était très bon! » orangeGivree

ZOOM SUR LA *blette*

QUAND L'ACHETER ?

JANV.
FÉV.
MARS
AVRIL
MAI
JUIN
JUIL.
AOÛT
SEPT.
OCT.
NOV.
DÉC.

COMMENT LA CUISINER ? Les feuilles, vertes, larges et longues, se cuisinent comme des épinards : elles peuvent être bouillies et/ou poêlées, consommées telles quelles ou utilisées dans les tartes, quiches, farces, etc. Les côtes, blanches ou rouges et épaisses, sont excellentes en gratin.

BON À SAVOIR On l'appelle aussi bette ou poirée.

Crevettes à la crème et aux fettucines

Pour 4 personnes
Facile
Bon marché

Préparation	Cuisson
20 min	**20 min**

Fettucines (500 g) • **Crevettes roses** (500 g) • **Beurre** (30 g) • **Huile d'olive** (1 c. à soupe) • **Oignons nouveaux** (2) • **Ail** (1 gousse) • **Crème liquide** (25 cl) • **Persil frais** (4 brins) • **Sel, poivre**

1. Épluchez et hachez les oignons. Épluchez et écrasez l'ail.

2. Faites cuire les pâtes dans une casserole d'eau bouillante salée jusqu'à ce qu'elles soient *al dente*.

3. Décortiquez et ôtez la veine noire des crevettes.

4. Chauffez le beurre et l'huile dans une poêle et faites-y revenir les oignons et l'ail 1 min à feu doux.

5. Ajoutez les crevettes et faites-les cuire 2 à 3 min, jusqu'à ce qu'elles changent de couleur. Retirez les crevettes de la poêle.

6. Versez la crème liquide dans la poêle et portez à ébullition. Baissez le feu et laissez mijoter jusqu'à ce que la sauce commence à épaissir.

7. Remettez les crevettes dans la poêle, salez, poivrez, et prolongez la cuisson de 1 min.

8. Égouttez les pâtes et versez-les dans la sauce. Mélangez bien puis servez parsemé de persil préalablement lavé et haché.

ASTUCE Ajoutez le jus d'un demi-citron dans la crème.

« J'ai ajouté des morceaux de tomate et du safran. Idéal pour faire un bon plat en quelques minutes ! » Charlotte_1091

« C'est très bon ! On peut ajouter 1 c. à soupe (voire 2, suivant les goûts) de Boursin cuisine au poivre. » Severine_1016

Tarte Tatin aux *endives* et *Chavignol*

Pour 4 à 6 personnes
Proposée par Dilou
Facile
Moyen

Préparation	Cuisson
30 min	**45 min**

Pâte feuilletée (1 rouleau) • **Endives** (5) • **Crottins de Chavignol** (2) • **Beurre** (50 g) • **Herbes de Provence** (1 c. à café) • **Sucre** (1 c. à café) • **Sel, poivre**

1 Lavez et coupez les endives en quatre dans le sens de la longueur.

2 Déposez-les dans une sauteuse et faites-les revenir dans la moitié du beurre, à feu doux, pendant 25 min : elles doivent prendre une belle coloration blonde.

3 Versez le reste de beurre préalablement fondu dans un moule à manqué et saupoudrez de sucre.

4 Préchauffez le four à 200 °C (th. 6-7).

5 Disposez les quartiers d'endives en rosace au fond du moule (le cœur au centre).

6 Coupez les crottins de chèvre en tranches fines et disposez-les sur les endives. Saupoudrez d'une pincée d'herbes de Provence, salez et poivrez.

7 Recouvrez avec la pâte feuilletée, le bord de la pâte doit glisser entre le moule et les endives.

8 Enfournez pour 20 min : la pâte doit se soulever et prendre une belle couleur blonde.

9 Prenez une assiette légèrement plus grande que le diamètre du moule, puis posez-la dessus et, d'un geste, retournez l'ensemble. Attendez 5 ou 6 s et soulevez délicatement le moule.

« L'aspect caramélisé provoque un véritable effet de surprise en bouche. Recette à conserver pour épater ses amis. »
Pepsicolanne

Tajine de *lotte*

Pour 6 personnes
Proposé par evelyne_41
Facile
Assez cher

Préparation	Cuisson	Repos
30 min	**30 min**	**1 h**

Queue de lotte coupée en tronçons (1,5 à 2 kg) • **Tomates concassées** (1 grosse boîte) • **Olives noires dénoyautées** (200 g) • **Ail** (3 gousses) • **Oignon** (1 gros) • **Citron non traité** (1) • **Huile d'olive** (6 c. à soupe) • **Piment de Cayenne en poudre** (1 c. à café) • **Cumin en poudre** (2 c. à café) • **Clous de girofle** (2) • **Safran** (1 pincée) • **Sel, poivre**

1. Dans un grand plat, mélangez 2 c. à soupe d'huile d'olive, le piment, le cumin et les clous de girofle. Salez et poivrez. Laissez mariner la lotte dans cette préparation pendant 1 h, en mélangeant de temps en temps.

2. Coupez le citron en tranches. Pelez et émincez l'ail et l'oignon.

3. Dans un faitout, faites revenir à feu moyen l'oignon, l'ail et les rondelles de citron dans le reste d'huile d'olive. Laissez mijoter 10 min, sans faire colorer.

4. Ajoutez les tomates, les tronçons de lotte et le reste de la marinade. Saupoudrez de safran. Faites cuire 15 min.

5. Ajoutez les olives et poursuivez la cuisson 5 min. Servez aussitôt, accompagné d'un riz parfumé.

« J'ai mis un citron confit à la place du citron. » Leila_108

« J'ai écrasé un piment oiseau séché entre mes doigts pour la marinade. » Rionms

ZOOM SUR LA *lotte*

QUAND L'ACHETER ?

JAN.	FÉV.	**MARS**	**AVRIL**
MAI	JUIN	JUIL.	AOÛT
SEPT.	OCT.	NOV.	DÉC.

BON À SAVOIR La lotte est le nom donné dans le commerce à la queue de la baudroie, un poisson marin de l'Atlantique, à ne pas confondre avec la lote, un poisson de rivière, proche du merlu.

COMMENT LA CHOISIR ? Sa chair doit être bien blanche. Attention lors de l'achat, il y a souvent beaucoup de déchets (grosse arête centrale, peau) : comptez environ 300 g par personne.

COMMENT LA CUISINER ? La chair de la lotte est ferme, fine et maigre, dépourvue d'arêtes. On la cuisine généralement poêlée, grillée, en curry ou au four, à l'armoricaine (cuite dans une sauce à base de vin blanc et de tomates).

Veau à la mangue

Pour 4 personnes
Très facile
Moyen

Préparation	Cuisson
15 min	**1 h 10**

Épaule de veau désossée (800 g) • **Oignons** (2) • **Concentré de tomates** (1 c. à café) • **Fond de veau** (3 c. à café) • **Mangues** (2) • **Ciboulette** (6 brins) • **Huile** • **Sel, poivre**

1. Épluchez et émincez les oignons. Coupez la viande en dés.

2. Faites chauffer l'huile dans une cocotte, ajoutez les dés de viande et les oignons. Faites-les revenir une dizaine de minutes.

3. Ajoutez 25 cl d'eau, le fond de veau et le concentré de tomates. Salez et poivrez. Couvrez et laissez cuire 1 h.

4. Épluchez les mangues et coupez-les en petits morceaux. Ajoutez-les à la viande 10 min avant la fin de la cuisson.

5. Parsemez de ciboulette préalablement lavée et ciselée et servez avec du riz.

ASTUCE Si vous ne trouvez pas de mangues suffisamment mûres, utilisez des tranches de mangue surgelées préalablement décongelées.

« En accompagnement, j'ai servi des carottes glacées et de la polenta. » jmheym

« Pour donner une note un peu plus exotique, j'ai rajouté quelques abricots secs, 1 c. à café de quatre-épices et autant de cannelle. » Nicky2B

« Excellent ! Je le sers avec du couscous aux épices, tout le monde en raffole. »

Coquelets à l'estragon

Pour 4 personnes
Proposés par FABIENNE_196
Facile
Moyen

Préparation	Cuisson
15 min	30 min

Coquelets (4) • **Crème liquide** (25 cl) • **Estragon frais** (3 brins) • **Margarine** (30 g) • **Cognac** (5 cl) • **Sel, poivre**

1 Préchauffez le four à 220 °C (th. 7-8).

2 Disposez les coquelets dans un plat allant au four, salez, poivrez et répartissez la margarine coupée en morceaux. Enfournez et laissez cuire 25 min.

3 Une fois les coquelets cuits, réservez-les au chaud. Grattez le jus et les sucs de cuisson, versez-les dans une casserole puis, sur feu doux, déglacez avec le cognac (flambez si vous le souhaitez). Ajoutez la crème et l'estragon préalablement lavé et haché. Laissez la sauce réduire quelques minutes.

4 Servez les coquelets avec la sauce, accompagnés d'une purée de pommes de terre par exemple.

ASTUCE En cocotte, faites dorer les coquelets dans la margarine avant de les laisser mijoter une vingtaine de minutes. Puis procédez comme dans la recette.

« J'ai ajouté un peu de piment d'Espelette. N'ayant pas de cognac, j'ai utilisé du whisky. » Abdoutoubab

Pois gourmands à la paysanne

Pour 6 personnes
Facile
Moyen

Préparation	Cuisson
10 min	40 min

Pois gourmands (800 g) • **Oignons** (4) • **Lard** (150 g) • **Bouillon de légumes** (20 cl) • **Beurre** (30 g) • **Sel**

1 Nettoyez et rincez les pois gourmands, faites-les cuire 15 min dans une casserole d'eau bouillante salée. Égouttez.

2 Épluchez et émincez les oignons.

3 Découpez le lard en lardons et ébouillantez-les 2 min dans une casserole d'eau.

4 Faites fondre le beurre dans une cocotte, mettez-y les oignons et les lardons et laissez suer.

5 Rajoutez les pois gourmands, mouillez avec le bouillon, couvrez et laissez mijoter 15 min à feu moyen.

ASTUCE Pour un plat plus complet, ajoutez quelques pommes de terre nouvelles coupées en quartiers.

« Recette simple et efficace. J'ai remplacé le lard par une saucisse. » catherine_1671

Pommes de terre nouvelles au vin blanc

Pour 4 personnes
Proposées par CHLOEE
Facile
Bon marché

Préparation	Cuisson
10 min	**45 min**

Pommes de terre nouvelles (1 kg) • **Ail** (4 gousses) • **Thym** (1 branche) • **Laurier** (1 feuille) • **Bouillon de volaille** (1 cube) • **Vin blanc sec** (15 cl) • **Beurre salé** (1 noix) • **Huile de tournesol ou de pépins de raisin** • **Sel de Guérande, poivre du moulin**

1. Lavez les pommes de terre et égouttez-les, ne les épluchez pas.

2. Placez le cube de bouillon de volaille dans un grand bol avec 50 cl d'eau. Faites chauffer 2 min au micro-ondes pour le dissoudre.

3. Faites fondre le beurre et l'huile dans une poêle antiadhésive puis faites-y revenir les pommes de terre pendant 10 min : elles doivent être dorées sur toutes leurs faces.

4. Ajoutez les gousses d'ail en chemise, le thym, le laurier et le vin blanc sec, poivrez. Faites réduire d'un quart.

5. Mouillez les pommes de terre à hauteur avec le bouillon de volaille. Laissez cuire à découvert à petits bouillons jusqu'à quasi-évaporation du liquide (il s'épaissit à la fin et caramélise).

6. Salez avec parcimonie (le cube de bouillon est déjà salé) et servez.

ASTUCE Si les pommes de terre sont grosses, coupez-les en deux ou en quatre.

« C'est très bon. On peut même ajouter des saucisses aux herbes (ou de Toulouse) coupées en morceaux, que l'on fait cuire avec. »
Celine_163

Confiture de rhubarbe

Pour 4 personnes
Moyennement facile
Bon marché

Préparation	Cuisson	Repos
40 min	**30 min**	**32 h**

Rhubarbe (800 g) • **Pommes Granny-Smith** (600 g) • **Orange non traitée** (1 grosse) • **Vanille** (1 gousse) • **Clou de girofle en poudre** (1 pincée) • **Citrons** (2) • **Sucre** (800 g)

1. Préparez un sirop : mettez 200 g de sucre et 10 cl d'eau dans une petite casserole, chauffez sur feu moyen en fouettant jusqu'à ce que le sucre soit complètement dissous.

2. Coupez les extrémités de l'orange, coupez-la en tranches et plongez celles-ci dans le sirop. Laissez confire à feu doux jusqu'à ce qu'elles soient translucides. Puis laissez infuser hors du feu pendant 8 h.

3. Coupez les extrémités des tiges de rhubarbe, pelez-les et tranchez-les en gros dés.

4. Pelez les pommes et coupez-les en gros dés. Pressez les citrons.

5. Dans une bassine, versez les tranches d'orange avec leur jus de cuisson, les pommes, la rhubarbe, la vanille, les clous de girofle en poudre, le jus de citron et le sucre restant. Portez le tout à ébullition puis laissez cuire 10 min en mélangeant doucement.

6. Écumez la surface avec une écumoire, et prolongez la cuisson de 10 min.

7. Mettez en pots, fermez bien, retournez-les et laissez-les ainsi pendant 24 h.

ASTUCE Veillez à bien retirer tous les filaments autour de la rhubarbe.

Préparer la rhubarbe

« Je ne mets pas de pommes mais j'ajoute une orange et un demi-citron coupés en petits dés. » helene_3012

ZOOM SUR LA rhubarbe

QUAND L'ACHETER ?
JANV.
FÉV.
MARS
AVRIL
MAI
JUIN
JUIL.
AOÛT
SEPT.
OCT.
NOV.
DÉC.

BON À SAVOIR Seules les tiges de la rhubarbe se consomment. Les feuilles, trop chargées en acide oxalique, sont considérées comme toxiques.

COMMENT LA CUISINER ? Sa saveur acidulée et fruitée se marie bien avec les fruits rouges, les oranges et les graines de fenouil. Elle se prête à de nombreuses préparations culinaires : compote, tarte, crumble, confiture, etc.

Dos de cabillaud panés au caramel vinaigré

Pour 2 personnes
Proposés par Diane17
Facile
Moyen

Préparation	Cuisson
20 min	35 min

Dos de cabillaud (2) • **Chapelure** (50 g) • **Beurre** (50 g) • **Cassonade** (50 g) • **Vinaigre balsamique** (2 c. à soupe) • **Huile d'olive** (2 c. à soupe) • **Sel, poivre**

1 Préchauffez le four à 180 °C (th. 6).

2 Dans un bol, mélangez le beurre et la chapelure afin d'obtenir une pâte.

3 Dans un plat huilé, déposez les dos de cabillaud, salez, poivrez et répartissez le mélange beurre-chapelure par-dessus pour réaliser une croûte.

4 Enfournez pour 20 min environ.

5 Dans une poêle, mélangez la cassonade, l'huile d'olive, le vinaigre et 1 c. à soupe d'eau. Faites réduire lentement sans faire brûler. Le caramel est prêt au bout de 10 à 15 min, lorsque le mélange fait des bulles.

6 Déposez les dos de cabillaud dans deux assiettes et répartissez le caramel tout autour.

ASTUCE Pour une croûte bien croustillante, passez les dos panés quelques minutes sous le gril du four.

Réaliser un caramel à sec et une sauce au caramel

Blancs de poulet au morbier

Pour 4 personnes
Proposés par ninette_1
Facile
Moyen

Préparation	Cuisson
15 min	15 min

Blancs de poulet (4) • **Morbier** (200 g) • **Jambon Serrano** (4 tranches fines) • **Sel, poivre**

1 Incisez chaque blanc de poulet dans l'épaisseur, assez profondément.

2 Garnissez-les d'une fine tranche de Serrano puis d'une tranche de morbier un peu plus épaisse. Rabattez le blanc de poulet, salez et poivrez le dessus.

3 Faites chauffer une poêle antiadhésive pour qu'elle soit très chaude.

4 Déposez-y les blancs de poulet farcis et faites-les griller de chaque côté.

ASTUCE Ficelez les blancs de poulet farcis avant de les cuire afin d'éviter que la garniture ne s'échappe.

« Idéal pour donner un intérêt aux blancs de poulet ! Ne pas hésiter à mettre de grosses tranches de morbier. » cyril_10

« Pour donner plus de goût, j'ajoute des herbes finement hachées au mélange beurre-chapelure. »
titietpeperes

Gâteau sablé à la *banane*

Pour 6 personnes
Proposé par Luna2002
Très facile
Bon marché

Préparation	Cuisson
10 min	**35 min**

Bananes (3 grosses) • **Sucre** (125 g) • **Farine** (125 g) • **Beurre** (125 g + un peu pour le moule) • **Œufs** (2) • **Sucre vanillé** (1 sachet)

1. Préchauffez le four à 180 °C (th. 6).
2. Beurrez un plat allant au four.
3. Épluchez les bananes, coupez-les en rondelles et mettez-les dans le plat.
4. Dans un saladier, mélangez la farine, le beurre préalablement fondu, le sucre, le sucre vanillé et les œufs. Versez cette préparation sur les bananes.
5. Enfournez et laissez cuire 35 min environ.
6. Servez tiède ou froid.

« Très bonne recette, simple et économique. J'ai ajouté du rhum dans la pâte afin de relever un peu le goût. »
Luminou

« Je prépare un caramel que je verse dans le fond du plat avant de mettre les bananes : c'est un délice. » Claudie13700

La recette filmée

Filets mignons au brie de Meaux

Pour 6 personnes
Facile
Moyen

Préparation	Cuisson
10 min	**45 min**

Filets mignons (2, de 300 à 400 g chacun) • **Brie de Meaux coulant** (200 g) • **Maïzena** (1 c. à café bombée) • **Lait** (25 cl) • **Beurre** (15 g) • **Huile** (2 c. à soupe) • **Sel, poivre**

1. Dans une cocotte, faites chauffer le beurre et l'huile. Saisissez sur feu assez vif les filets mignons et faites-les dorer sur toutes les faces.

2. Couvrez et laissez cuire à feu doux 45 min environ.

3. Pendant ce temps, raclez, à l'aide d'un couteau, le blanc de la croûte du brie. Coupez le fromage en cubes et faites-le fondre à feu doux dans une casserole antiadhésive.

4. Dans un bol, mélangez la Maïzena avec 2 c. à café de lait.

5. Une fois le brie fondu, augmentez un peu le feu, puis versez la Maïzena et mélangez vivement.

6. Progressivement, ajoutez le lait froid en remuant constamment, jusqu'à obtenir une sauce onctueuse (elle doit napper la cuillère). Salez peu et poivrez. Mettez de côté.

7. Lorsque les filets mignons sont cuits, coupez-les en tranches de 1 cm d'épaisseur et disposez-les dans les assiettes.

8. Versez la fondue de brie dans le jus de cuisson du filet, remettez un peu sur le feu et mélangez bien.

9. Nappez les tranches de viande de cette sauce onctueuse.

10. Servez bien chaud.

ASTUCE Le filet mignon étant assez coûteux, il peut être remplacé par un rôti de porc.

« *Servis avec des tagliatelles, on s'est régalé.* » kurtis1404

« *J'ai suivi la recette mais j'ai fait cuire mes filets mignons avec du vin blanc. Tout simplement délicieux.* » Sarah_1102

Lieu en papillote à la vanille

Pour 4 personnes
Proposé par dominique_1472
Facile
Moyen

Préparation	Cuisson
10 min	**15 min**

Filets de lieu noir (4 de 150 à 200 g) • **Vanille** (1 gousse) • **Beurre salé** (40 g) • **Crème liquide** (30 cl) • **Huile d'olive** • **Sel, poivre**

1 Préchauffez le four à 180 °C (th. 6).

2 Travaillez le beurre préalablement ramolli dans un bol jusqu'à ce qu'il prenne l'aspect d'une pommade.

3 Fendez la gousse de vanille en deux et grattez l'intérieur pour récupérer les grains noirs, incorporez ces derniers au beurre. Conservez la gousse.

4 À l'aide d'un pinceau, badigeonnez d'huile d'olive 4 feuilles d'aluminium ou de papier sulfurisé. Déposez-y les filets de lieu.

5 Tartinez chaque filet de beurre à la vanille, poivrez. Refermez hermétiquement.

6 Placez les papillotes sur une plaque et enfournez 12 à 15 min.

7 Pendant ce temps, faites infuser 10 min, à feu doux, la gousse de vanille dans la crème liquide légèrement salée et poivrée.

8 Ouvrez les papillotes et servez les filets accompagnés de la crème vanillée et d'un riz basmati à la cardamome, par exemple.

« *Une bonne recette. En plus, on peut préparer les papillotes à l'avance. Du coup, j'ai mis la gousse de vanille dans la crème liquide au réfrigérateur jusqu'au repas pour bien la parfumer.* » Nathalie_6597

« *Très bonne recette qui peut se préparer à l'avance. Du coup, j'ai fait infuser la gousse de vanille dans la crème liquide au réfrigérateur jusqu'au repas pour bien la parfumer.* » nathalie_6

Mai

Les petits légumes du printemps sont tous là pour accompagner notre quotidien. Il est amusant de voir à quel point ce renouveau dans l'assiette nous donne du tonus. Vitamines, couleurs, on est de bonne humeur. Il est l'heure de lancer officiellement la saison des apéros !

C'est le bon moment pour cuisiner...

Légumes • *artichaut, asperge, aubergine, carotte, concombre, courgette, fève, frisée, girolle, laitue, oseille, pomme de terre nouvelle, radis, roquette*

Fruits • *fraise, mangue, rhubarbe*

Viandes • *agneau, chevreau, veau*

Poissons • *colin / merlu, dorade, merlan, saint-pierre, sardine, thon blanc*

Crustacés • *crevette rose, langoustine, tourteau*

Fromages • *maroilles, munster, saint-nectaire*

Et aussi... ***Légumes*** • ail, aneth, avocat, batavia, betterave, blette, brocoli, céleri, cèpe, chou rouge, ciboulette, coriandre, épinard, estragon, haricot vert, mesclun, morille, mousseron, navet, oignon, origan, persil, petit pois, pissenlit, poireau primeur, pois gourmand, salade romaine, sarriette, sauge • ***Fruits*** • banane, citron • ***Viandes*** • canard, poulet • ***Poissons*** • anchois, anguille, bar, brochet, cabillaud, carpe, chinchard, daurade royale, dorade grise, églefin, flétan, hareng, lieu noir, lotte, maquereau, raie, sandre, saumon, sole, truite saumonée, turbot • ***Coquillages et crustacés*** • coquille Saint-Jacques, écrevisse, gamba, langouste • ***Fromages*** • beaufort, bleu de Gex, bleu des Causses, boulette d'Avesnes, brie de Meaux, brie de Melun, brillat-savarin, brocciu, cabécou, camembert, chabichou, chaource, coulommiers, crottin de Chavignol, emmental, époisses, fourme d'Ambert, gruyère, langres, livarot, mimolette, morbier, neufchâtel, parmesan, pont-l'évêque, reblochon, rocamadour, roquefort, saint-félicien, sainte-maure, selles-sur-cher, tomme de Savoie, valençay, vieux-Lille.

Soupe de *concombre*

Pour 4 personnes
Très facile
Bon marché

Préparation	Cuisson
15 min	**15 min**

Concombres (2) • **Bouillon de volaille** (½ cube) • **Fromage fondu type La Vache qui rit ou Kiri** (2 portions)

❶ Épluchez les concombres, enlevez les graines et coupez la chair en cubes.

❷ Faites-les cuire 15 min à la vapeur.

❸ Mixez avec le cube de bouillon et le fromage, sans ajouter d'eau.

ZOOM SUR LE *concombre*

QUAND L'ACHETER ?

JAN.	FÉV.	MARS	AVRIL
MAI	**JUIN**	**JUIL.**	**AOÛT**
SEPT.	OCT.	NOV.	DÉC.

COMMENT LE CHOISIR ? Il existe deux grandes variétés de concombre : le hollandais, allongé et mince, très légèrement amer ; et l'épineux, plus petit, reconnaissable à sa peau un peu rugueuse et vert foncé, au goût plus amer. Choisissez-le toujours bien ferme, d'un vert bien franc.

COMMENT LE CONSERVER? Il se garde une petite semaine dans le bac à légumes du réfrigérateur. Conservé trop longtemps, le concombre perd de son croquant et de sa saveur.

COMMENT LE CUISINER ? Croquant et extrêmement rafraîchissant, il est un incontournable des salades estivales : concombre à la crème, salade grecque, etc. Il est aussi utilisé dans la préparation du tzatziki et du raïta. Bien relevé, il est excellent quand il est cuit.

BON À SAVOIR Le concombre peut être parfois difficile à digérer. Pour éviter ce désagrément, retirez le cœur (les pépins) du concombre : coupez-le en deux puis raclez le centre à l'aide d'une cuillère à café.

Dorade en croûte de sel

Pour 4 personnes
Proposé par Stephanie_2036
Très facile
Moyen

Préparation	Cuisson
10 min	**30 min**

Dorade (1,5 kg, préparée et vidée par votre poissonnier) • **Thym** (3 ou 4 branches) • **Gros sel** (2 kg) • **Blancs d'œufs** (2)

❶ Préchauffez le four à 210 °C (th. 7).

❷ Dans un bol, battez les blancs d'œufs énergiquement, pour qu'ils moussent un peu.

❸ Ajoutez le gros sel.

❹ Étalez un tiers du mélange sur la plaque du four. Déposez la dorade dessus et parsemez-la de 3 ou 4 branches de thym.

❺ Recouvrez avec le reste du mélange et enfournez.

❻ La dorade est cuite quand le sel est dur et qu'il commence à foncer (comptez 25 à 30 min).

ASTUCE La température du four doit être assez forte afin de cuire rapidement la croûte de sel sans surcuire le poisson et limiter la diffusion du sel dans les chairs.

« La recette est très facile à réaliser et le poisson reste très moelleux ! Avec une cuisson en croûte de sel, il ne faut pas faire écailler le poisson. » **Catherine_24**

« Cuisson parfaite. J'ai simplement pané la dorade dans des algues nori avant de la mettre dans le sel. » **Chantal91**

Gigot de *chevreau* à la moutarde et au romarin

Pour 6 personnes
Facile
Moyen

Préparation **30 min** | Cuisson **1 h 15**

Gigot de chevreau (1 kg) • **Pommes de terre** (4) • **Oignons** (2) • **Ail** (2 gousses) • **Lait** (15 cl) • **Beurre** • **Sel, poivre**
Pour la sauce : **Beurre** (100 g) • **Moutarde** (3 c. à soupe) • **Romarin** (quelques brins)

❶ Préchauffez le four à 180 °C (th. 6).

❷ Épluchez et coupez les pommes de terre en morceaux. Pelez et émincez les oignons et les gousses d'ail.

❸ Dans un plat beurré, mettez les pommes de terre, les oignons et l'ail. Salez et poivrez.

❹ Mouillez avec le lait et enfournez 30 min.

❺ Dans un bol, battez le beurre préalablement ramolli avec la moutarde, puis badigeonnez le chevreau avec la moitié de cette préparation à l'aide d'un pinceau de cuisine. Piquez-le de brindilles de romarin, puis placez-le sur le lit de pommes de terre.

❻ Enfournez à 210 °C (th. 7).

❼ Au bout de 25 min, badigeonnez le gigot du reste du mélange beurre/moutarde.

❽ Enfournez de nouveau et laissez cuire encore 20 min.

« *Je fais cuire le gigot environ 20 min de plus et à four un peu moins fort pour que la viande soit plus fondante.* » **Mb94**

« *Une réussite. J'ai mis des carottes coupées en lamelles autour du chevreau à la place des pommes de terre.* » **Sissil**

Saumon à l'*oseille*

Pour 4 personnes
Proposé par SANDRA_231
Facile
Moyen

Préparation	Cuisson
15 min	**20 min**

Oseille (325 g) • **Saumon** (4 pavés) • **Échalotes** (2) • **Crème fraîche** (15 cl) • **Vin blanc sec** (4 c. à soupe) • **Huile** (2 c. à soupe) • **Beurre** (40 g) • **Sel, poivre**

1 Lavez et hachez grossièrement l'oseille au couteau. Épluchez et hachez les échalotes.

2 Chauffez le beurre dans une sauteuse. Faites-y revenir les échalotes 3 min.

3 Ajoutez l'oseille. Laissez-la fondre 4 min à couvert.

4 Versez le vin et laissez réduire 3 min environ, puis ajoutez la crème. Salez et poivrez. Laissez mijoter à couvert le temps de cuire le saumon.

5 Poêlez les pavés de saumon 5 min de chaque côté dans l'huile chaude.

6 Servez-les nappés de sauce à l'oseille avec des pommes de terre nouvelles.

ASTUCE Pour une touche plus fine, mixez la sauce à l'oseille avant d'en napper le poisson.

« J'ai remplacé le vin blanc par du citron et c'était très bon ! »
Noxdementia

« J'ai fait cuire le saumon à la vapeur car cela permet de le garder bien moelleux. »
Christel_253

Tarte à la *roquette*

Pour 4 personnes
Proposée par flomaule
Très facile
Bon marché

Préparation	Cuisson
10 min	**30 min**

Pâte feuilletée (1 rouleau) • **Mozzarella** (1 boule) • **Tomate** (1) • **Roquette** (3 grosses poignées) • **Gruyère râpé** (50 g) • **Beurre** • **Sel, poivre**

1 Préchauffez le four à 200 °C (th. 6-7). Étalez la pâte dans un plat à tarte préalablement beurré. Piquez-la avec une fourchette.

2 Coupez la mozzarella en fines tranches, ainsi que la tomate préalablement lavée. Lavez la roquette, égouttez-la. Coupez les tiges les plus grandes.

3 Disposez les tranches de mozzarella sur la pâte feuilletée, puis les rondelles de tomate, puis la roquette. Salez et poivrez. Saupoudrez de gruyère râpé.

4 Enfournez et laissez cuire 25 à 30 min, en vous assurant que la pâte soit bien cuite.

ASTUCE Ajoutez quelques tranches de jambon Serrano.

« Excellent. J'ai remplacé la mozzarella par une bûche de chèvre coupée en fines rondelles. » **Sylvie_4039**

« Très douce entrée ! On peut faire précuire le fond de tarte pour qu'il ne soit pas trop ramolli. » **Ebullie**

Cappuccino de *fraises* en verrine

Pour 6 personnes
Proposés par oceane_38
Facile
Moyen

Préparation
30 min

Fraises (700 g) • **Sucre glace** (60 g) • **Citron** (1) • **Mascarpone** (150 g) • **Crème fraîche** (15 cl) • **Sucre vanillé** (50 g) • **Glace à la pistache** (300 g) • **Pistaches écossées** (1 poignée)

❶ Lavez et égouttez les fraises puis coupez-les en morceaux. Mixez-les avec le sucre glace et le jus du citron. Si besoin, passez le mélange dans une passoire pour éliminer les petits grains. Mettez de côté, au frais.

❷ Dans un saladier, mélangez le mascarpone et la crème fraîche avec le sucre vanillé, montez-les légèrement au fouet électrique et mettez de côté, au frais.

❸ Taillez 6 disques de glace à la pistache de 1 cm d'épaisseur et du diamètre de vos verrines (utilisez un cercle de même diamètre ou une verrine).

❹ Déposez un disque de glace au fond de chaque verrine. Versez le coulis de fraises par-dessus jusqu'aux trois quarts des verres, puis, recouvrez le tout de la crème au mascarpone, comme une chantilly.

❺ Parsemez de pistaches hachées.

ASTUCE Décorez le rebord des verrines en le trempant dans du jus de citron puis du sucre rose.

La recette filmée

« Fait avec de la glace vanille, un délice. » **Celoste**

Purée de *carottes*

Pour 4 personnes
Proposée par Joelle_924
Très facile
Bon marché

Préparation	Cuisson
10 min	**15 min**

Carottes (6 ou 7) • **Pomme de terre** (1 grosse) • **Crème fraîche épaisse** (2 c. à soupe) • **Cumin** (1 c. à café) • **Muscade** (1 pincée)

❶ Épluchez les carottes et la pomme de terre et faites-les cuire 10 à 15 min dans une cocotte-minute.

❷ Mixez les légumes avec la crème fraîche, le cumin et la muscade jusqu'à l'obtention d'une purée lisse.

ASTUCE Pour une purée un peu plus épaisse, ajoutez une grosse pomme de terre.

« J'ai simplement mis du lait concentré non sucré à la place de la crème fraîche. C'est tout aussi bon et plus léger. »
Fabistatou

« Très bien, rapide et efficace, j'ai mis le jus d'une orange pour ajouter une pointe d'acidité. »
hgothilde

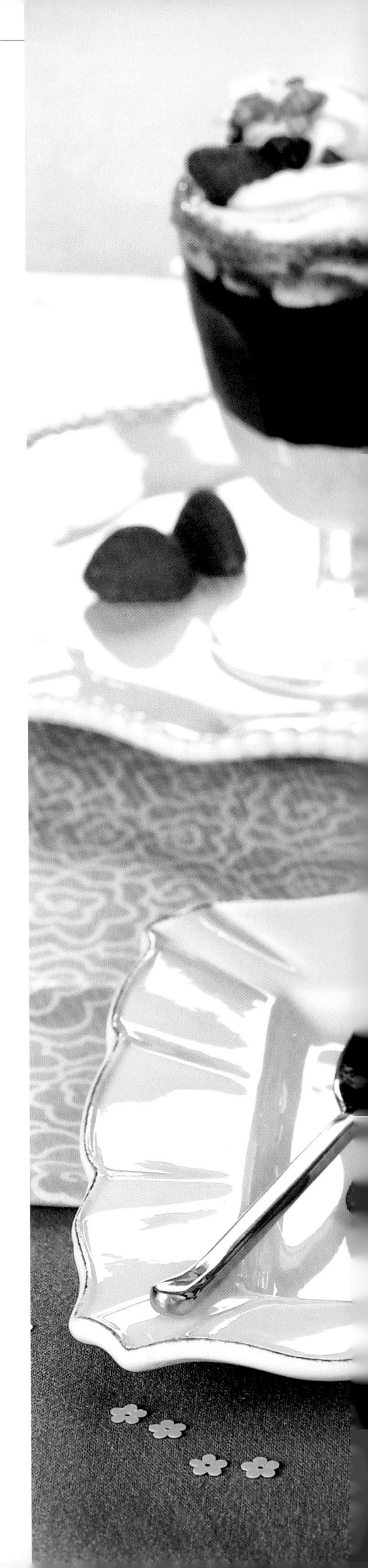

Soupe aux fanes de *radis*

Pour 4 personnes
Proposée par christine_112
Très facile
Bon marché

Préparation	Cuisson
30 min	**20 min**

Fanes de radis (2 bottes)
• **Pommes de terre** (4)
• **Bouillon de volaille** (2 cubes)
• **Oignon** (1) • **Beurre** (30 g)
• **Crème liquide** (4 c. à soupe)
• **Sel, poivre**

❶ Pelez et émincez l'oignon. Épluchez les pommes de terre et coupez-les en rondelles. Lavez les fanes de radis.

❷ Dans une cocotte, faites fondre le beurre puis faites-y revenir l'oignon sans le colorer. Ajoutez les pommes de terre et les fanes de radis. Laissez revenir l'ensemble 5 min.

❸ Ajoutez les cubes de bouillon préalablement dilués dans 1 l d'eau et laissez cuire 20 min à couvert.

❹ Au dernier moment, ajoutez la crème, salez si besoin, poivrez et mixez l'ensemble.

ASTUCE Accompagnez la soupe de quelques lardons grillés.

« Afin de rendre la soupe plus légère, j'ai remplacé les pommes de terre par une grosse courgette et j'ai fait revenir un peu de bacon avec l'oignon. » **Miss**

« J'adore ! Pour plus de légèreté, on peut mettre du yaourt à la place de la crème. » **Muriel63**

« C'est bon et beau en même temps. Délicieux ! Merci pour cette recette digne d'un grand resto ! » **sylvie_4817**

Asperges à l'italienne

Pour 4 personnes
Proposées par martine67
Très facile
Assez cher

Préparation	Cuisson
25 min	**15 min**

Asperges blanches (16) • **Parmesan** (50 g) • **Basilic** (quelques feuilles) • **Vinaigre balsamique** • **Huile d'olive**

❶ Pelez les asperges et faites-les cuire une dizaine de minutes dans une casserole d'eau bouillante. Égouttez-les bien et laissez-les refroidir.

❷ Faites chauffer un filet d'huile d'olive dans une poêle puis faites-y colorer les asperges sur toutes leurs faces pendant 5 min environ.

❸ À l'aide d'un économe, réalisez des copeaux très fins de parmesan. Répartissez-les sur les asperges et laissez fondre doucement.

❹ Disposez les asperges sur les assiettes, ajoutez quelques filets de vinaigre balsamique, un peu d'huile d'olive et du basilic préalablement lavé et haché.

ASTUCE Si vous utilisez des asperges vertes, ne les épluchez pas et, si elles sont fines, il n'est pas nécessaire de les précuire.

« J'ai remplacé le vinaigre balsamique par de la sauce soja, c'était très bon ! » alicharf

« À la maison, on adore, avec des tomates cerises et beaucoup de parmesan, c'est simple et délicieux. » silvia_4

« J'ai ajouté un mélange préparé avec 2 œufs et du lait pour lier le tout. Délicieux ! »
Sophie_3937

Tartelettes au *saint-nectaire* et à la tomate

Pour 4 personnes
Proposées par MonToutouBaveux
Facile
Bon marché

Préparation **30 min** | Cuisson **25 min**

Pâte brisée (1 rouleau) • **Saint-nectaire** (½) • **Tomates fermes** (6) • **Chapelure** (4 c. à soupe) • **Persil plat** (12 brins) **ou Herbes de Provence** • **Farine** (20 g) • **Beurre** (30 g + un peu pour les moules) • **Sel, poivre**

❶ Lavez, essuyez et coupez les tomates en rondelles. Étalez-les sur un torchon, saupoudrez-les légèrement de sel, laissez-les dégorger 10 min en les retournant une fois.

❷ Préchauffez le four à 180 °C (th. 6). Déroulez la pâte sur un plan de travail fariné. Découpez-y 4 disques et garnissez-en des moules à tartelette préalablement beurrés.

❸ Découpez le saint-nectaire en lamelles en enlevant un peu de croûte, disposez-les sur les fonds de tartelette.

❹ Disposez les tomates dessus, poivrez, répartissez la chapelure et les noisettes de beurre.

❺ Enfournez pour 20 à 25 min, jusqu'à ce que la pâte soit bien dorée.

❻ Démoulez les tartelettes, parsemez-les de persil préalablement lavé et haché ou d'herbes de Provence.

Tournedos de *saint-pierre*

Pour 4 personnes
Proposés par sahara
Facile
Moyen

Préparation **20 min** | Cuisson **20 min**

Saint-pierre (8 filets) • **Lard** (8 tranches) • **Tomates séchées** (16 pétales) • **Câpres** (1 c. à soupe) • **Olives noires dénoyautées** (10) • **Basilic** (quelques feuilles) • **Huile d'olive** • **Poivre**

❶ Préchauffez le four à 180 °C (th. 6).

❷ Émincez les olives noires.

❸ Sur chaque filet de saint-pierre, déposez au centre 2 pétales de tomate séchée. Roulez les filets.

❹ Enroulez chaque filet d'une tranche de lard, comme un tournedos.

❺ Disposez-les dans un plat puis arrosez-les d'huile d'olive. Ajoutez les câpres, les olives noires et le basilic préalablement lavé ; poivrez.

❻ Enfournez et laissez cuire une vingtaine de minutes.

ASTUCE Maintenez les « roulés » fermés à l'aide d'un cure-dents.

« J'ai remplacé le lard par du jambon de seranno. » Chris_5

Thon rôti au pesto frais

Pour 4 personnes
Facile
Moyen

Préparation	Cuisson	Repos
10 min	**20 min**	**3 h**

Thon frais (1 tranche de 600 g) • **Basilic** (1 bouquet) • **Ail** (4 gousses) • **Citron** (1) • **Pignons de pin** (50 g) • **Huile d'olive** (15 cl) • **Gros sel** • **Poivre**

1. Préparez une marinade : dans un plat creux, mélangez 4 c. à soupe d'huile, le jus du citron et du poivre. Faites-y mariner le thon pendant environ 3 h en le retournant de temps en temps.

2. Épluchez et dégermez l'ail. Lavez et effeuillez le basilic.

3. Mixez l'ail avec le basilic effeuillé, une pincée de gros sel et les pignons. Ajoutez l'huile petit à petit en mixant de manière à obtenir une pâte homogène.

4. Allumez le gril du four, égouttez le thon et posez-le sur un plat allant au four.

5. Faites-le griller 5 à 10 min de chaque côté : il doit rester rosé à cœur.

6. Servez avec le pesto.

ASTUCE Accompagnez ce plat de pâtes fraîches ou d'une purée à l'huile d'olive.

« J'ai ajouté du persil, et de la ciboulette dans la marinade. » cecilis

Tourte au *munster*

Pour 6 personnes
Proposée par Veronique_280
Facile
Bon marché

Préparation	Cuisson
10 min	**55 min**

Pâte feuilletée (2 rouleaux) • **Munster** (1) • **Pommes de terre** (250 g) • **Crème fraîche épaisse** (15 cl) • **Œufs** (3) • **Cumin** • **Beurre** • **Sel, poivre**

1. Préchauffez le four à 210 °C (th. 7). Étalez un rouleau de pâte feuilletée dans un plat à tarte préalablement beurré.

2. Pelez et coupez les pommes de terre en rondelles. Faites-les cuire à l'eau dans une grande casserole.

3. Dans un saladier, mélangez les œufs, la crème fraîche, du sel, du poivre et une pincée de cumin.

4. Coupez le munster en fines lamelles.

5. Disposez toutes les pommes de terre sur le fond de tarte, couvrez d'une couche de munster puis versez la crème.

6. Déposez la seconde pâte feuilletée puis soudez bien les bords entre eux. Enfournez et laissez cuire 35 min.

ASTUCE Accompagnez cette tourte d'une salade d'endives aux noix.

« Très bon, j'ai aussi mis des lardons et un oignon et j'ai doré la seconde pâte avec du jaune d'œuf. » laetitia_1567

Charlotte à la *mangue*

Pour 6 personnes
Proposée par Annabelle_47
Moyennement facile
Moyen

Préparation	Repos
1 h	**12 h**

Mangues fraîches (2) • **Mangues au sirop ou compote de mangue** (500 g) • **Crème fraîche liquide** (25 cl) • **Fromage blanc battu** (100 g) • **Gélatine** (4 feuilles) • **Sucre** (80 g) • **Boudoirs ou biscuits à la cuiller** (30) • **Rhum** (10 cl)

❶ Faites tremper les feuilles de gélatine dans un verre d'eau froide.

❷ Épluchez et coupez les mangues fraîches en cubes.

❸ Égouttez les mangues au sirop puis mixez-les (conservez le jus).

❹ Dans un saladier, battez la crème fraîche en chantilly avec la moitié du sucre.

❺ Dans une casserole, faites bouillir 5 cl du jus des mangues au sirop. Hors du feu, ajoutez la gélatine essorée et fouettez vivement pour qu'elle fonde.

❻ Ajoutez cette préparation aux mangues mixées.

❼ Préparez une crème à la mangue en mélangeant, dans un saladier, le fromage blanc, le reste de sucre, les mangues mixées et la chantilly.

❽ Dans une assiette creuse, mélangez le jus des mangues au sirop et le rhum. Trempez-y les biscuits à la cuiller et disposez-les sur le tour et dans le fond d'un gros moule à charlotte.

❾ À l'intérieur, déposez un petite couche de crème à la mangue, une couche de mangue fraîche, une autre petite couche de crème, et une couche de biscuits trempés.

❿ Recommencez une nouvelle fois.

⓫ Laissez reposer une nuit au réfrigérateur.

ASTUCE Avant d'entreposer la charlotte au frais, déposez une assiette sur le moule puis placez une grosse boîte de conserve dessus afin de bien tasser la préparation.

« J'ai fait une jolie présentation avec des framboises et des groseilles fraîches. C'était très frais et vraiment goûteux. »
Phy92

« J'ai ajouté un coulis de framboises fait maison dans la chantilly pour varier les saveurs. C'était parfait ! » **DelB**

Mousseline de *merlan*

Pour 6 personnes
Moyennement facile
Moyen

Préparation	Cuisson
20 min	**1 h 10**

Merlan (6 filets, de 100 g chacun) • **Poireaux** (2) • **Carottes** (2) • **Œufs** (2) • **Crème fraîche** (250 g) • **Beurre** (50 g) • **Sel, poivre**

1. Préchauffez le four à 150 °C (th. 5).

2. Épluchez les poireaux et les carottes. Coupez-les en petits morceaux.

3. Dans une casserole, faites-les étuver dans 30 g de beurre. Mettez de côté.

4. Mixez les filets de merlan crus avec les légumes, la crème fraîche et les jaunes d'œufs ; salez et poivrez. Versez ce mélange dans un saladier.

5. Battez les blancs d'œufs en neige et incorporez-les au mélange.

6. Beurrez un moule à cake de 22 cm de diamètre avec 20 g de beurre. Versez-y le mélange.

7. Enfournez et laissez cuire 1 h dans un bain-marie. Servez aussitôt avec éventuellement une salade de cresson.

ASTUCE Veillez à ce que les filets soient totalement dépourvus d'arêtes.

« Une bonne texture, des saveurs fines, je recommande vivement. »
Marine13h

Tian provençal *courgettes*

Pour 4 personnes
Proposé par anny_15
Facile
Bon marché

Préparation	Cuisson
40 min	**1 h 40**

Aubergines (2) • **Tomates** (4) • **Courgettes** (2) • **Ail** (6 gousses) • **Oignon** (1) • **Beurre** (50 g) • **Huile d'olive** (1 c. à soupe) • **Herbes de Provence** (2 c. à café) • **Sel, poivre**

1. Préchauffez le four à 180 °C (th. 6).

2. Beurrez un plat ovale allant au four.

3. Épluchez les gousses d'ail et l'oignon. Coupez l'oignon et une seule des 6 gousses d'ail en petits morceaux. Placez-les dans le plat.

4. Enfournez 5 à 10 min puis laissez un peu refroidir le plat.

ZOOM SUR LA *courgette*

QUAND L'ACHETER ?

JANV.
FÉV.
MARS
AVRIL
MAI
JUIN
JUIL.
AOÛT
SEPT.
OCT.
NOV.
DÉC.

COMMENT LA CHOISIR ? Elle doit être bien brillante, d'une belle couleur franche et pas trop grosse (les grosses courgettes sont souvent bien fournies en graines et donc plus amères).

COMMENT LA CUISINER ? Elle s'apprête de multiples façons : crue ou cuite, râpée, en rondelles, en dés, en tagliatelles, bouillie, poêlée, en purée ou en tarte...

BON À SAVOIR Il en existe plusieurs variétés : la traditionnelle, longue et verte (grisette de Provence), la jaune (Goldrush), la blanche (Virginie), la ronde (de Nice) et la trompette (dont on peut farcir les fleurs).

aubergines, tomates

❺ Lavez les légumes, puis coupez-les en rondelles de même épaisseur et si possible de même diamètre.

❻ Disposez-les dans le plat, sur l'ail et l'oignon revenus au four, debout par rangée successive : tomate, courgette, tomate, aubergine et ainsi de suite. Intercalez les 5 gousses d'ail restantes.

❼ Salez, poivrez, arrosez d'huile d'olive et saupoudrez d'herbes de Provence.

❽ Enfournez et laissez cuire pendant 1 h 30.

La recette filmée

ASTUCE Si les légumes brunissent trop au bout d'une heure de cuisson, recouvrez le plat d'une feuille de papier d'aluminium.

« J'ai simplement parsemé quelques copeaux de parmesan juste avant de servir. » **Cach90**

Semoule aux *artichauts* et petits légumes

Pour 5 personnes
Proposée par Catherine_7
Facile
Moyen

Préparation	Cuisson
20 min	**35 min**

Semoule moyenne (500 g) • **Carottes** (2) • **Navets** (2) • **Artichauts violets** (2) • **Petits pois surgelés** (1 poignée) • **Haricots verts surgelés** (1 poignée) • **Fèves fraîches écossées** (1 grosse poignée) • **Huile d'olive** • **Sel**

❶ Mouillez la semoule dans un grand saladier avec 50 cl d'eau mélangée à 1 c. à café de sel et 1 c. à soupe d'huile. Mélangez avec une fourchette, laissez gonfler quelques minutes, puis remuez cette préparation pour détacher les graines.

❷ Nettoyez les légumes, épluchez-les. Coupez les carottes et les navets en dés, les fonds d'artichaut en huit.

❸ Remplissez la marmite d'un couscoussier au tiers de sa hauteur d'eau. Déposez les légumes dans le haut du couscoussier, salez, couvrez et laissez cuire 20 min à la vapeur.

❹ Ajoutez la semoule et arrosez d'un filet d'huile d'olive. Ne couvrez pas et poursuivez la cuisson. Comptez environ 10 min à partir du moment où la vapeur passe au travers de la graine.

❺ Transvasez le tout dans un saladier et mélangez l'ensemble en incorporant de nouveau un peu d'huile d'olive.

ASTUCE Pour donner une note orientale à cette semoule, saupoudrez d'un peu de cumin moulu avant de servir.

La recette filmée

ZOOM SUR L'*artichaut*

QUAND L'ACHETER ?
JANV.
FÉV.
MARS
AVRIL
MAI
JUIN
JUIL.
AOÛT
SEPT.
OCT.
NOV.
DÉC.

COMMENT LE CHOISIR ? Il doit être bien lourd et ferme, les feuilles ne doivent pas présenter de taches noires.

COMMENT LE CONSERVER ? Une fois coupé, un bain d'eau citronnée l'empêchera de s'oxyder. Une fois cuit, il faut le consommer dans les 24 heures.

BON À SAVOIR Il existe deux variétés d'artichaut : les gros verts et les petits violets, appelés également artichauts poivrade.

« Ce mélange de saveurs est un régal ! » Cecile_12

Spaghettis aux *girolles*

Pour 4 personnes
Proposés par nathalie_757
Facile
Moyen

Préparation	Cuisson
20 min	**15 min**

Spaghettis (250 g) • **Girolles** (250 g) • **Tomates** (2) • **Oignons** (1 ou 2) • **Ail** (2 gousses) • **Beurre** (50 g) • **Sel, poivre**

1. Brossez les girolles et passez-les rapidement sous l'eau pour les nettoyer. Coupez-les grossièrement.

2. Épluchez et hachez les oignons.

3. Lavez et mixez les tomates.

4. Dans une poêle, faites chauffer le beurre, faites-y revenir les oignons, puis ajoutez les girolles et les tomates. Salez et poivrez. Laissez cuire 10 min à feu moyen en remuant de temps en temps.

5. Pendant ce temps, faites cuire les spaghettis dans une casserole d'eau salée (comptez 10 min).

6. Versez les spaghettis égouttés dans la poêle et mélangez sur feu doux.

7. Épluchez et écrasez les 2 gousses d'ail, parsemez-en le plat, mélangez et servez.

« J'ai ajouté un peu de crème et utilisé des girolles séchées que j'ai mises à tremper 20 min dans de l'eau chaude avant de les cuire. » Marie_5765

Filets de *merlu* sauce verte

Pour 2 personnes
Proposés par coni64
Facile
Bon marché

Préparation	Cuisson
5 min	**10 min**

Merlu (2 filets) • **Ail** (3 gousses) • **Persil** (½ bouquet) • **Vin blanc** (½ verre) • **Farine** • **Huile d'olive** (2 c. à soupe) • **Sel, poivre**

1. Épluchez et hachez l'ail. Lavez et hachez le persil.

2. Farinez les filets et faites-les frire dans une poêle avec l'huile d'olive ; salez, poivrez et mettez-les de côté.

3. Dans la même poêle, faites frire l'ail et le persil avec l'huile de cuisson.

4. Ajoutez le vin blanc et laissez réduire légèrement.

5. Arrosez le poisson de ce jus et servez.

ASTUCE Servez avec des pommes de terre en robe des champs.

« J'utilise un verre de vin blanc (Chardonnay) pour un verre d'huile d'olive, ce qui garantit assez de sauce pour assaisonner du riz en accompagnement. » jlsieff

Frisée aux œufs, jambon et pomme

Pour 6 personnes
Très facile
Bon marché

Préparation
10 min

Salade frisée (1) • **Œufs durs** (3) • **Jambon fumé** (300 g) • **Pain de campagne** (2 tranches) • **Huile de noix** (3 c. à soupe) • **Vinaigre de Xérès** (1 c. à soupe) • **Pomme** (1) • **Cerneaux de noix** (50 g) • **Huile d'olive** • **Sel, poivre**

1. Nettoyez la salade, écalez et coupez les œufs en rondelles, le jambon en morceaux et la pomme (épluchée ou non) en tranches.

2. Coupez le pain en dés et faites-les dorer dans une poêle avec un peu d'huile d'olive.

3. Disposez la salade, les œufs, le jambon et la pomme dans un saladier.

4. Dans un bol, mélangez l'huile avec le vinaigre, salez et poivrez. Arrosez la salade de cette vinaigrette et mélangez.

5. Ajoutez le pain grillé et les noix et servez.

« Tout le monde a aimé. Pour ma part, je compte un œuf par personne, coupé en deux sur le bord de l'assiette. » Eliane_5

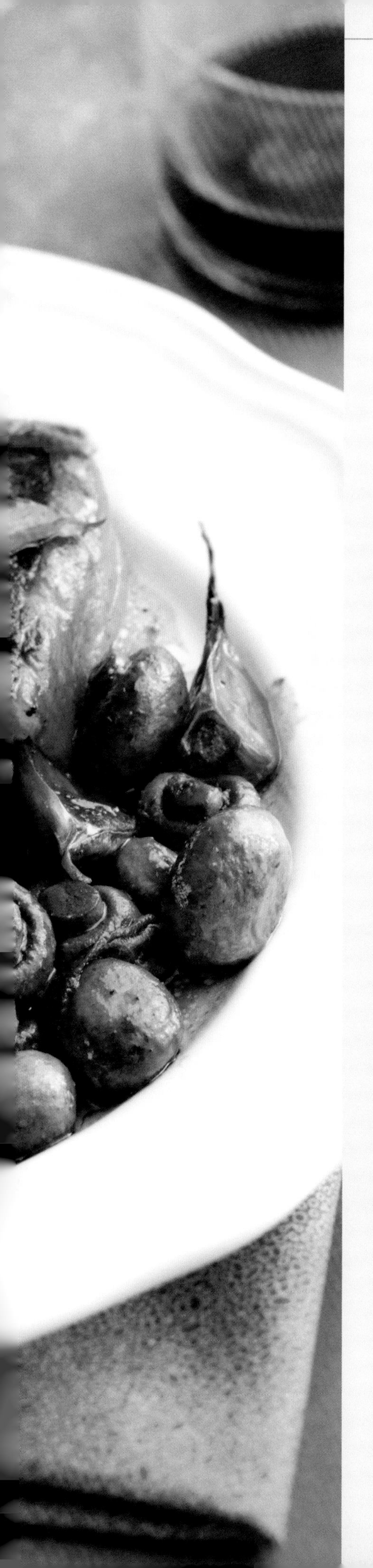

L'INCONTOURNABLE DU MOIS

Le veau de Pentecôte

Rôti de *veau* au four

Pour 6 personnes
Proposé par colette_25
Facile
Moyen

Préparation	Cuisson
15 min	**1 h 30**

Rôti de veau (1 de 1,5 kg, bardé) • **Champignons de Paris en conserve** (500 g) • **Ail** (4 gousses) • **Huile de tournesol** • **Sel, poivre**

1. Préchauffez le four à 230 °C (th. 7-8).
2. Épluchez et émincez l'ail.
3. Faites de petites incisions dans le rôti et placez-y des lamelles d'ail.
4. Dans un plat allant au four, versez les champignons et leur jus, posez le rôti dessus et entourez de petits morceaux d'ail. Versez un filet d'huile de tournesol autour du rôti.
5. Versez un demi-verre d'eau et enfournez 1 h 30 en retournant le rôti à mi-cuisson. Vérifiez qu'il ne manque pas de jus, sinon ajoutez un peu d'eau.
6. À la fin de la cuisson, laissez le rôti 10 min dans le four éteint, la viande sera beaucoup plus tendre.
7. Salez et poivrez la viande. Servez avec des pommes de terre ou des petits pois.

ASTUCE Pour que la viande ne sèche pas, arrosez-la régulièrement de son jus de cuisson.

« Simple, facile et tendre. J'ai utilisé des champignons surgelés, je n'ai donc pas eu à ajouter d'eau. » Marie_634

« J'ai ajouté du thym et du laurier pour plus de goût. » profburp

ZOOM SUR LE *veau*

QUAND L'ACHETER ?

JAN.	FÉV.	MARS	**AVRIL**
MAI	**JUIN**	JUIL.	AOÛT
SEPT.	OCT.	NOV.	DÉC.

BON À SAVOIR On distingue deux catégories de veau et donc deux qualités de viande : les veaux nourris avec des mélanges de poudres de lait et de matières grasses, abattus vers l'âge de 5-6 mois ; et les veaux nourris sous la mère, exclusivement au lait maternel, abattus entre 9 et 12 mois. Passé 1 an, le veau devient un bœuf ou un taurillon.

COMMENT LE CUISINER ? De nombreux morceaux sont utilisés en cuisine : les côtes, le foie, le quasi, l'épaule, le jarret, les ris, le museau, les rognons... Ils peuvent être poêlés, braisés, rôtis, ou grillés. Afin d'éviter que la viande se rétracte à la cuisson, il est conseillé de l'entailler sur les côtés. Le veau est la base de recettes traditionnelles tels la blanquette, la paupiette ou encore le veau marengo.

Clafoutis à la rhubarbe

Pour 6 personnes
Proposé par Marie
Facile
Moyen

Préparation	Cuisson
30 min	**40 min**

Rhubarbe (500 g) • **Vanille** (1 gousse) • **Cannelle en poudre** (½ c. à café) • **Sucre** (150 g) • **Farine** (60 g) • **Œufs** (3 gros) • **Lait** (20 cl) • **Crème fraîche épaisse** (200 g) • **Sucre glace** (1 c. à soupe) • **Sel** (1 pincée)
Pour le moule : **Beurre** (10 g) • **Sucre** (2 c. à café)

1. Épluchez la rhubarbe en ôtant les filaments autour de la tige.

2. Coupez les tiges en tronçons de 4 cm de long.

3. Faites-les blanchir pendant 2 min dans une casserole d'eau bouillante. Égouttez-les.

4. Préchauffez le four à 200 °C (th. 6-7).

5. Beurrez généreusement un plat à gratin et parsemez-le de sucre.

6. Fendez la gousse de vanille en deux et grattez les graines.

7. Cassez les œufs dans un saladier, ajoutez la farine, le lait, la crème épaisse, le sucre, le sel ainsi que les graines de vanille et la cannelle. Battez le mélange à la fourchette.

8. Versez ce mélange dans le plat. Répartissez-y les morceaux de rhubarbe et enfoncez-les légèrement dans la pâte.

9. Enfournez et laissez cuire 40 min jusqu'à ce que la pâte se boursoufle autour des morceaux de rhubarbe et soit bien dorée.

10. Saupoudrez le clafoutis de sucre glace à sa sortie du four.

Préparer la rhubarbe

« Très bon. J'ai remplacé la crème fraîche par 200 g de yaourt nature à 0 % de matières grasses. » xClodia

« J'ai ajouté quelques framboises, pour mettre de la couleur. C'est tout simplement délicieux ! » tiafaile

ZOOM SUR LA *langoustine*

QUAND L'ACHETER ?

JANV.
FÉV.
MARS
AVRIL
MAI
JUIN
JUIL.
AOÛT
SEPT.
OCT.
NOV.
DÉC.

BON À SAVOIR Proche parent du homard, la langoustine est un crustacé décapode dont les pattes avant sont de puissantes pinces. On n'en consomme généralement que la queue.

COMMENT LA CUISINER ? Elle est souvent vendue précuite chez le poissonnier. Sa chair est délicate et goûteuse flambée, croustillante en brochette, avec de la vanille ou du curry, en risotto ou avec des pâtes, tout lui va !

Salade de printemps aux *langoustines*

Pour 6 personnes
Très facile
Moyen

Préparation **20 min** | Cuisson **5 min**

Langoustines cuites (24) • **Mâche** (200 g) • **Champignons de Paris frais** (500 g) • **Lardons fumés** (250 g) • **Asperges en bocal** (200 g) • **Cerfeuil** (4 brins) • **Huile** (6 c. à soupe) • **Vinaigre** (2 c. à soupe) • **Sel, poivre**

1. Décortiquez les langoustines.
2. Lavez et émincez les champignons.
3. Faites dorer les lardons dans une poêle à sec.
4. Égouttez les asperges.
5. Disposez la mâche au centre de 6 assiettes. Autour, placez les champignons émincés. Mettez les lardons dessus et les asperges disposées en carré par-dessus. Puis déposez 4 langoustines par personne. Salez, poivrez et saupoudrez de cerfeuil préalablement lavé et ciselé.
6. À part, préparez une vinaigrette en mélangeant, dans un bol, l'huile et le vinaigre.
7. Arrosez la salade de vinaigrette.

« *Je l'ai adaptée avec du saumon fumé à la place des lardons. C'était délicieux.* » Francoise_3520

Feuilletés de *crevettes*

Pour 2 personnes
Proposés par ladybird_3
Très facile
Bon marché

Préparation	Cuisson
10 min	**25 min**

Crevettes roses (100 g) • **Pâte feuilletée** (1 rouleau) • **Crème fraîche épaisse** (3 c. à soupe) • **Jus de citron** (1 c. à soupe) • **Échalote** (1) • **Fromage râpé** (25 g) • **Tabasco** • **Jaune d'œuf ou lait** (pour la dorure) • **Sel, poivre**

❶ Préchauffez le four à 200 °C (th. 6-7).

❷ Épluchez et ciselez finement l'échalote. Décortiquez les crevettes.

❸ Dans un saladier, mélangez le fromage, la crème, les crevettes, le jus de citron, l'échalote (et éventuellement quelques gouttes de Tabasco). Salez et poivrez.

❹ Étalez la pâte feuilletée, découpez 2 carrés de 15 cm de côté environ.

❺ Répartissez le mélange au centre des 2 carrés.

❻ Humidifiez les bords de la pâte avec un peu d'eau et rassemblez les angles entre eux vers le centre. Soudez et badigeonnez de jaune d'œuf ou de lait.

❼ Enfournez et laissez cuire 20 à 25 min.

ASTUCE Pour une entrée, réduisez la taille des carrés de pâte feuilletée.

« Excellent. Avec en plus une cuillère de pâte de curry citron. » Qsdf

« Cette flamiche est délicieuse. À déguster avec une salade de chicons, évidemment ! »
sophie_1738

Flamiche au *maroilles*

Pour 4 personnes
Proposée par Florence_43
Facile
Bon marché

Préparation	Cuisson	Repos
25 min	**20 min**	**30 min**

Maroilles (¼) • **Levure de boulanger fraîche** (15 g) • **Farine** (180 g) • **Lait** (4 c. à soupe) • **Œuf** (1) • **Beurre** (80 g) • **Crème fraîche** (20 cl) • **Sel, poivre**

1. Faites fondre le beurre dans une casserole ou au micro-ondes.
2. Faites tiédir le lait dans une casserole ou au micro-ondes.
3. Dans un bol, émiettez la levure et diluez-la dans le lait tiède.
4. Mettez la farine dans un grand saladier, faites un puits.
5. Cassez l'œuf au centre, ajoutez une pincée de sel.
6. Versez la levure diluée et mélangez avec une fourchette.
7. Ajoutez peu à peu le beurre fondu.
8. Continuez de mélanger puis de pétrir jusqu'à ce que la pâte se décolle de la paroi du saladier.
9. Déposez la boule de pâte dans une tourtière. Laissez reposer 30 min près d'une source de chaleur.
10. Préchauffez le four à 210 °C (th. 7).
11. Étalez la pâte à la main dans la tourtière préalablement beurrée.
12. Disposez dessus le maroilles coupé en tranches puis recouvrez avec la crème fraîche et poivrez.
13. Enfournez et laissez cuire 20 min.

ASTUCE Vous pouvez remplacer la crème fraîche par du fromage blanc à 40 %.

« Si j'avais su que c'était si facile, j'en aurais fait plus tôt ! J'ai fait fondre le maroilles avec un petit pot de crème fraîche dans une casserole, pour que le mélange soit bien onctueux. » aurore62

ZOOM SUR LE *maroilles*

QUAND L'ACHETER ?

JAN.	FÉV.	MARS	AVRIL
MAI	**JUIN**	**JUIL.**	**AOÛT**
SEPT.	OCT.	NOV.	DÉC.

COMMENT LE CHOISIR ? Il doit être bien affiné avec une pâte souple, onctueuse et grasse.

COMMENT LE CONSERVER ? L'idéal serait sous cloche, dans un lieu tempéré et légèrement humide (une cave, par exemple), sinon, dans le bas du réfrigérateur. Dans ce cas, il sera bon de le laisser au moins 1 heure à température ambiante avant de le consommer.

COMMENT LE CUISINER ? Excellent nature, il est aussi très savoureux fondu, notamment sur la flamiche, ou en sauce, pour accompagner certaines viandes (filet mignon, lapin...).

Sardines à l'escabèche

Pour 4 personnes
Proposées par bcn
Facile
Bon marché

Préparation	Cuisson	Repos
25 min	20 min	3 h

Sardines (8 grosses) • **Oignon** (1 gros) • **Carottes moyennes** (2) • **Ail** (½ gousse) • **Pignons de pin** (1 c. à soupe) • **Sucre** (1 c. à café) • **Vinaigre de vin** (25 cl) • **Thym** • **Laurier** • **Huile d'olive** • **Sel, poivre**

1. Videz, écaillez, lavez puis séchez les sardines.

2. Épluchez les carottes et l'oignon. Coupez les carottes en en fines rondelles, émincez l'oignon.

3. Faites frire les sardines dans une poêle avec un peu d'huile très chaude. Sortez-les avec une écumoire et déposez-les dans un plat creux.

4. Laissez dans la poêle un peu d'huile de la friture. Faites-y revenir les carottes, l'oignon et l'ail.

5. Lorsque le tout a légèrement coloré, ajoutez les pignons, laissez-les revenir un moment puis ajoutez le sucre.

6. Ajoutez les herbes aromatiques et le vinaigre, d'un coup, sans cesser de remuer. Laisser rissoler à feu vif 2 min environ puis versez cette préparation sur les sardines.

7. Laissez mariner au moins 3 h en retournant de temps en temps les sardines pour qu'elles soient bien imprégnées.

ASTUCE C'est un plat qui se conserve très bien quelques jours au frais, recouvert d'un film alimentaire et qui gagne en saveur d'un jour à l'autre.

« J'ai remplacé le vinaigre de vin par du vinaigre de cidre, et le sucre par du miel ! C'est encore meilleur. » JimmY86

« Rajoutez un peu de cumin avec le vinaigre, c'est fameux ! » Lemulet16

Potage rapide à la laitue

Pour 4 personnes
Très facile
Bon marché

Préparation	Cuisson
10 min	20 min

Laitue (1) • **Oignons** (2) • **Bouillon de poule** (3 cubes) • **Fromage à l'ail et aux fines herbes** • **Beurre**

1. Nettoyez la salade, vous pouvez laisser les morceaux plus durs.

2. Épluchez et coupez les oignons en morceaux. Faites-les revenir dans une casserole avec une noix de beurre.

3. Ajoutez les cubes de bouillon et la salade. Ajoutez 1,5 l d'eau. Laissez cuire 20 min.

4. Ajoutez 1 ou 2 portions de fromage et mixez.

ASTUCE Accompagnez ce potage de croûtons à l'ail.

« Pour un potage plus light, je remplace le fromage ail et fines herbes par des gousses d'ail et un peu de crème allégée. » Linou1977

Pommes de terre au four

Pour 4 personnes
Très facile
Bon marché

Préparation	Cuisson
10 min	**45 min**

Pommes de terre (500 g) • **Sel**

1. Préchauffez le four à 190 °C (th. 6-7).

2. Épluchez les pommes de terre, ou laissez la peau si elle est fine.

3. Coupez-les dans le sens de la longueur.

4. Placez-les sur une plaque recouverte de papier sulfurisé, face bombée contre la plaque.

5. Salez et laissez cuire 40 min, jusqu'à ce que le dessus soit bien doré.

6. Servez aussitôt.

ASTUCE Ces pommes de terre sont délicieuses avec de la cancoillotte !

« Je les ai badigeonnées d'huile d'olive avec un pinceau et saupoudrées de thym, c'est divin. » **Lupistella**

« À servir avec une sauce à la crème fraîche et à la ciboulette. » **AlexCeption33**

Gigot d'*agneau* à l'ail et au romarin

Pour 6 personnes
Proposé par mag28
Facile
Moyen

Préparation	Cuisson
10 min	**1 h**

Gigot d'agneau (1) • **Romarin** (2 branches) • **Ail** (2 gousses) • **Gros sel** (2 c. à soupe) • **Graisse d'oie ou de canard**

❶ Préchauffez le four à 230 °C (th. 7-8).

❷ Préparez le gigot en enlevant le gras de la viande à l'aide d'un couteau, de façon à ce que la chair soit à vif.

❸ Épluchez et écrasez l'ail. Effeuillez le romarin.

❹ Dans un bol, préparez une pommade en mélangeant la graisse d'oie ou de canard, l'ail, le romarin et le gros sel.

❺ Faites pénétrer cette pommade dans la chair en massant le gigot.

❻ Enfournez pour 45 min à 1 h. Toutes les 15 min, arrosez le gigot d'un mélange d'eau chaude et de graisse.

ASTUCE Pour ceux qui aiment l'ail confit, pensez à mettre au fond du plat quelques gousses d'ail non épluchées.

« Avec du beurre salé à la place de la graisse et du gros sel, c'est aussi excellent. » **Gabava**

Tourteau à la citronnelle

Pour 4 personnes
Moyennement facile
Assez cher

Préparation	Cuisson
25 min	**40 min**

Tourteaux moyens (2) • **Lait de coco** (40 cl) • **Gingembre frais râpé** (2 c. à soupe) • **Citronnelle** (1 c. à café) • **Ail** (6 gousses) • **Huile d'olive** • **Sel, poivre**

❶ Ébouillantez les tourteaux dans une grande marmite pendant 1 min environ, puis décortiquez-les (pattes, pinces, corps). Cassez les pattes et les pinces des tourteaux pour pouvoir les décortiquer.

❷ Dans une poêle, faites revenir les morceaux dans de l'huile d'olive pendant 20 min environ.

❸ Ajoutez l'ail préalablement épluché et haché finement, le gingembre râpé, du sel et du poivre. Prolongez la cuisson de 10 min à feu très doux.

❹ Ajoutez la citronnelle et le lait de coco. Mélangez bien le tout puis laissez réduire 10 min environ.

❺ Rectifiez l'assaisonnement si besoin et servez.

ASTUCE L'utilisation d'un wok est idéale pour la cuisson de ce plat exotique.

« Je l'ai accompagné d'un riz blanc parfumé à la cardamome, c'était fin et bon ! » **Lulalou**

Fèves au jambon

Pour 4 personnes
Facile
Bon marché

Préparation	Cuisson
20 min	**40 min**

Fèves fraîches écossées (500 g)
• **Talon de jambon** (300 g)
• **Carottes** (300 g) • **Oignon** (1)
• **Persil** (4 brins) • **Ail** (½ gousse)
• **Bouillon de légumes** (1 cube)
• **Boursin à la tomate**
• **Margarine** (1 c. à soupe)

1. Épluchez les carottes, coupez-les en rondelles. Épluchez et ciselez l'oignon. Lavez et ciselez le persil. Épluchez et hachez finement l'ail.

2. Coupez le talon de jambon en dés.

3. Faites fondre la margarine dans une cocotte en fonte. Faites-y revenir l'oignon. Lorsqu'il est roux, ajoutez les dés de jambon et faites-les revenir comme des lardons.

4. Ajoutez les fèves et les carottes. Saupoudrez de persil et d'ail. Mélangez le tout.

5. Ajoutez le cube de bouillon de légumes en l'émiettant, mouillez l'ensemble avec un demi-verre d'eau. Laissez cuire à feu doux durant 30 min.

6. En fin de cuisson, ajoutez une bonne cuillère de Boursin à la tomate. Mélangez et servez.

ASTUCE Comptez 1 kg de fèves avec les cosses pour obtenir 500 g de fèves écossées.

« Si vous ne trouvez pas de Boursin à la tomate, il suffit de faire fondre 3 ou 4 tomates au début de la recette. » raskal67

« Ajoutez une céréale (riz, blé concassé...) pour obtenir un plat complet aux protéines végétales. » chaudoudoux

Juin

Il est temps de commencer
une cure de fruits et légumes d'été. Pourquoi ?
Parce qu'on ne les trouve qu'à cette saison et qu'il serait
dommage de rater ça. D'ailleurs, mettez tout de suite
une alarme sur votre agenda pour être au rendez-vous
chaque année. L'été sera chaud ou ne sera pas, mais
une chose est sûre, il sera gourmand à souhait.

C'est le bon moment pour cuisiner...

Légumes • *artichaut, asperge, aubergine, betterave, blette, céleri, concombre, courgette, épinard, fenouil, haricot vert, laitue, mesclun, petit pois, radis, roquette, tomate*

Fruits • *abricot, cerise, fraise, framboise, melon*

Viandes • *canard, poule, poulet*

Poisson • *grenadier*

Crustacé • *langoustine*

Fromages • *bleu de Bresse, parmesan, reblochon*

Et aussi...

Légumes • ail, aneth, avocat, basilic, batavia, brocoli, carotte, chou rouge, chou nouveau, ciboulette, coriandre, estragon, fève, girolle, menthe, mousseron, navet, oignon, origan, oseille, persil, pissenlit, poireau primeur, pois gourmand, sarriette, sauge • ***Fruits*** • amande fraîche, citron, groseille, prune, rhubarbe • ***Viandes*** • agneau, lapin, veau • ***Poissons*** • anchois, anguille, bar, cabillaud, carpe, chinchard, colin/merlu, daurade royale, dorade, dorade grise, églefin, espadon, hareng, lieu jaune, lieu noir, maquereau, merlan, raie, saint-pierre, sandre, sardine, saumon, sole, tacaud, thon blanc ou germon, truite, truite saumonée • ***Coquillages et crustacés*** • crevette rose, écrevisse, gamba, homard, langouste, tourteau • ***Fromages*** • beaufort, bleu d'Auvergne, bleu de Gex, bleu des Causses, boulette d'Avesnes, brie de Meaux, brie de Melun, brillat-savarin, brocciu, cabécou, camembert, cancoillotte, cantal, chabichou, chaource, coulommiers, crottin de Chavignol, emmental, époisses, fourme d'Ambert, gruyère, langres, livarot, maroilles, mimolette, morbier, munster, neufchâtel, ossau-iraty, pont-l'évêque, pouligny-saint-pierre, rocamadour, roquefort, saint-félicien, saint-nectaire, sainte-maure, selles-sur-cher, tomme de Savoie, valençay, vieux-Lille.

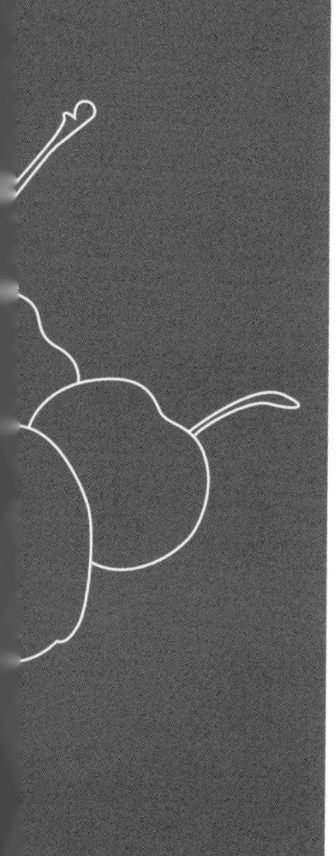

Tartare de *tomates*

Pour 4 personnes
Proposé par Julie_1205
Très facile
Bon marché

Préparation	Repos
15 min	2 h

Tomates (2 grosses) • **Pomme** (1 grosse) • **Basilic** (6 brins + 1 brin) • **Pesto** (4 c. à café) • **Huile d'olive** (2 c. à soupe)

❶ Lavez et coupez finement les tomates.

❷ Épluchez et coupez la pomme en petits dés.

❸ Placez les tomates et les pommes dans un saladier, avec l'huile d'olive et le basilic préalablement lavé et ciselé. Mélangez bien pour les enrober d'huile.

❹ Laissez mariner 2 h au réfrigérateur.

❺ Déposez au fond de 4 verres 1 c. à café de pesto, et remplissez ensuite le verre avec la préparation tomates-pomme.

❻ Décorez avec une feuille de basilic.

ASTUCE Les quantités sont idéales pour l'apéritif. Pour une entrée, il suffit de les doubler.

« Ajoutez du jambon cru et de la mozzarella coupés en petits morceaux. » IPS38

« Excellente recette, c'est très frais pour la saison. Je n'ai pas mis de pomme mais un avocat. » Cindaille84200

ZOOM SUR LA *tomate*

QUAND L'ACHETER ?

JAN.	FÉV.	MARS	AVRIL
MAI	**JUIN**	**JUIL.**	**AOÛT**
SEPT.	**OCT.**	NOV.	DÉC.

COMMENT LA CHOISIR ? Elle doit être mûre, sinon elle n'a pas beaucoup de goût. Sa peau doit être lisse et exempte de taches. Au toucher, la tomate doit être souple sous le doigt, sans être trop molle. Si l'empreinte du doigt reste marquée, c'est que la tomate est trop mûre.

COMMENT LA CONSERVER ? Ce légume-fruit craint le froid : il lui fait perdre son goût. Il doit donc être conservé à température ambiante et consommé dans les 4 à 5 jours suivant l'achat.

COMMENT LA CUISINER ? Crue ou cuite, la tomate se décline de multiples manières : farcie, poêlée, en salade, en soupe, en coulis...

BON À SAVOIR Pour certaines recettes, il est préférable d'épépiner les tomates (de retirer leurs graines).

Salade de *melon* et mozzarella à la menthe

Pour 4 personnes
Très facile
Bon marché

Préparation
15 min

Melon (1 kg) • **Billes de mozzarella** (250 g) • **Menthe fraîche** (6 brins) • **Citrons verts** (2) • **Huile d'olive** (4 c. à soupe) • **Sel, poivre du moulin**

❶ Coupez le melon en deux. Retirez le cœur. À l'aide d'une cuillère parisienne, réalisez des billes dans la chair du melon.

❷ Égouttez les billes de mozzarella.

❸ Dans un saladier, mélangez les billes de melon et de mozzarella. Salez et poivrez.

❹ Lavez les feuilles de menthe, séchez-les dans un linge puis ciselez-les très finement.

❺ Dans un bol, mélangez-les avec l'huile d'olive et le jus des citrons.

❻ Versez la vinaigrette obtenue sur la préparation melon-mozzarella et mélangez.

❼ Servez sans attendre, à température ambiante.

ASTUCE Réalisez des mini brochettes pour l'apéritif en alternant bille de melon et bille de mozzarella.

“Fraîche, légère et bien parfumée, une excellente variante du classique tomates-mozza. J'ai aussi fait la recette avec un melon jaune, cela fonctionne très bien.” Fanny_111

Croustillants aux *asperges*

Pour 4 personnes
Proposés par Maelhi
Très facile
Bon marché

Préparation	Cuisson
10 min	**15 min**

Feuilles de brick (4) • **Asperges vertes** (200 g) • **Jambon** (4 fines tranches) • **Salade** (1) • **Huile** (2 c. à soupe) • **Vinaigre** • **Sel, poivre** • **Blanc d'œuf** (1, facultatif)

❶ Faites cuire les asperges vertes à la vapeur ou dans une casserole d'eau pendant 10 à 15 min. Égouttez-les.

❷ Coupez les feuilles de brick en deux, faites de même avec les tranches de jambon.

❸ Posez, sur chaque demi-feuille de brick, une demi-tranche de jambon. Pliez la demi-feuille de brick agrémentée du jambon de façon à former un grand rectangle.

❹ Déposez 3 asperges au milieu et roulez de manière à obtenir un cigare.

❺ Maintenez fermé avec une pique en bois ou collez au blanc d'œuf.

❻ Faites-les dorer à la poêle dans un peu d'huile.

❼ Servez sur un lit de salade assaisonnée d'huile, de vinaigre, de sel et de poivre.

« J'ai adopté la présentation portefeuille, et ajouté du fromage aux herbes à l'intérieur, c'était top ! » **clo5984**

Gaspacho de *concombre* et *laitue*

Pour 4 personnes
Proposé par djebel59
Très facile
Bon marché

Préparation	Repos
10 min	**1 h**

Concombre (1) • **Laitue** (15 feuilles) • **Citron** (½) • **Yaourt nature brassé** (1) • **Menthe** (6 feuilles) • **Coriandre** (6 feuilles) • **Sel, poivre**

❶ Épluchez le concombre, coupez-le en dés de taille moyenne.

❷ Pressez le demi-citron.

❸ Lavez les feuilles de laitue et coupez-les en grosses lanières (pensez à retirer la partie blanche lorsqu'elle est trop dure).

❹ Dans un robot, mixez le concombre, la laitue, le yaourt, le jus de citron, la menthe et la coriandre. Salez et poivrez.

❺ Filtrez le gaspacho à travers une passoire, puis laissez reposer au frais jusqu'au moment de servir.

ASTUCE Pour un gaspacho minute, ajoutez des glaçons au moment de mixer afin d'avoir un gaspacho bien frais.

Tarte aux *abricots*

Pour 6 personnes
Proposée par Marion_1347
Très facile
Bon marché

Préparation	Cuisson
15 min	**45 min**

Pâte sablée (1 rouleau) • **Abricots** (600 g) • **Farine** (4 c. à soupe) • **Sucre** (4 c. à soupe) • **Cassonade**

❶ Préchauffez le four à 200 °C (th. 6-7).

❷ Étalez la pâte dans un plat à tarte (avec son papier sulfurisé).

❸ Dans un saladier, mélangez la farine et le sucre et répartissez ce mélange sur le fond de tarte.

❹ Lavez les abricots et coupez-les en quartiers.

❺ Disposez les abricots sur le fond de tarte, côté peau contre le fond. Saupoudrez de cassonade.

❻ Enfournez et laissez cuire 45 min. Dégustez la tarte tiède ou froide.

ASTUCE Si les abricots ne sont pas assez mûrs, rajoutez un peu de sucre afin de réduire leur acidité.

« Très simple et très bonne. J'ai simplement remplacé la farine par de la poudre d'amandes, cela sublime encore plus le goût de l'abricot. »
Nanouchka26

La recette filmée

Poulet basquaise

Pour 6 personnes
Facile
Bon marché

Préparation **20 min** | Cuisson **1 h**

Poulet (1) • **Poivrons verts et rouges** (500 g) • **Tomates** (6) • **Carottes** (3) • **Oignons** (3) • **Ail** (3 gousses) • **Vin blanc** (1 verre) • **Bouquet garni** (1) • **Huile d'olive** • **Sel, poivre**

❶ Épluchez et émincez les oignons. Épluchez et pressez l'ail.

❷ Lavez les poivrons, coupez-les en deux, ôtez le cœur et les graines puis coupez-les en lanières.

❸ Épluchez les carottes et coupez-les en gros morceaux.

❹ Faites chauffer 4 c. à soupe d'huile d'olive dans une cocotte. Faites-y dorer les oignons, l'ail et les poivrons. Laissez cuire 5 min.

❺ Lavez, épluchez et coupez les tomates en morceaux.

❻ Ajoutez-les dans la cocotte avec les carottes, salez et poivrez. Couvrez et laissez mijoter 20 min.

❼ Coupez le poulet en 6 morceaux.

❽ Dans une sauteuse, faites dorer les morceaux de poulet salés et poivrés dans de l'huile d'olive.

❾ Ajoutez-les aux légumes, ajoutez le bouquet garni et le vin blanc, couvrez et laissez cuire 35 min.

« Je n'ai qu'un mot à dire : délicieux ! J'ai juste ajouté un peu de piment. Tout le monde a adoré. Recette à conserver et à refaire. »
Thaliewann

Mousse aux *framboises*

Pour 4 personnes
Facile
Bon marché

Préparation	Repos
30 min	**12 h**

Framboises fraîches (500 g) • **Gélatine** (3 feuilles) • **Sucre** (100 g) • **Crème fraîche** (150 g) • **Œufs** (2) • **Lait** (2 c. à soupe)

❶ Faites ramollir la gélatine dans un bol d'eau froide.

❷ Réduisez les framboises en purée à l'aide d'un mixeur.

❸ Mettez la purée de framboises dans une casserole avec le sucre et faites chauffer sur feu doux.

❹ Lorsque la purée de framboises est chaude, retirez la casserole du feu (ne portez pas à ébullition).

❺ Essorez la gélatine et ajoutez-la à la purée de framboises chaude. Mélangez pour qu'elle fonde puis laissez refroidir complètement.

❻ Dans un saladier, fouettez la crème fraîche bien froide avec le lait afin d'obtenir une consistance assez épaisse (le fouet doit laisser des sillons dans la crème). Placez au frais au moins 2 h.

❼ Séparez les blancs des jaunes d'œufs.

❽ Dans un saladier, battez les blancs d'œufs en neige ferme.

❾ Sortez la crème du réfrigérateur puis versez-y la purée de framboises petit à petit.

❿ Incorporez les blancs en neige.

⓫ Versez la préparation dans des ramequins puis laissez prendre la mousse 10 h au réfrigérateur.

ASTUCE Pour une mousse encore plus onctueuse, filtrez la purée de framboises dans un tamis fin afin d'ôter les graines des framboises qui peuvent apporter de l'amertume à la mousse.

« Je sers cette mousse avec un coulis de framboise parfumé à l'eau de rose. Ce coulis contraste merveilleusement avec la mousse qui est très peu sucrée. » **Emmanuelle_203**

Far aux *cerises*

Pour 4 personnes
Proposé par stephanie_287
Très facile
Bon marché

Préparation	Cuisson
10 min	**45 min**

Cerises dénoyautées (500 g) • **Farine** (125 g) • **Sucre** (100 g + un peu pour le moule) • **Beurre demi-sel** (125 g + un peu pour le moule) • **Œufs** (2) • **Lait** (20 cl)

1. Préchauffez le four à 210 °C (th. 7).

2. Faites fondre le beurre au micro-ondes ou dans une casserole.

3. Beurrez et sucrez le fond d'un moule rectangulaire à bords hauts.

4. Dans un saladier, mélangez la farine avec le sucre, le beurre, les œufs et le lait.

5. Versez dans le moule, répartissez les cerises sur le dessus puis enfournez 45 min.

6. Sucrez légèrement le dessus du far avant de le servir tiède ou à température ambiante.

« Tout le monde a adoré ! J'ai remplacé le lait par de la crème fraîche et j'ai ajouté un sachet de sucre vanillé. » **nenegy**

« J'ai utilisé de la farine de riz et c'était tout simplement parfait. » **missy**

ZOOM SUR LA *cerise*

QUAND L'ACHETER ?

JAN.	FÉV.	MARS	AVRIL
MAI	**JUIN**	**JUIL.**	**AOÛT**
SEPT.	OCT.	NOV.	DÉC.

COMMENT LA CHOISIR ? Bien colorée et pas trop mûre, la queue encore bien verte. La cerise continue à mûrir 24 heures après sa cueillette.

COMMENT LA CONSERVER ? La cerise s'abîme très vite : elle se conserve au frais et se consomme dans les 24 heures, 48 heures maximum, après l'achat.

COMMENT LA CUISINER ? Il existe plus de 300 variétés de cerise. Certaines ont une utilisation plus spécifique : la griotte, une variété acidulée, est principalement utilisée pour la préparation de cerises confites ou à l'eau-de-vie, tandis que le bigarreau, plus doux, est utilisé pour les clafoutis.

BON À SAVOIR Laver les cerises sans les équeuter juste avant de les manger ou de les cuisiner car l'humidité les fragilise.

Tarte rapide aux *artichauts* et tomates séchées

Pour 6 personnes
Proposée par aganouna
Très facile
Bon marché

Préparation	Cuisson
10 min	**15 min**

Pâte brisée (1 rouleau) • **Fonds d'artichaut** (8 ou 9) • **Tomates séchées** (9) • **Oignons** (3) • **Huile d'olive** (2 c. à soupe) • **Herbes de Provence** • **Beurre** • **Sel, poivre**

❶ Préchauffez le four à 210 °C (th. 7).

❷ Épluchez et émincez les oignons.

❸ Déroulez la pâte dans un plat à tarte préalablement beurré, piquez le fond avec une fourchette et faites-la cuire à blanc 15 min.

❹ Pendant ce temps, faites chauffer l'huile dans une poêle, et faites-y revenir les oignons 10 min.

❺ Ajoutez les artichauts préalablement coupés en morceaux et laissez revenir encore 5 min. Salez, poivrez et saupoudrez d'herbes de Provence. Ajoutez un peu d'eau si le fond attache.

❻ Garnissez le fond de tarte de la préparation, puis décorez avec les tomates séchées.

❼ Maintenez au chaud dans le four éteint, jusqu'au moment du repas.

ASTUCE Pour rehausser la saveur de cette tarte, vous pouvez garnir le fond de tarte de moutarde.

« J'ai ajouté des petits morceaux d'anchois sur le dessus de la tarte. Tout le monde a adoré. »
MariaJose_2

« Excellente recette ! J'ai ajouté un peu de crème fraîche et des petits morceaux de saucisson cuit, et j'ai remis à cuire la tarte au four 10 minutes. » **lucienne_9**

Veau aux radis

Pour 4 personnes
Facile
Moyen

Préparation	Cuisson
20 min	1 h 15

Épaule de veau (800 g) **ou tendron** (4 tranches) • **Radis roses** (1 botte) • **Oignon** (1) • **Vin blanc** (1 verre) • **Beurre** • **Farine** • **Sel, poivre**

❶ Coupez le veau en gros dés. Épluchez et émincez l'oignon. Nettoyez les radis, retirez la queue et les fanes, épluchez-les si vous le souhaitez.

❷ Farinez les morceaux de veau et faites-les dorer dans une cocotte avec une noix de beurre et un filet d'huile. Salez, poivrez.

❸ Ajoutez l'oignon, laissez à nouveau dorer un peu puis versez le vin blanc, baissez le feu et laissez réduire quelques minutes.

❹ Ajoutez les radis, couvrez et laissez mijoter 1 h. Veillez de temps en temps à ce qu'il reste toujours un peu de jus en rajoutant au besoin de l'eau ou du vin blanc.

ASTUCE Les radis apportant une note poivrée au plat, choisissez de préférence un vin blanc fruité.

« J'ai rajouté quelques clous de girofle ainsi qu'un peu de crème fraîche à la fin. J'ai laissé cuire 2 bonnes heures pour avoir une viande et des radis bien fondants. » yanel

« C'est tout simplement délicieux. Attention de ne pas mettre de radis filandreux, ils ne fondent pas dans la sauce. » verobleue

L'INCONTOURNABLE DU MOIS

La salade fraîcheur

Salade de *petits pois* au *mesclun*

Pour 4 personnes
Proposée par Claire_Marmiton
Très facile
Moyen

Préparation
30 min

Petits pois frais (1 kg) • **Mesclun** (150 g) • **Radis** (4 gros) • **Ciboulette** (½ bouquet) • **Persil plat** (½ bouquet) • **Aneth** (2 c. à soupe) • **Pour l'assaisonnement : Fromage blanc** (2 c. à soupe) • **Huile de noix** (2 c. à soupe) • **Citron jaune** (½) • **Moutarde en grains** (1 c. à café bombée) • **Sauce soja** (1 c. à café) • **Fleur de sel, poivre**

❶ Écossez les petits pois.

❷ Lavez le mesclun. Lavez et coupez les radis en fines rondelles. Lavez et ciselez grossièrement la ciboulette, l'aneth et le persil plat.

❸ Préparez la sauce : dans un saladier, mélangez tous les ingrédients, poivrez bien et salez à la fleur de sel (attention, votre sauce soja est plus ou moins salée).

❹ Quand la sauce est prête, incorporez les rondelles de radis, les petits pois, les herbes et le mesclun. Mélangez et servez.

ASTUCE Prenez des petits pois dont les gousses sont lisses et fermes, sans taches et plutôt de petite taille, les pois ont alors un petit goût de noisette délicieux.

« Délicieuse ! Nous avons ajouté à la fin un mélange de noix grillées et salées. » Nidia_nm

Purée de *céleri*

Pour 6 personnes
Très facile
Bon marché

Préparation **10 min** | Cuisson **20 min**

Céleri-rave (1) • **Beurre** (25 g) • **Muscade** • **Sel, poivre**

❶ Épluchez le céleri-rave. Coupez-le en gros dés.

❷ Plongez-les dans une casserole d'eau, portez à ébullition puis laissez cuire jusqu'à ce qu'ils soient tendres.

❸ Mixez. Ajoutez du sel, du poivre et de la noix de muscade.

❹ Ajoutez le beurre et mélangez.

ASTUCE Attention, quand le céleri-rave est coupé, il faut le cuire très vite car il a tendance à s'oxyder, c'est-à-dire à brunir au contact de l'air (comme les pommes).

Petits pois au chorizo

Pour 4 personnes
Proposés par Sebastien_422
Facile
Bon marché

Préparation	Cuisson
15 min	**15 min**

Petits pois (1 kg) • **Oignon** (1) • **Œuf** (1) • **Chorizo** (1) • **Sel, poivre**

❶ Écossez les petits pois. Épluchez et émincez l'oignon.

❷ Coupez le chorizo en dés.

❸ Dans une marmite, faites revenir à feu vif le chorizo sans matières grasses. Faites dorer 5 à 6 min et ajoutez l'oignon, une pointe de sel et laissez cuire jusqu'à ce que les oignons soient eux aussi dorés (comptez 4 à 5 min).

❹ Ajoutez les petits pois avec un demi-verre d'eau ; mélangez et laissez cuire 6 à 7 min sur feu moyen. Videz le jus de la marmite et gardez-le dans un bol.

❺ Dans un autre bol, battez l'œuf en omelette, versez-le dans la préparation et remuez jusqu'à ce que l'œuf soit cuit, un peu comme un œuf brouillé.

❻ Rectifiez l'assaisonnement et ajoutez le jus de cuisson à convenance.

ASTUCE À défaut de petits pois frais, vous pouvez utiliser des petits pois surgelés. Mais évitez les petits pois en boîte qui se déliteraient à la cuisson.

« Très bonne recette ! J'ai ajouté des saucisses Knacki avec le chorizo. » Cynthaxe

Tiramisu aux framboises

Pour 6 personnes
Proposé par Cecile_301
Facile
Moyen

Préparation	Repos
25 min	**24 h**

Framboises fraîches (500 g) • **Mascarpone** (250 g) • **Biscuits à la cuiller** (24) • **Œufs** (3) • **Sucre roux** (130 g) • **Sucre vanillé** (1 sachet) • **Lait**

❶ Dans le fond de 6 verres, disposez des biscuits trempés dans du lait (découpez les biscuits selon la taille des verres).

❷ Dans un saladier, écrasez les framboises (gardez-en quelques-unes pour la décoration) avec 30 g de sucre à l'aide d'une fourchette.

❸ Répartissez cette purée de framboises sur les fonds de biscuits puis placez les verres au réfrigérateur.

❹ Pendant ce temps, séparez les blancs des jaunes d'œufs.

❺ Battez les jaunes d'œufs avec 100 g de sucre et le sucre vanillé jusqu'à ce que le mélange blanchisse. Ajoutez le mascarpone et fouettez bien.

❻ Montez les blancs d'œufs en neige ferme puis incorporez-les délicatement au mélange précédent à l'aide d'une cuillère en bois. Versez la préparation sur les framboises.

❼ Filmez les verres puis placez-les au réfrigérateur 24 h.

« Très bonne recette. J'ai rajouté des brisures de spéculoos sur le dessus avant de servir, cela donne un effet « croquant » vraiment agréable en bouche. » Camoucha

Salade tiède *roquette, poulet* et bacon

Pour 2 personnes
Proposée par karo_4
Facile
Bon marché

Préparation	Cuisson	Repos
15 min	10 min	1 h

Blancs de poulet (3) • **Bacon** (4-5 tranches) • **Oignon rose** (1 gros) • **Roquette** (1 poignée) • **Miel** (1 c. à soupe) • **Ail** (2 gousses) • **Échalotes** (2-3) • **Huile d'olive** • **Vinaigre balsamique** (3 c. à soupe)

1. Émincez le poulet en fines lamelles.
2. Épluchez et écrasez l'ail.
3. Disposez le poulet dans une assiette, arrosez-le d'huile d'olive et parsemez-le d'ail écrasé.
4. Placez au réfrigérateur au moins 1 h.
5. Épluchez et émincez finement l'oignon et les échalotes.
6. Coupez le bacon en fines lamelles.
7. Dans une poêle, faites revenir l'oignon et les échalotes avec 1 c. à soupe d'huile d'olive.
8. Ajoutez le poulet puis les lamelles de bacon. Remuez vivement jusqu'à ce que le poulet soit bien doré et les lamelles de bacon bien croustillantes.
9. Ajoutez alors le miel et laissez caraméliser le tout.
10. Versez enfin le vinaigre. Saisissez le tout vivement.
11. Lavez et essorez la roquette.
12. Répartissez-la sur les assiettes, déposez dessus tous les ingrédients de la poêle.
13. Servez immédiatement.

ASTUCE Agrémentez cette salade de croûtons aillés.

« Très bonne recette. J'ai remplacé le vinaigre par de la sauce soja. » **Hanmie**

« J'ai mis un peu de paprika. Pour la déco, j'ai ajouté quelques tomates cerises. » **manu1958**

ZOOM SUR LA *roquette*

QUAND L'ACHETER ?
JANV. · FÉV. · MARS · AVRIL · **MAI** · **JUIN** · **JUIL.** · **AOÛT** · **SEPT.** · **OCT.** · **NOV.** · DÉC.

COMMENT LA CONSERVER ? Après les avoir lavées et séchées, conserver les feuilles de roquette au réfrigérateur, dans un sac de congélation.

COMMENT LA CUISINER ? La roquette se consomme principalement crue, comme une salade, mais aussi comme herbe aromatique afin de parfumer pesto, quiche, pizza...

BON À SAVOIR La roquette a un goût piquant, légèrement poivré.

Blettes à la provençale

Pour 3 personnes
Proposées par Gerard_339
Facile
Moyen

Préparation	Cuisson
30 min	**45 min**

Blettes (1 kg) • **Tomates** (2-3) • **Herbes de Provence** (1-2 c. à café) • **Huile d'olive** • **Sel, poivre**

❶ Lavez, épépinez, épluchez les tomates puis coupez-les en rondelles.

❷ Épluchez les blettes, ôtez le feuillage vert, coupez le blanc en tronçons de 2 à 3 cm (veillez à ôter la pellicule fine).

❸ Faites cuire les blettes 5 min à la cocotte-minute.

❹ Dans une grande poêle, faites chauffer 2 à 3 c. à soupe d'huile d'olive. Déposez les rondelles de tomates, faites-les fondre jusqu'à l'obtention d'une purée grossière.

❺ Ajoutez les herbes de Provence.

❻ Ajoutez les blettes et laissez mijoter 30 min à feu doux. Salez et poivrez légèrement.

ASTUCE Vous pouvez remplacer les tomates fraîches par une boîte de chair de tomates.

« Pour relever le goût, j'ai ajouté de l'ail, un oignon rouge finement émincé et du parmesan râpé en fin de cuisson. » **alexandra_1616**

« J'ajoute un peu de gruyère râpé à la fin de la cuisson pour donner un peu de moelleux ! » **CHRISTINE_2417**

Salade de *poulet*, curry et *haricots verts*

Pour 4 personnes
Proposée par geraldine_488
Facile
Bon marché

Préparation	Cuisson
20 min	**15 min**

Escalopes de poulet (350 g) • **Haricots verts** (500 g) • **Tomates** (2) • **Yaourt nature** (1) • **Raisins secs** (1 grosse poignée) • **Curry en poudre** (1 c. à soupe) • **Cannelle** (2 bonnes pincées) • **Huile d'olive** • **Sel, poivre**

❶ Lavez et équeutez les haricots verts. Faites-les cuire 12 min dans une casserole d'eau bouillante.

❷ Émincez les escalopes de poulet et faites-les revenir à la poêle avec un filet d'huile d'olive.

❸ Ajoutez le curry, mélangez 1 à 2 min puis ajoutez une pincée de cannelle. Salez et poivrez.

❹ Lorsque le poulet est bien grillé, ajoutez un demi-verre d'eau et couvrez 5 min.

❺ Enlevez la poêle du feu, déposez les morceaux de poulet dans une petite assiette et versez la sauce au curry dans un grand bol.

❻ Laissez la sauce refroidir puis ajoutez le yaourt. Mélangez. Ajoutez deux pincées de cannelle et mettez la sauce au frais.

❼ Égouttez les haricots verts et laissez-les refroidir. Lavez et coupez les tomates en petits cubes.

❽ Dans un saladier, mélangez les tomates, les haricots, le poulet et les raisins secs.

❾ Servez la salade froide ou tiède avec la sauce bien fraîche.

ASTUCE Relevez la sauce en ajoutant une pointe de Tabasco ou de piment de Cayenne.

La recette filmée

ZOOM SUR LE *haricot vert*

QUAND L'ACHETER ?

JAN.	FÉV.	MARS	AVRIL
MAI	**JUIN**	**JUIL.**	**AOÛT**
SEPT.	**OCT.**	NOV.	DÉC.

COMMENT LE CHOISIR ? On distingue les haricots verts filets (les haricots verts classiques) et les mange-tout. Les premiers ont un parchemin (une paroi à l'intérieur de la gousse qui se fortifie en mûrissant) et des fibres (les fils). Ils doivent être fermes et bien verts.

COMMENT LE CUISINER ? Cuit, il se consomme chaud, dans une poêlée, un curry… ou froid, en salade.

BON À SAVOIR Le haricot vert doit être récolté très précocement pour obtenir la qualité « extra-fin ».

Canard à l'orange

Pour 8 personnes
Proposé par isaoudot
◐ Facile
●●○ Moyen

Préparation	Cuisson
30 min	**2 h 20**

Canards (2) • **Oranges non traitées** (5) • **Jus d'orange pur jus** (75 cl) • **Vinaigre** (4 cl) • **Sucre** (40 g) • **Fond de veau brun** (60 cl) • **Grand Marnier** • **Vin blanc** (1 verre) • **Maïzena** • **Huile ou beurre** • **Sel, poivre**

❶ Découpez les canards en morceaux.

❷ Dans une casserole, laissez caraméliser sur feu moyen le sucre et le vinaigre sans remuer. Ajoutez le jus d'orange, très doucement, et laissez cuire.

❸ Faites dorer les morceaux de canard dans une cocotte (côté peau en premier) dans un peu de beurre ou d'huile.

❹ Enlevez les morceaux et videz la graisse. Remettez les morceaux dans la cocotte, mouillez avec le vin blanc, la sauce caramélisée et le fond de veau. Salez, poivrez. Laissez mijoter 1 h 30 à 2 h.

❺ Prélevez les zestes des oranges, blanchissez-les 2 min dans une casserole d'eau bouillante, égouttez-les puis faites-les mariner dans un peu de Grand Marnier.

❻ Pelez les oranges, retirez la peau blanche et prélevez les quartiers.

❼ Aux trois quarts de la cuisson du canard, ajoutez les zestes avec le Grand Marnier.

❽ À la fin de la cuisson, retirez les morceaux de canard et liez la sauce avec de la Maïzena préalablement mélangée à un peu d'eau froide. Servez le canard avec la sauce et les quartiers d'oranges.

ASTUCE Pour bien colorer les morceaux de canard, n'hésitez pas à procéder en plusieurs fois : si la cocotte est trop remplie, les morceaux ne doreront pas.

« Je l'ai fait avec 10 cuisses de canette, et l'ai accompagné de pommes de terre sautées. Un vrai régal ! » **chri04**

Risotto de *courgettes* aux champignons

Pour 4 personnes
Proposé par Mitsuko
Facile
Bon marché

Préparation 15 min | Cuisson 30 min

Riz arborio (250 g) • **Courgettes** (2) • **Champignons de Paris frais** (250 g) • **Parmesan** (50 g) • **Bouillon de légumes** (1 l) • **Vin blanc sec** (10 cl) • **Basilic frais** (4 brins) • **Oignon** (1) • **Crème fraîche** (25 cl) • **Beurre** (30 g) • **Sel**

« J'ai remplacé les champignons de Paris par des girolles, que du bonheur ! » tatalolo24

❶ Faites chauffer le bouillon dans une casserole.

❷ Épluchez l'oignon, lavez soigneusement les champignons. Émincez-les.

❸ Dans une sauteuse, faites revenir l'oignon et les champignons dans le beurre.

❹ Pendant ce temps, lavez et coupez les courgettes en rondelles fines sans les éplucher.

❺ Ajoutez le riz au mélange oignon-champignons. Lorsqu'il est devenu translucide, versez le vin blanc.

❻ Attendez que le vin soit évaporé puis ajoutez les courgettes.

❼ Laissez cuire 2 min puis, sans cesser de remuer, ajoutez une louche de bouillon bien chaud.

❽ Attendez que le riz absorbe le bouillon avant d'en ajouter une autre louche, et ainsi de suite jusqu'à ce que le riz soit cuit (comptez environ 20 min).

❾ Hors du feu, ajoutez la crème et le parmesan, remuez, couvrez et attendez 2 min.

❿ Rectifiez l'assaisonnement, ajoutez les feuilles de basilic préalablement lavées et servez.

« J'ai ajouté un soupçon de piment d'Espelette pour relever le goût des courgettes. »
Cathy_1323

La recette filmée

Salade d'*épinards* au *parmesan*

Pour 2 personnes
Très facile
Bon marché

Préparation
10 min

Pousses d'épinard (200 g) • **Tomates cerises** (10-15) • **Parmesan frais** (100 g) • **Ananas** (4 tranches) • **Pour l'assaisonnement : Huile de colza** (2 c. à soupe) • **Citron** (1) • **Huile d'olive** (2 c. à soupe) • **Sel, poivre**

❶ Équeutez les pousses d'épinard, lavez-les et essorez-les. Pressez le citron.

❷ Préparez l'assaisonnement : dans un bol, mélangez le sel, le poivre, les deux huiles et le jus de citron.

❸ Lavez puis coupez en deux les tomates cerises.

❹ Coupez les tranches d'ananas en petits morceaux.

❺ Coupez le parmesan en copeaux à l'aide d'un couteau économe.

❻ Dans un grand saladier, mélangez les tomates cerises, les pousses d'épinard, les morceaux d'ananas et les copeaux de parmesan.

❼ Versez la sauce dessus et mélangez délicatement.

ASTUCE Vous pouvez agrémenter cette salade en ajoutant d'autres jeunes pousses (de betterave, par exemple).

« J'ai ajouté quelques feuilles de laitue bien blanches pour contraster avec la couleur des épinards. Et pour la sauce, j'ai ajouté le jus d'un demi-citron. » **Audrey_4**

ZOOM SUR *l'épinard*

QUAND L'ACHETER ?
JANV.
FÉV.
MARS
AVRIL
MAI
JUIN
JUIL.
AOÛT
SEPT.
OCT.
NOV.
DÉC.

COMMENT LE CHOISIR ? Les feuilles doivent être vert foncé, lisses et bien craquantes.

COMMENT LE CONSERVER ? L'épinard ne se conserve pas bien. Cru, le garder 2 jours au réfrigérateur ; cuit, le consommer dans les 24 heures.

COMMENT LE CUISINER ? Cuit à la vapeur ou juste poêlé, l'épinard accompagne volaille, viande et poisson. Il est aussi souvent employé dans des gratins ou des farces. Son goût sucré permet une belle association avec des fromages forts tels que le roquefort, le gorgonzola ou la fourme d'Ambert.

BON À SAVOIR Plus les feuilles sont petites, plus elles seront sucrées.

« J'ajoute des œufs, du jambon et de l'oignon blanc. J'adore cette salade. » **Mylene_12**

Granité aux *fraises*

Pour 6 personnes
Proposé par stéphanie
Très facile
Moyen

Préparation	Repos
10 min	4 h

Fraises (400 g + 6 fraises) • **Citron** (1) • **Sirop de sucre de canne** (15 cl)

❶ Lavez les fraises et équeutez-les. Mettez-les dans le bol du mixeur et réduisez-les en purée.

❷ Pressez le citron et versez le jus sur les fraises ainsi que le sirop de canne.

❸ Mélangez soigneusement puis versez la préparation dans un plat creux en plastique.

❹ Glissez-le au congélateur et laissez prendre le granité pendant environ 4 h en grattant de temps en temps avec une fourchette.

❺ Répartissez le granité dans des coupes glacées, décorez d'une fraise entière et d'une galette sablée au beurre et servez sans attendre.

ASTUCE Préférez des fraises bien sucrées, type gariguette.

« C'était très bon. Comme je n'avais pas de sirop de sucre, je l'ai fait avec 150 g de sucre brun de canne et 15 cl d'eau. » **DameMagalideClermontdeM**

« Excellent et très frais ! J'ai ajouté quelques feuilles de menthe. » **Fffiiifffiii**

La recette filmée

Aubergines farcies à la bolognaise

Pour 6 personnes
Facile
Bon marché

Préparation	Cuisson
25 min	50 min

Aubergines (3) • **Viande hachée** (700 g) • **Tomates** (4) • **Purée de tomates** (75 cl) • **Oignons** (3) • **Ail** (3 gousses) • **Huile d'olive** • **Sauce soja** • **Jus de citron** • **Herbes de Provence**

❶ Préchauffez le four à 200 °C (th. 6-7).

❷ Coupez les aubergines en tronçons de 3 à 4 cm d'épaisseur puis retirez la chair.

❸ Posez les aubergines vidées sur la plaque du four recouverte de papier sulfurisé, enfournez-les et laissez cuire 25 à 30 min.

❹ Dans une sauteuse, faites revenir les oignons préalablement émincés et l'ail haché dans un peu d'huile d'olive puis ajoutez la viande hachée et laissez cuire une dizaine de minutes.

❺ Incorporez ensuite la chair des aubergines hachée, puis les tomates coupées en morceaux. Laissez cuire une quinzaine de minutes.

❻ Ajoutez la purée de tomates, assaisonnez avec un trait de sauce soja, un filet de jus de citron et des herbes de Provence. Laissez mijoter 5 min à feu doux.

❼ Retirez les aubergines du four et remplissez chaque tronçon d'aubergine avec la bolognaise.

« Fameux ! J'ai cuit les aubergines vidées au micro-ondes (5 minutes dans un plat fermé), cela fonctionne très bien. » **Anna_196**

Betteraves
à la crème

Pour 4 personnes
Proposées par Shana_76
Facile
Bon marché

Préparation	Cuisson
10 min	**30 min**

Betteraves crues (500 g) • **Beurre** (50 g) • **Crème fraîche** (4 c. à soupe) • **Sucre** (2 c. à soupe) • **Ail** (2 gousses) • **Persil** (3 brins) • **Sel, poivre**

❶ Épluchez et pressez l'ail.

❷ Épluchez et coupez les betteraves en rondelles très fines.

❸ Faites fondre le beurre dans une casserole, ajoutez les rondelles de betteraves, couvrez et laissez cuire jusqu'à ce qu'elles soient tendres en remuant souvent.

❹ Saupoudrez de sucre et ajoutez l'ail. Laissez cuire de nouveau mais sans couvrir pour que les rondelles de betteraves caramélisent un peu.

❺ Salez, poivrez et ajoutez le persil préalablement lavé et ciselé.

❻ Ajoutez la crème juste avant de servir.

« J'ai ajouté des graines de tournesol grillées. Betteraves cuites mais croquantes. Les enfants ont adoré. » Sonia_729

« Très bon ! N'aimant pas trop le persil, j'ai mis du basilic, qui se marie très bien avec les betteraves ! » ptitline

Préparer la betterave crue

Émietté de *grenadier* aux petits légumes

Pour 2 personnes
Proposé par Sandrine_4263
Très facile
Bon marché

Préparation	Cuisson
30 min	**20 min**

Grenadier (2 filets) • **Carottes** (2-3) • **Courgette** (1) • **Tomate** (½) • **Citron vert** (1) • **Huile** (2 c. à soupe) • **Aneth** (2 brins) • **Origan** (1 pincée) • **Fleur de sel, poivre**

❶ Épluchez et coupez les carottes. Lavez et coupez la courgette et la tomate en petits dés.

❷ Dans un wok, faites chauffer 1 c. à café d'huile. Faites-y sauter les morceaux de carottes et de courgette 2 à 3 min avec la pincée d'origan en remuant bien.

❸ Versez un petit verre d'eau et couvrez. Laissez cuire 5 à 10 min : les légumes doivent avoir ramolli.

❹ Retirez les légumes du wok et mettez-les de côté.

❺ Salez et poivrez le poisson. Faites chauffer le reste d'huile dans le wok et faites cuire le poisson en remuant et en l'émiettant en même temps.

❻ Une fois qu'il est bien saisi uniformément, remettez les légumes et mélangez.

❼ Ajoutez le jus du citron vert, puis les dés de tomate. Laissez cuire 2 ou 3 min en remuant.

❽ En toute fin de cuisson, lavez et ciselez l'aneth et incorporez-le au plat.

❾ Servez aussitôt.

ASTUCE Remplacez le grenadier par du sabre ou du flétan.

« J'ai utilisé un mélange surgelé de céleri, poireaux, oignons et cela fonctionne bien. » **Myriamrennes**

« À la place de l'eau, j'ai utilisé du fumet de poisson pour donner encore plus de goût au plat. » **Martin_365**

ZOOM SUR LE *grenadier*

QUAND L'ACHETER ?

JAN.	FÉV.	MARS	AVRIL
MAI	**JUIN**	**JUIL.**	**AOÛT**
SEPT.	OCT.	NOV.	DÉC.

COMMENT LE CUISINER ? Sa chair ferme supporte bien tous types de cuisson, et particulièrement la friture.

PARTICULARITÉ De par son aspect peu engageant, le grenadier est rarement vendu entier : il est présenté le plus souvent en filets.

BON À SAVOIR Le grenadier est un poisson des grands fonds à l'aspect peu commun : une grosse tête et un corps profilé qui lui vaut l'appellation « poisson queue-de-rat ».

Bricks de pommes de terre au *bleu*

Pour 4 personnes
Proposées par Ludivine_241
Très facile
Bon marché

Préparation **15 min** | Cuisson **40 min**

Feuilles de brick (4) • **Pommes de terre** (3) • **Bleu de Bresse** (125 g) • **Boursin cuisine** (2 c. à soupe)

❶ Lavez les pommes de terre. Faites-les cuire dans une casserole d'eau bouillante sans les éplucher (comptez 20 à 30 min selon leur taille).

❷ Préchauffez le four à 200 °C (th. 6-7).

❸ Égouttez les pommes de terre, pelez-les puis mixez-les avec le bleu et le Boursin afin d'obtenir un mélange homogène.

❹ Répartissez cette farce au centre des 4 feuilles de brick. Refermez-les bien.

❺ Enfournez et laissez cuire 10 min environ.

ASTUCE À défaut de Boursin cuisine, utilisez du Boursin classique en ajoutant un peu de crème fraîche !

« C'est vraiment très bon, en salade ou à l'apéro. Tous mes invités se sont régalés. » **Toupoutou**

Utiliser des feuilles de brick

Tagliatelles aux *langoustines*

Pour 2 personnes
Proposées par Severine_182
Très facile
Moyen

Préparation **10 min** | Cuisson **20 min**

Langoustines cuites (16) • **Tagliatelles** (250 g) • **Oignon** (1) • **Ail** (1 gousse) • **Concentré de tomates** (1 petite boîte) • **Crème fraîche** (3 c. à soupe) • **Beurre** • **Noix de muscade** • **Basilic** • **Sel, poivre**

❶ Décortiquez les langoustines.

❷ Portez une grande casserole d'eau salée à ébullition puis plongez-y les tagliatelles (comptez 10 min de cuisson).

❸ Épluchez et coupez l'oignon en fines lamelles puis faites-le revenir à la poêle, dans du beurre, à feu très doux. Ajoutez le concentré de tomates et la crème fraîche, puis laissez chauffer.

❹ Ajoutez les langoustines, l'ail préalablement épluché et haché, une pincée de noix de muscade, du sel, du poivre et un peu de basilic préalablement lavé et haché. Laissez cuire 10 min à feu doux.

❺ Égouttez les pâtes, ajoutez-les dans la poêle, mélangez bien et servez.

« Très goûteux et facile à faire. Je recommande d'ajouter moitié crème liquide moitié crème fraîche pour assouplir la sauce. » **Sdlp**

Muffins au reblochon

Pour 4 personnes
Proposés par Stephie73
Facile
Bon marché

Préparation 15 min | Cuisson 25 min

Reblochon (½) • **Farine** (200 g) • **Œufs** (4) • **Yaourts nature** (2) • **Levure chimique** (1 sachet) • **Huile** (4 c. à soupe) • **Beurre** • **Sel, poivre**

❶ Préchauffez le four à 180 °C (th. 6).

❷ Beurrez les moules à muffins.

❸ Dans un saladier, préparez la pâte à muffins en mélangeant, dans l'ordre : la farine et la levure. Salez peu et poivrez. Ajoutez les œufs puis les yaourts et l'huile. Mélangez afin d'obtenir un mélange homogène.

❹ Remplissez les moules à muffins aux deux tiers de leur hauteur.

❺ Coupez le reblochon en gros cubes et déposez-en un au centre de chaque muffin.

❻ Enfournez et laissez cuire 20 à 25 min.

ASTUCE Pour un démoulage facile, utilisez des moules en silicone ; sinon, déposez une caissette en papier dans chaque empreinte à muffin.

« J'ai ajouté 100 g de lardons que j'ai préalablement fait revenir à la poêle et c'est extra ! » **meily31**

ZOOM SUR LE reblochon

QUAND L'ACHETER ?

JAN.	FÉV.	MARS	AVRIL
MAI	**JUIN**	**JUIL.**	**AOÛT**
SEPT.	OCT.	NOV.	DÉC.

COMMENT LE CUISINER ? Sa pâte claire et onctueuse développe des saveurs de noisette. Il est l'ingrédient incontournable de la tartiflette.

COMMENT LE CONSERVER ? Il est conseillé de l'enlever de son emballage car c'est un fromage qui a besoin de respirer. Il se congèle parfaitement.

BON À SAVOIR Le reblochon tire son nom du verbe « reblocher » qui signifie, en pays savoyard, traire les vaches en deux fois. Au Moyen Âge, les paysans devaient payer une redevance en fonction de la production de lait. Ils ne faisaient alors qu'une partie de la traite lors du contrôle afin de minimiser leur dû. Une fois le contrôleur parti, ils effectuaient la seconde partie de la traite.

Crumble de *tomates*

Pour 4 personnes
Facile
Bon marché

Préparation	Cuisson
5 min	**30 min**

Tomates (6 grosses) • **Oignon doux** (1) • **Huile d'olive** (4 c. à soupe) • **Chapelure** (6 c. à soupe) • **Parmesan** (4 c. à soupe) • **Sel**

❶ Préchauffez le four à 210 °C (th. 7).

❷ Lavez et coupez les tomates en rondelles assez fines, puis disposez-les dans un plat allant au four. Arrosez de 2 c. à soupe d'huile et salez.

❸ Enfournez et laissez cuire 30 min.

❹ Pendant ce temps, faites revenir dans une poêle l'oignon préalablement épluché et émincé finement sans le faire colorer. Laissez refroidir quelques minutes.

❺ Ajoutez la chapelure, le parmesan et 2 bonnes c. à soupe d'huile.

❻ Répartissez ce mélange sur les tomates, enfournez de nouveau et laissez cuire encore 20 min à 180 °C (th. 6).

ASTUCE Parsemez les tomates de basilic frais avant de les recouvrir du mélange de chapelure.

« Très bon, j'ai ajouté du thon que j'ai fait revenir avec des oignons et c'était juste parfait ! » **Amal974**

« J'ai ajouté 2 gousses d'ail hachées dans les tomates et du thym frais dans le crumble. Délicieux ! » **maryetienne**

« J'ajoute des lardons fumés et des champignons. Si vous n'avez pas de champagne, utilisez un bon mousseux. » **brigitte_2104**

Poule au champagne

Pour 6 personnes
Facile
Moyen

Préparation	Cuisson
15 min	**40 min**

Poule (1, découpée en morceaux) • **Champagne brut** (75 cl) • **Beurre** (60 g) • **Oignons moyens** (2) • **Bouillon de volaille** (50 cl) • **Farine** (15 g) • **Crème fraîche** (50 cl) • **Cognac** (3 cl) • **Sel, poivre**

❶ Faites fondre 50 g de beurre dans une cocotte, mettez-y les morceaux de poule et laissez colorer.

❷ Ajoutez les oignons préalablement épluchés et émincés, laissez fondre quelques minutes.

❸ Versez le champagne. Grattez les sucs de cuisson avec une spatule puis portez à ébullition.

❹ Ajoutez le bouillon de volaille et laissez mijoter 30 min environ.

❺ Retirez les morceaux de volaille, filtrez le jus de cuisson au chinois ou au tamis.

❻ Versez le jus filtré dans une casserole et faites-le réduire de moitié.

❼ Faites fondre 10 g de beurre dans la cocotte, ajoutez la farine en remuant. Laissez colorer puis mouillez avec le jus de cuisson réduit en fouettant.

❽ Ajoutez la crème, mélangez et remettez les morceaux de poule dans la cocotte.

❾ Réchauffez quelques minutes. Ajoutez le cognac, remuez 2 min puis servez.

ASTUCE Pour un plat complet, vous pouvez ajouter des petites pommes de terre grenaille en même temps que le bouillon de volaille.

« Tout le monde a adoré, j'ai utilisé du crémant de Loire, et j'ai accompagné avec des champignons et des tagliatelles fraîches. »
normandienatha

Fenouil aux agrumes

Pour 4 personnes
Proposés par Cathy_5
Très facile
Bon marché

Préparation
15 min

Fenouils (2) • **Jus de citron** (1 filet) • **Jus d'orange** (1 filet) • **Jus de pamplemousse rose** (1 filet) • **Huile d'olive** (2 c. à soupe) • **Basilic haché** (1 c. à soupe) • **Vinaigre balsamique** (1 c. à soupe) • **Sel, poivre**

❶ Lavez et divisez les fenouils en quatre, puis enlevez leur première couche.

❷ À l'aide d'un couteau bien aiguisé, coupez-les en fines lamelles. Placez-les dans un saladier.

❸ Ajoutez les jus d'agrumes, l'huile, le basilic, le vinaigre, salez et poivrez. Mélangez bien et servez.

« J'ai ajouté 2 avocats, 1 pamplemousse et du thon en boîte : un plat complet sympa et original ! » **Caroline_255**

« J'ai aimé ! J'ai juste remplacé le vinaigre balsamique par du vinaigre d'agrume. » **Nuagenoir**

Juillet

Le barbecue reprend enfin du service ! Il avait été un peu délaissé cet hiver, avouons-le. C'est à nouveau notre meilleur ami et il le restera jusqu'à la fin des beaux jours. Les salades ne sont pas en reste, elles nous en racontent des vertes et des mûres pour nous sustenter de leur croquante fraîcheur. On est bien, là, non ?

C'est le bon moment pour cuisiner...

Légumes • *artichaut, asperge, basilic, blette, concombre, fenouil, haricot vert, maïs, menthe, mesclun, poivron*

Fruits • *abricot, cassis, cerise, figue, fraise, framboise, groseille, melon, myrtille, nectarine, pastèque, pêche*

Viandes • *canard, pigeon, poulet*

Poissons • *carpe, maquereau, sandre*

Crustacé • *crabe*

Fromages • *cancoillotte, coulommiers*

Et aussi...

Légumes • ail, aubergine, avocat, batavia, betterave, brocoli, carotte, céleri, chou rouge, chou nouveau, ciboulette, coriandre, courgette, épinard, fève, girolle, laitue, lentille, navet, oignon, origan, oseille, persil, petit pois, pissenlit, pois gourmand, pomme de terre, radis, roquette, sauge, tomate • ***Fruits*** • brugnon, citron, mûre, prune • ***Viandes*** • agneau, lapin, poule • ***Poissons*** • anchois, anguille, bar, cabillaud, colin/merlu, daurade royale, dorade, dorade grise, églefin, espadon, grenadier, hareng, lieu jaune, lieu noir, merlan, perche, raie, saint-pierre, sardine, saumon, sole, tacaud, thon, thon blanc, truite • ***Coquillages et crustacés*** • crevette grise, crevette rose, écrevisse, gamba, homard, langouste, langoustine, moule de bouchot, tourteau • ***Fromages*** • abondance, beaufort, bleu d'Auvergne, bleu de Bresse, bleu de Gex, bleu des Causses, boulette d'Avesnes, brie de Meaux, brie de Melun, brillat-savarin, cabécou, camembert, cantal, chabichou, chaource, comté, crottin de Chavignol, emmental, époisses, fourme d'Ambert, gruyère, langres, livarot, maroilles, mimolette, morbier, munster, ossau-iraty, parmesan, pont-l'évêque, pouligny-saint-pierre, reblochon, rocamadour, roquefort, saint-félicien, saint-nectaire, sainte-maure, selles-sur-cher, tomme de Savoie, valençay, vieux-Lille.

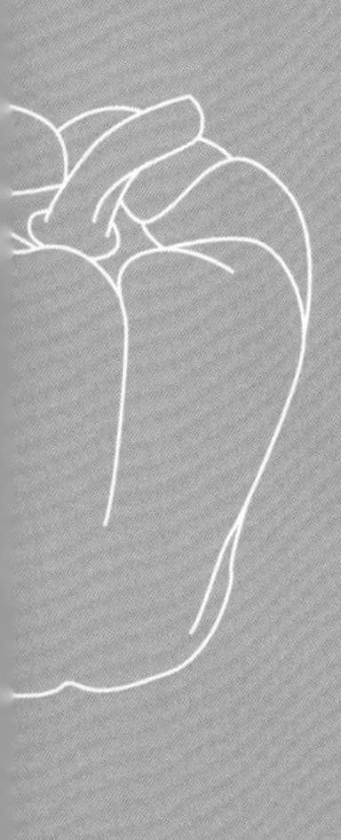

Roulades de *poivrons* au thon et à la feta

Pour 4 personnes
Facile
Bon marché

Préparation	Cuisson	Repos
30 min	**15 min**	**30 min**

Poivrons rouges (2) • **Poivrons jaunes** (2) • **Thon en boîte** (200 g) • **Feta** (200 g) • **Ail** (1 gousse) • **Huile d'olive** (5 cl) • **Sel, poivre**

1. Coupez les poivrons en quatre, retirez les peaux blanches et les graines. Allongez-les dans un plat et faites-les griller sous le gril du four en les retournant de temps en temps. Quand la peau boursoufle (comptez environ 15 min), retirez-les du four.

2. Mettez les poivrons dans une assiette et déposez une autre assiette par-dessus, attendez quelques minutes puis épluchez-les.

3. Mettez de côté une petite portion de feta (10 à 20 g). Mixez le reste de feta, le thon et l'ail préalablement pelé et haché, rajoutez l'huile d'olive pour obtenir une mousse. Salez et poivrez.

4. Coupez les poivrons en bandes assez larges.

5. Déposez 1 c. à soupe de mousse sur une bande, roulez et faites-la tenir avec une pique.

6. Mettez au frais pendant 30 min.

7. Servez sur une salade verte arrosée d'huile d'olive. Émiettez la feta mise de côté, et répartissez-la sur les roulades.

ASTUCE La mousse peut être utilisée en apéritif sur des toasts.

“ *Délicieux et inattendu. Je présente en verrine en coupant les poivrons en petits dés avec une petite salade de roquette et un toast à la tapenade* ” Nanou_43

Sorbet au *melon*

Pour 4 personnes
Très facile
Bon marché

Préparation	Cuisson	Repos
1 h	**2 min**	**45 min**

Melons bien mûrs (550 g) • **Sucre** (100 g) • **Citron** (1)

1. Coupez les melons en deux, épépinez-les. Prélevez la chair puis mixez-la.

2. Préparez un sirop en portant à ébullition 15 cl d'eau et le sucre dans une casserole. Laissez cuire 2 min après ébullition, puis retirez du feu. Laissez refroidir.

3. Incorporez le sirop à la purée de melon, ajoutez le jus du citron.

4. Versez la préparation dans une sorbetière, laissez prendre 45 min environ.

ASTUCE Vous pouvez accompagner ce sorbet d'un coulis de fraises.

« Très rafraîchissant et encore meilleur avec des feuilles de menthe ! » mimoly

« Ajoutez à la préparation 3 blancs d'œufs battus en neige et 3 c. à soupe de crème fraîche, la texture du sorbet est divine. » cestas1

Réaliser un sorbet aux fruits

ZOOM SUR LE *melon*

QUAND L'ACHETER ?

JAN.	FÉV.	MARS	AVRIL
MAI	**JUIN**	**JUIL.**	**AOÛT**
SEPT.	OCT.	NOV.	DÉC.

COMMENT LE CHOISIR ? Le soupeser : plus il est lourd, plus il sera sucré. Tester sa queue : si elle se détache facilement, c'est que le melon est prêt à être dégusté. Enfin, il doit dégager une bonne odeur sucrée (mais pas trop forte).

COMMENT LE CONSERVER ? S'il n'est pas encore mûr, le conserver à température ambiante. Sinon, le garder au réfrigérateur.

COMMENT LE CUISINER ? Le melon se consomme principalement cru, à l'apéritif, en entrée ou en dessert. Sa saveur musquée apprécie l'association avec les charcuteries et les viandes séchées, agrémentée ou non d'un peu de porto, ainsi qu'avec certains fromages comme la feta.

BON À SAVOIR Sa chair juteuse et sucrée est gorgée d'eau, donc très rafraîchissante.

Tartelettes abricots-fraises

Pour 8 personnes
Facile
Moyen

Préparation	Cuisson	Repos
30 min	**20 min**	**30 min**

Farine (200 g) • **Beurre** (100 g + un peu pour les moules) • **Abricots** (4) • **Fraises** (500 g) • **Gelée de framboise** (180 g) • **Sel** (1 pincée) • **Sucre** (1 pincée + 2 c. à soupe)

1. Dans un saladier, préparez la pâte brisée en malaxant la farine avec le beurre coupé en dés, une pincée de sel, une pincée de sucre et 5 cl d'eau. Formez une boule et laissez reposer 30 min au frais.

2. Préchauffez le four à 240 °C (th. 8).

3. Étalez la pâte dans 8 moules à tartelette ronds préalablement beurrés et piquez le fond à l'aide d'une fourchette. Enfournez pour 15 min en surveillant que les fonds de tarte ne brûlent pas.

4. Dans une casserole, faites fondre 2 c. à soupe de sucre dans 10 cl d'eau sur feu vif et pochez-y les demi-abricots pendant 5 min. Égouttez et placez un demi-abricot au centre de chaque fond de tarte.

5. Entourez de fraises lavées et équeutées.

6. Délayez la gelée de framboise avec un peu de sirop de cuisson des abricots et nappez-en les fraises.

ASTUCE Préférez des petites fraises afin de pouvoir les laisser entières.

« *J'ai étalé un peu de gelée de framboise non délayée dans le fond des tartelettes avant de déposer le demi-abricot. C'était délicieux.* »
Inamic

ZOOM SUR LA fraise

QUAND L'ACHETER ?

JAN.	FÉV.	MARS	AVRIL
MAI	**JUIN**	**JUIL.**	**AOÛT**
SEPT.	OCT.	NOV.	DÉC.

COMMENT LA CHOISIR ? Au nez, la fraise se choisit au parfum. À l'œil, la couleur doit être brillante et uniforme, le pédoncule bien vert.

COMMENT LA CONSERVER ? La fraise se conserve très mal, il faut la déguster rapidement ou la conserver 1 à 2 jours au réfrigérateur.

COMMENT LA CUISINER ? Avec du sucre, de la chantilly, du fromage blanc ou de la glace à la vanille, en tarte, fraisier, confiture, coulis, la fraise enchante tous les desserts. En version salée, elle se marie particulièrement bien avec la tomate, arrosée de vinaigre balsamique et parsemée d'herbes fraîches (basilic, menthe...).

BON À SAVOIR La fraise des bois est une fraise sauvage qui pousse spontanément dans les clairières, lisières, talus... Elle est plus parfumée et sucrée que la fraise de jardin.

Blettes aux pignons

Pour 4 personnes
Proposées par ratepenade
Très facile
Moyen

Préparation	Cuisson
10 min	**20 min**

Blettes (1 botte) • **Pignons de pin** (1 poignée) • **Raisins secs** (1 poignée) • **Ail** (2 gousses) • **Huile d'olive** (1 c. à soupe)

1. Lavez les blettes et coupez-les grossièrement sans trop les égoutter.

2. Dans une poêle, faites chauffer l'huile, ajoutez les blettes, l'ail préalablement épluché et écrasé, les pignons et les raisins secs. Couvrez et laissez cuire à feu doux pendant 20 min environ.

3. Servez tiède ou froid.

ASTUCE Pendant la cuisson, vérifiez que l'eau de végétation des blettes humidifie bien le tout : les raisins doivent se gorger d'eau, sinon ajoutez un peu d'eau.

« J'ai remplacé les pignons par des noix écrasées en petits morceaux et j'ai rajouté 1 c. à soupe de confiture de pommes faite maison ! Délicieux ! »
magy85

« J'ai ajouté du roquefort qui a fondu dans la poêle avec le reste : le résultat est plus onctueux. Je me suis bien régalée ! » murielle_467

Salade de *mesclun* au magret de *canard*

Pour 4 personnes
Proposée par jesuisalaplage
Très facile
Moyen

Préparation	Cuisson
15 min	**2 min**

Mesclun ou jeunes pousses (125 g) • **Mozzarella** (2 boules) • **Tranches de magret de canard fumé** (8) • **Tomates cerises** (12) • **Pignons de pin** (100 g) • **Vinaigre balsamique** (2 c. à soupe) • **Huile de colza** (6) • **Sel, poivre**

1. Dans un bol, mettez le vinaigre, du sel et du poivre et incorporez l'huile petit à petit, en fouettant avec une fourchette, comme pour une mayonnaise.
2. Faites griller les pignons soit au four soit dans une poêle à sec.
3. Lavez et coupez les tomates cerises en deux. Égouttez et coupez la mozzarella en cubes. Lavez et essorez le mesclun.
4. Dans une grande assiette plate, dressez votre salade de mesclun puis assaisonnez avec la vinaigrette. Mélangez.
5. Parsemez de pignons grillés. Mettez au centre les tomates et la mozzarella, puis, tout autour, les tranches de magret fumé.

ASTUCE Faites attention aux pignons lorsque vous les grillez : ils brûlent très vite.

« J'ai mis des lamelles de comté à la place de la mozzarella, cela se marie très bien avec le magret. » Florence_3222

Papillotes d'épis de *maïs*

Pour 8 personnes
Très facile
Bon marché

Préparation	Cuisson
5 min	**20 min**

Épis de maïs (8) • **Beurre** (150 g) • **Sel, poivre**

1. Préchauffez le four à 210 °C (th. 7).
2. Enlevez les feuilles vertes des épis de maïs.
3. Enveloppez chaque épi dans du papier sulfurisé, en prenant soin de laisser passer l'air aux deux extrémités.
4. Enfournez les épis et laissez-les cuire 20 à 25 min.
5. Dégustez-les badigeonnés de beurre, salés et poivrés.

ASTUCE Au barbecue, déshabillez les épis de leurs feuilles (mais elles doivent rester accrochées), badigeonnez-les de beurre puis replacez les feuilles et ficelez bien. Faites cuire 20 à 30 min.

« Badigeonnez les épis dès la sortie du four avec du vrai beurre salé de Bretagne (et non du demi-sel)... Le top ! » simetclo

« J'ai mis le beurre avant de mettre les épis au four et j'ai laissé griller 5 min sous le gril en ouvrant la papillote. » Stracha

Carpe au four

Pour 4 personnes
Proposée par croustibat74
Très facile
Bon marché

Préparation	Cuisson
10 min	**20 min**

Carpe (1, de 3,5 kg maximum)
• **Citron vert non traité** (1)
• **Tomate** (1) • **Oignons** (2)
• **Huile**

1. Préchauffez le four à 180 °C (th. 6).

2. Lavez et coupez la tomate en quartiers, le citron en lamelles.

3. Garnissez la carpe préalablement vidée et écaillée (demandez à votre poissonnier de le faire) avec les quartiers de tomate et les lamelles de citron.

4. Épluchez et émincez les oignons.

5. Versez un peu d'huile au fond d'un plat pour éviter que la carpe n'attache pendant la cuisson. Ajoutez les oignons. Posez la carpe sur les oignons.

6. Enfournez pour 15 à 20 min. La carpe est cuite quand la chair se décolle de l'arête centrale.

ASTUCE Coupez la tête de la carpe si cette dernière est trop grande pour votre plat.

« En plus de farcir la carpe de tomates et de citron, j'en ai ajouté dans le plat avec les oignons. À faire et à refaire sans hésiter. » nicole_3999

Tarte au *coulommiers*

Pour 6 personnes
Proposée par Karima_5
Facile
Bon marché

Préparation	Cuisson
20 min	**1 h**

Pâte brisée (1 rouleau)
• **Pommes de terre** (3 ou 4 petites)
• **Coulommiers** (1) • **Œufs** (3)
• **Crème fraîche liquide** (10 cl)
• **Gruyère râpé** (150 g) • **Beurre**

1. Faites cuire les pommes de terre dans une casserole d'eau bouillante.

2. Préchauffez le four à 180 °C (th. 6).

3. Coupez le fromage en tranches. Épluchez et coupez les pommes de terre en rondelles.

4. Étalez la pâte dans un moule à tarte préalablement beurré. Recouvrez-la de tranches de coulommiers puis disposez dessus les rondelles de pommes de terre. Recouvrez de gruyère râpé.

5. Dans un bol, mélangez les œufs et la crème liquide. Salez et poivrez. Versez la préparation sur la tarte.

6. Enfournez et laissez cuire 30 min.

« J'ai ajouté dans le fond de tarte 2 ou 3 oignons émincés revenus dans un peu de miel avec des lardons. Succulent ! » july_12

ZOOM SUR LE *coulommiers*

QUAND L'ACHETER ?
JANV.
FÉV.
MARS
AVRIL
MAI
JUIN
JUIL.
AOÛT
SEPT.
OCT.
NOV.
DÉC.

COMMENT LE CHOISIR ? Il doit être bien moelleux, avec un cœur blanc et une pâte jaune clair.

BON À SAVOIR Ce fromage à pâte non pressée, non cuite et à la croûte fleurie peut-être fabriqué à partir de lait de vache cru ou pasteurisé. Celui à base de lait cru sera plus parfumé et crémeux.

Filet mignon de porc aux *abricots*

Pour 4 personnes
Proposé par colorado
Facile
Moyen

Préparation	Cuisson
10 min	**10 min**

Filet mignon de porc (1, de 600 g) • **Abricots** (400 g) • **Vermouth** (2 c. à soupe) • **Romarin** (2 brins) • **Miel** (1 c. à soupe) • **Beurre** (50 g) • **Huile d'olive** (1 c. à soupe) • **Sel, poivre du moulin**

1. Coupez le filet mignon en tranches.

2. Lavez, dénoyautez et coupez les abricots en quartiers. Effeuillez le romarin.

3. Faites chauffer le beurre et l'huile dans une poêle avec un brin de romarin. Faites-y dorer les tranches de filet mignon 5 min (ou plus, selon leur épaisseur). Salez et poivrez.

4. Enlevez la viande, mettez-la de côté et remplacez-la par les abricots. Faites-les revenir 3 min sur feu vif.

5. Remettez la viande, ajoutez le vermouth et le miel puis remuez 1 à 2 min.

6. Parsemez de romarin et de poivre. Accompagnez de riz blanc ou de quinoa.

ASTUCE Si les abricots ne sont pas assez sucrés, complétez avec des abricots en sirop, mais égouttez-les bien.

« Excellent ! J'ai mis le miel dès le départ, pour faire caraméliser la viande, et j'ai utilisé des abricots frais que j'ai laissés entiers. » Etienne_36

« Je n'avais que des abricots secs, c'était délicieux ! » Zen34

Clafoutis aux *cerises*

Pour 8 personnes
Proposé par Huguette_7
Facile
Moyen

Préparation	Cuisson
15 min	**30 min**

Cerises (600 g) • **Beurre demi-sel** (40 g + 20 g) • **Œufs** (4) • **Lait** (20 cl) • **Farine** (100 g) • **Sucre** (60 g) • **Sucre vanillé** (1 sachet) • **Sel** (1 pincée) • **Sucre glace**

1. Préchauffez le four à 210 °C (th. 7).

2. Lavez rapidement les cerises sous un filet d'eau, équeutez-les et essuyez-les. Dénoyautez-les, si vous le souhaitez.

3. Dans une casserole, faites fondre les 40 g de beurre.

4. Dans un grand bol, mélangez la farine, le sucre en poudre, le sel et le sucre vanillé. Incorporez les œufs un à un.

5. Ajoutez le lait petit à petit en continuant de mélanger. Ajoutez le beurre fondu.

6. Beurrez un plat à gratin, répartissez les cerises puis versez la pâte à clafoutis.

7. Enfournez pour 10 min puis baissez la température du four à 180 °C (th. 6) et laissez cuire encore 20 min.

8. Servez le clafoutis froid ou tiède, saupoudré de sucre glace.

ASTUCE Variante aux poires : épluchez et émincez quatre poires bien mûres, et ajoutez à la crème une pincée de cannelle et 5 cl de rhum.

Omelette à la *cancoillotte*

Pour 4 personnes
Proposée par Robert_166
Facile
Bon marché

Préparation	Cuisson
5 min	**5 min**

Cancoillotte (500 g) • **Œufs** (8) • **Beurre** • **Sel, poivre**

1. Dans un grand bol, battez les œufs en omelette. Salez et poivrez.

2. Faites fondre une noisette de beurre dans une poêle, puis versez la cancoillotte. Laissez fondre le tout.

3. Ajoutez les œufs battus et remuez bien.

4. Laissez cuire l'omelette quelques minutes en remuant jusqu'à l'obtention de la consistance désirée (baveuse ou moelleuse).

5. Servez chaud avec une salade verte.

ASTUCE Pour une omelette plus relevée, utilisez de la cancoillotte à l'ail.

Réaliser une omelette plate

« Je conseille de mettre en premier les oeufs puis de verser le fromage, il conserve ainsi davantage sa texture et ses saveurs. »
Carole_1801

“J'ai apporté ma petite note personnelle en ajoutant de l'essence d'amande amère dans la pâte, cela donne un petit goût sublime !”
Delphine2540

Salade d'*asperges* aux pignons

Pour 4 personnes
Proposée par Arlette_132
Facile
Moyen

Préparation	Cuisson
25 min	**15 min**

Asperges vertes (2 bottes) • **Lard** (100 g, en fines tranches) • **Citron non traité** (1) • **Céleri** (1 branche) • **Pignons de pin** (50 g) • **Huile d'olive** (6 c. à soupe) • **Vinaigre balsamique** (2 c. à soupe) • **Sel, poivre**

1. Pelez les asperges, coupez le bout terreux, puis plongez-les 8 min dans une grande casserole d'eau en ébullition.

2. Égouttez-les, puis détaillez-les en tronçons de 5 à 6 cm.

3. Faites griller les tranches de lard dans une poêle sans matières grasses, puis égouttez-les sur du papier absorbant.

4. Brossez le citron sous l'eau chaude, tranchez-le très finement. Faites de même avec le céleri.

5. Dans un bol, préparez une vinaigrette en mélangeant l'huile, le vinaigre, du sel et du poivre.

6. Dans un saladier, mélangez les asperges, les tranches de lard, le citron et le céleri. Arrosez de vinaigrette et mélangez.

7. Faites griller les pignons de pin dans une poêle à sec, parsemez-les sur la salade et servez.

Tarte au *cassis*

Pour 6 personnes
Proposée par soline_1
Très facile
Bon marché

Préparation **30 min** | Cuisson **35 min**

Pâte brisée (1 rouleau) • **Cassis** (100 g) • **Sucre** (100 g) • **Jaunes d'œufs** (3) • **Farine** (25 g) • **Crème fraîche** (200 g)

1. Préchauffez le four à 200 °C (th. 6-7).

2. Égrappez les grains de cassis. Lavez-les et séchez-les dans un torchon.

3. Étalez la pâte dans un moule à tarte préalablement beurré, piquez le fond avec une fourchette puis couvrez-le de grains de cassis.

4. Dans un saladier, battez les jaunes d'œufs avec le sucre et la farine. Ajoutez la crème fraîche puis battez le tout pour obtenir une pâte homogène.

5. Couvrez les grains de cassis de cette préparation. Enfournez et laissez cuire 35 min. Servez tiède ou froid.

« J'ai ajouté quelques framboises et c'était super ! » **Kazh56**

« J'ai posé les cassis sur une couche de poudre d'amandes et monté des blancs en neige que j'ai rajoutés 10 min avant la fin de la cuisson. » **95Granny**

Foncer un moule à tarte

Filets de *sandre* au beurre blanc

Pour 4 personnes
Moyennement facile
Moyen

Préparation **5 min** | Cuisson **20 min**

Sandre (4 pavés de 300 g avec la peau) • **Vin blanc** (50 cl) • **Crème fraîche** (10 cl) • **Échalotes** (2 grosses) • **Beurre doux** (230 g) • **Sel, poivre**

1. Épluchez et hachez les échalotes puis faites-les blondir avec une noix de beurre dans une casserole. Ajoutez le vin blanc et laissez réduire aux deux tiers.

2. Ajoutez la crème fraîche et laissez réduire de moitié.

3. Sur feu doux, ajoutez 200 g de beurre bien froid coupé en petits dés en fouettant énergiquement. La sauce ne doit pas bouillir.

4. Dans une poêle, faites cuire les filets de sandre dans un peu de beurre en commençant par le côté peau.

5. Salez, poivrez, retournez les filets et achevez la cuisson. La peau doit être croustillante et la chair pas trop cuite.

6. Servez les filets de sandre nappés de sauce au beurre blanc.

ASTUCE Vous pouvez ajouter à la sauce quelques dés de tomate, de la ciboulette hachée, ainsi que des coques et des moules (dont on utilisera le jus de cuisson pour faire la sauce).

« C'est fin et excellent. On peut faire la même chose avec des filets de perche, c'est un régal avec un gratin de crozets ou des pommes de terre vapeur. » **Nadine**

L'INCONTOURNABLE DU MOIS

Le barbecue

Brochettes de *poulet* au curry

Pour 2 personnes
Facile
Bon marché

Préparation	Cuisson	Repos
45 min	**10 min**	**45 min**

Blancs de poulet (2) • **Poivron rouge** (1) • **Maïs** (1 épi) • **Figues fraîches** (2) • **Aneth** (quelques brins) • **Pour la marinade : Paprika** (3 c. à café) • **Curry** (3 c. à café) • **Gingembre frais** (5 cm) • **Huile d'olive**

1. Coupez les blancs de poulet en fins rubans d'environ 5 cm.

2. Préparez la marinade du poulet : dans un plat, mélangez le poulet, le gingembre préalablement haché, 1 c. à café de paprika et 1 c. à café de curry. Laissez mariner 30 min.

3. Lavez le poivron, l'épi de maïs et les figues. Coupez le poivron en lamelles, l'épi de maïs en tronçons et les figues en fines rondelles.

4. Préparez la marinade des légumes : dans un grand plat, versez de l'huile d'olive, ajoutez 2 c. à café de paprika et 2 c. à café de curry. Mélangez bien. Laissez mariner 15 min.

5. Confectionnez les brochettes : piquez chaque lanière de poulet en accordéon et alternez avec des morceaux de poivron et de figues.

6. Faites cuire les brochettes au barbecue pendant environ 8 min, en les retournant de temps en temps.

7. Déposez les épis de maïs sur le barbecue, laissez cuire jusqu'à ce qu'ils soient bien dorés.

8. Parsemez les brochettes d'aneth et servez aussitôt.

ASTUCE Pour cette recette, utilisez des figues violettes car les figues de Barbarie ne conviennent pas.

« Excellente recette ! Je n'ai pas de barbecue mais une plancha. »
henrylucas

« J'ai coupé le poulet en petits cubes et c'était très bien ainsi ! »
Mamota889

Granité à la *pastèque*

Pour 4 personnes
Très facile
Bon marché

Préparation	Repos
20 min	**3 h**

Pastèque (800 g) • **Jus de citron** (3 c. à soupe) • **Sucre glace** (120 g)

1. Coupez la pastèque en tranches, supprimez les pépins et enlevez l'écorce.
2. Mixez la chair de la pastèque avec le jus de citron et le sucre glace.
3. Versez cette préparation dans un plat peu profond et placez au congélateur pendant 3 h.
4. Brisez le granité toutes les heures avec une fourchette.
5. Servez.

ASTUCE Si votre pastèque est très sucrée, réduisez la quantité de sucre.

« Super facile à faire. Servi dans un petit verre avec un peu d'alcool, effet garanti à l'apéro ou comme digestif. »
Patricia_1024

« Très bon avec du citron vert à la place du citron jaune ! Servi dans des verres à vin ronds avec une feuille de menthe ou de basilic pour la déco. Un régal ! »
Unpetitcaillou

Réaliser un granité aux fruits

ZOOM SUR LA *pastèque*

QUAND L'ACHETER ?

JAN.	FÉV.	MARS	AVRIL
MAI	JUIN	**JUIL.**	**AOÛT**
SEPT.	OCT.	NOV.	DÉC.

COMMENT LA CHOISIR ? Elle doit être bien lourde. Si elle est prédécoupée, sa chair doit être d'un beau rouge, sans stries blanches. Une tache jaune sur la peau est le signe que le fruit a bien pris le soleil et qu'il est donc mûr.

COMMENT LA CUISINER ? On la consomme principalement nature, en tranches ou bien en dés. Elle s'accommode parfaitement dans les salades de fruits et les salades salées estivales. Gorgée d'eau, elle est aussi excellente en granité ou en sorbet.

COMMENT LA CONSERVER ? Au réfrigérateur.

BON À SAVOIR Pour l'apéritif, servez les graines de pastèque (lavées et séchées) préalablement grillées dans une poêle à sec, légèrement salées.

Risotto au *fenouil*

Pour 4 personnes
Facile
Bon marché

Préparation	Cuisson
30 min	**30 min**

Riz arborio (250 g) • **Beurre** (80 g) • **Fenouil** (1 bulbe) • **Oignon** (1) • **Parmesan** (100 g) • **Bouillon de légumes** (75 cl) • **Persil** (4 branches) • **Sel, poivre**

1 Lavez et coupez le fenouil en très fines lamelles ou en petits dés.

2 Épluchez l'oignon et hachez-le finement. Râpez le parmesan.

3 Faites fondre 50 g de beurre dans une cocotte, faites-y fondre l'oignon. Ajoutez le fenouil et faites-le revenir jusqu'à ce que le mélange soit fondant (à feu doux et couvert).

4 Jetez le riz en pluie et mélangez pendant 1 ou 2 min jusqu'à ce qu'il devienne translucide. Salez, poivrez et mouillez avec une louche de bouillon chaud. Mélangez, il faut que le bouillon soit complètement incorporé.

5 Ajoutez du bouillon, louche par louche, jusqu'à ce que le riz soit cuit, mais encore *al dente* (comptez 15 à 18 min).

6 Au moment de servir, incorporez le reste du beurre coupé en petites noisettes et le parmesan râpé. Parsemez de persil préalablement lavé et haché.

ASTUCE Pour apporter un peu de croquant, ajoutez à la fin quelques tranches de fenouil juste poêlées quelques minutes à l'huile d'olive.

« Nous avons ajouté des aubergines en début de cuisson. C'est très bon ! » Murev

Préparer le fenouil

Crèmes renversées aux *pêches jaunes* et coulis de *framboises*

Pour 4 personnes
Proposées par Niguedouille
Facile
Moyen

Préparation	Cuisson	Repos
25 min	**40 min**	**3 h**

Pêches jaunes (4) • **Lait** (25 cl) • **Sucre** (80 g) • **Sucre vanillé** (2 sachets) • **Œufs** (3) • **Beurre** • **Pour le coulis de framboises :** **Framboises** (200 g + 30 g pour la déco) • **Citron jaune** (½) • **Sucre** (80 g) • **Extrait de vanille liquide** (quelques gouttes)

1. Incisez la peau des pêches en croix. Plongez-les 15 s dans une casserole d'eau bouillante. Rafraîchissez-les sous l'eau et pelez-les.

2. Coupez les pêches en deux et dénoyautez-les. Coupez la chair en grosses lamelles.

3. Beurrez généreusement 4 ramequins individuels.

4. Disposez les lamelles de pêches en rosace dans le fond de chaque ramequin.

5. Préchauffez le four à 180 °C (th. 6).

6. Versez le lait dans une casserole. Portez à ébullition en incorporant progressivement le sucre.

7. Dans un saladier, cassez les œufs, puis battez-les en omelette avec le sucre vanillé.

8. Versez le lait dans un saladier. À l'aide d'un fouet, mélangez les œufs et le lait bouillant sucré sans cesser de remuer.

9. Préparez ensuite un bain-marie : versez un fond d'eau bouillante dans un grand plat à gratin allant au four. Répartissez la crème dans les ramequins. Placez les ramequins dans le plat à gratin, enfournez et faites cuire 30 min au bain-marie.

10. Laissez refroidir puis placez 3 h au réfrigérateur.

11. Préparez le coulis de framboises : dans une casserole, faites bouillir les framboises avec le sucre et le jus du demi-citron. Laissez frémir 5 min.

12. Filtrez et ajoutez la vanille. Laissez refroidir et placez au frais.

13. Au moment de servir, démoulez les ramequins sur des assiettes, entourez de coulis et décorez avec les framboises restantes.

« *Très facile et rapide à faire... J'ai fait un coulis aux pêches blanches et c'était excellent.* » **Inazumette**

Salade de *concombre* à la crème fraîche

Pour 2 personnes
Proposée par Guegan
Très facile
Bon marché

Préparation	Repos
15 min	**1 h**

Concombre (1) • **Crème fraîche** (25 cl) • **Huile d'olive** • **Ciboulette** (6 brins) • **Sel, poivre**

1 Pelez le concombre et coupez-le en fines rondelles. Mettez-les dans une passoire et saupoudrez-les de sel. Laissez dégorger pendant 1 h.

2 Dans un saladier, mélangez 3 c. à soupe de crème fraîche avec 1 c. à soupe d'huile d'olive. Poivrez et ajoutez la ciboulette préalablement lavée et finement ciselée.

3 Rincez les rondelles de concombre, épongez-les puis mélangez-les avec la sauce. Servez aussitôt.

ASTUCE Pour donner un peu de peps à cette salade, ajoutez un filet de jus de citron et/ou 1 c. à café de moutarde à l'ancienne à la sauce.

« Je réalise très souvent cette salade. Je rajoute des tranches de surimi ou des petites crevettes décortiquées. » Mariedu12

« J'ai ajouté 1 c. à soupe de vinaigre de Xérès et un peu d'ail… Excellent. » Crocodilou

Terrine de *crabe*

Pour 8 personnes
Proposée par sophie1970
Facile
Moyen

Préparation	Cuisson	Repos
15 min	**45 min**	**3 h**

Miettes de crabe (200 g) • **Œufs** (8) • **Crème fraîche** (20 cl) • **Concentré de tomates** (70 g) • **Citron** (½) • **Moutarde** • **Huile** • **Beurre** • **Sel, poivre**

1 Préchauffez le four à 180 °C (th. 6). Beurrez un moule à cake.

2 Égouttez le crabe et émiettez-le dans le moule.

3 Dans un saladier, battez 7 œufs en omelette avec la crème fraîche. Salez légèrement et poivrez.

4 Versez la moitié de cette préparation sur le crabe émietté.

5 Ajoutez la moitié du concentré de tomates dans le reste de la préparation. Mélangez.

6 Ajoutez cette dernière dans le moule à cake. Enfournez et laissez cuire 45 min. Laissez refroidir puis placez au moins 3 h au réfrigérateur.

7 Séparez le blanc du jaune d'œuf restant. Montez le blanc en neige.

8 Dans un bol, mélangez le jaune avec 1 c. à café de moutarde puis incorporez de l'huile, d'abord goutte à goutte puis en filet afin de réaliser une mayonnaise.

9 Salez, poivrez, ajoutez le jus du demi-citron et le reste de concentré de tomates, puis incorporez le blanc en neige.

10 Servez la terrine bien fraîche avec cette sauce en accompagnement.

ASTUCE Réalisez la terrine la veille et la sauce d'accompagnement juste avant de servir.

« J'ai fait une mayonnaise classique, sans blanc d'œuf et sans concentré de tomates, c'était très bon. » JLuc892

Rillettes de *maquereau*

Pour 6 personnes
Facile
Bon marché

Préparation **15 min** | Cuisson **10 min**

Filets de maquereau (400 g) • **Court-bouillon au vin blanc** (1 l) • **Crème fraîche épaisse** (100 g) • **Moutarde forte** (1 c. à soupe) • **Câpres** (1 c. à soupe) • **Cornichons** (3) • **Tabasco** • **Sel**

1. Hachez les câpres et émincez les cornichons.
2. Dans une casserole, portez le court-bouillon à ébullition.
3. Éteignez le feu, plongez les filets de maquereau dans le court-bouillon et laissez-les cuire 8 à 10 min.
4. Égouttez-les sur du papier absorbant et laissez refroidir.
5. Émiettez le poisson dans un bol.
6. Ajoutez la crème fraîche, la moutarde, les câpres et les cornichons.
7. Salez, relevez avec un peu de Tabasco et mélangez bien.
8. Servez sur des toasts que vous aurez légèrement fait griller.

ASTUCE Vérifiez bien qu'il ne reste plus d'arêtes dans les filets avant de les cuire. Si ce n'est pas le cas, utilisez une pince à épiler pour les retirer.

« *Je n'avais pas de câpres à la maison. Du coup, j'ai mis un peu plus de cornichons et même trois petits oignons blancs. C'est vraiment très bon.* » Memelle82

« *J'en ai fait plusieurs petites terrines que je congèle et que je sers lors des apéritifs imprévus... Facile et très bon.* » Lapoyaude

ZOOM SUR LE *maquereau*

QUAND L'ACHETER ?

JAN.	**FÉV.**	**MARS**	**AVRIL**
MAI	**JUIN**	**JUIL.**	**AOÛT**
SEPT.	**OCT.**	NOV.	DÉC.

COMMENT LE CUISINER ? Frais, en conserve, fumé ou surgelé, entier ou en filets, on en trouve toute l'année. Entier, il est excellent cuit au four ou au barbecue. Sa chair, ferme, se prête à de nombreuses cuissons. Mélangés à du fromage blanc ou de la crème et bien assaisonnés, ses filets cuits et émiettés font d'excellentes rillettes.

PARTICULARITÉ Le terme maquereau regroupe plusieurs poissons issus du genre Scomber. Les plus consommés sont le maquereau commun et le maquereau bleu. La lisette est le nom donné au jeune maquereau, plus petit mais tout aussi savoureux.

BON À SAVOIR C'est un poisson mi-gras, l'un des plus riches en oméga-3.

« J'ai présenté les rillettes à l'apéritif, tartinées sur des rondelles de pommes de terre cuites à la vapeur. » xlisbonne

Figues confites au vin rouge

Pour 2 personnes
Proposées par Philippe_308
Très facile
Bon marché

Préparation	Cuisson
5 min	**15 min**

Figues bien mûres (4) • **Étoile de badiane** (1) • **Poivre noir** (5-6 grains) • **Sucre de canne** (1 c. à soupe rase) • **Gousse de vanille** (⅓) • **Vin rouge** (10 cl)

1. Passez les figues sous l'eau, coupez le petit bout de la queue, fendez les fruits jusqu'au milieu en faisant une croix au sommet.

2. Déposez les fruits debout dans une casserole, ajoutez les épices, le sucre et versez le vin. Laissez cuire une quinzaine de minutes à feu doux et à couvert.

3. Sortez les figues de la casserole et filtrez la sauce.

4. Servez les figues arrosées de sauce.

ASTUCE Ce dessert est excellent avec une bonne glace à la vanille.

« On peut aussi réaliser cette recette en ajoutant un bâton de cannelle et en remplaçant le vin rouge par du vin blanc sec (la sauce deviendra quand même rouge grâce aux figues). »
Frederique_38

Muffins aux *myrtilles*

Pour 20 petits muffins
Proposés par Phanieflo
Très facile
Bon marché

Préparation **15 min** | Cuisson **30 min**

Myrtilles (230 g) • **Sucre** (180 g) • **Beurre** (25 g) • **Œuf** (1) • **Lait** (12,5 cl) • **Farine** (230 g) • **Sel** (1 pincée) • **Levure chimique** (1 c. à café rase)

1. Préchauffez le four à 180 °C (th. 6).

2. Faites fondre le beurre.

3. Dans un saladier, mélangez le beurre fondu, l'œuf et le lait.

4. Dans un autre récipient, mélangez le sucre, la farine, le sel et la levure.

5. Mêlez grossièrement les deux mélanges sans trop remuer : il faut laisser des grumeaux.

6. Ajoutez les myrtilles. Mélangez encore un peu.

7. Remplissez les moules à muffin préalablement beurrés aux trois quarts de pâte.

8. Enfournez et laissez cuire 25 à 30 min jusqu'à ce que les muffins soient dorés.

9. Laissez refroidir avant de déguster.

« J'ai ajouté une cuillère de confiture de myrtille au milieu. Tout le monde a adoré ! » SterbendePuppe

« J'ai ajouté des pépites de chocolat pour contrebalancer l'acidité des fruits. » Lotus95

Smoothie *nectarine*

Pour 1 personne
Proposé par melanie_1370
Très facile
Bon marché

Préparation **5 min**

Nectarine (1) • **Yaourt nature** (1) • **Lait** (5 c. à soupe)

1. Lavez la nectarine, coupez-la en deux puis retirez le noyau.

2. Dans un mixeur, mettez le yaourt, la nectarine et le lait.

3. Mixez jusqu'à obtenir une consistance crémeuse.

4. Servez dans un verre avec 1 ou 2 glaçons.

ASTUCE Si la nectarine n'est pas assez sucrée, ajoutez un peu de sucre roux.

Réaliser un smoothie

« Excellent ! Frais, simple et léger. J'ai utilisé un Fjord nature. » Caroline_2770

« J'ai essayé avec un yaourt aux fruits mixés parfum framboise. C'est super bon ! » marineetclem

Glace au *basilic*

Pour 6 personnes
Facile
Bon marché

Préparation	Cuisson	Repos
20 min	**20 min**	**45 min**

Jaunes d'œufs (5) • **Sucre** (150 g) • **Lait** (40 cl) • **Crème liquide** (25 cl) • **Basilic** (1 bouquet) • **Pastis** (½-1 c. à café)

1. Dans une casserole, portez le lait à ébullition et, hors du feu, faites-y infuser 20 feuilles de basilic pendant 10 min.

2. Pendant ce temps, fouettez les jaunes d'œufs dans un saladier avec le sucre. Quand le mélange blanchit et double de volume, versez le lait au basilic en le filtrant à travers une passoire. Mélangez.

3. Versez cette préparation dans la casserole et mettez sur feu doux. Laissez épaissir en remuant sans arrêt avec une cuillère en bois.La crème ne doit pas bouillir.

4. Ôtez du feu et ajoutez la crème liquide. Laissez refroidir.

5. Quand la crème est froide, ajoutez le pastis et 20 feuilles de basilic préalablement lavées et ciselées.

6. Faites prendre dans une sorbetière pendant 45 min environ.

ASTUCE Cette glace est délicieuse accompagnée d'une salade de fruits rouges.

« Merci pour cette recette originale, ce fut un vrai succès avec une salade ananas basilic. » MarieLaurence52

ZOOM SUR LE *basilic*

QUAND L'ACHETER ?

JAN.	FÉV.	MARS	AVRIL
MAI	**JUIN**	**JUIL.**	**AOÛT**
SEPT.	OCT.	NOV.	DÉC.

COMMENT LE CHOISIR ? Ses feuilles doivent être bien vertes, sans taches noires ni trous.

COMMENT LE CONSERVER ? Le basilic s'abîme vite : il se flétrit et noircit. Il est donc préférable de l'utiliser rapidement après l'achat ou de le baigner dans de l'huile afin de le conserver plus longtemps.

COMMENT LE CUISINER ? Son odeur s'exprime pleinement à cru, et s'éteint sous l'effet de la chaleur. Le basilic est une herbe très fragile qui s'altère à la cuisson. Sa saveur fraîche et citronnée s'associe parfaitement avec l'huile d'olive, l'ail et le citron. Il se marie aussi très bien aux fromages frais, et relève les sauces à base de tomates et les vinaigrettes.

BON À SAVOIR Il s'accommode également avec certains fruits (fraise, ananas, abricot...).

Août

Il fait chaud, les vacances ont fait leur boulot, on est reposé. On se simplifie la cuisine au quotidien ou, au contraire, on prend le temps de cuisiner tout ce qu'on a trouvé sur le marché. Toutes ces couleurs, ces fruits et légumes gorgés de soleil, qu'y a-t-il de plus motivant… et de plus appétissant ?

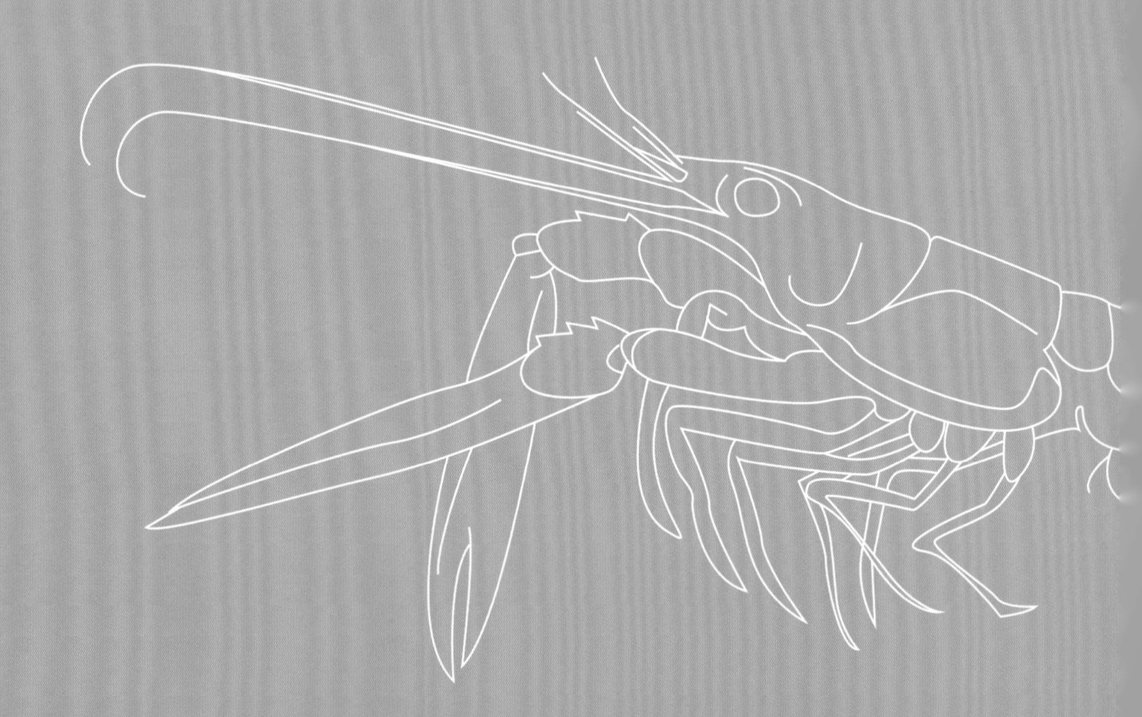

C'est le bon moment pour cuisiner...

Légumes • *aubergine, carotte, céleri, girolle, haricot vert, pâtisson, petit pois, radis, tomate*

Fruits • *abricot, cassis, cerise, figue, fraise, framboise, groseille, melon, mûre, pastèque, pêche, poire, raisin*

Viandes • *lapin, poulet*

Poissons • *anguille, raie, truite*

Crustacé • *langoustine*

Fromages • *époisses, parmesan, saint-félicien*

Et aussi...

Légumes • ail, artichaut, avocat, basilic, batavia, betterave, chou-fleur, chou rouge, ciboulette, concombre, coriandre, courgette, épinard, fenouil, laitue, lentille, maïs, menthe, mesclun, oignon, oseille, persil, pissenlit, poivron, pomme de terre, potiron, roquette • ***Fruits*** • airelle, brugnon, citron, mirabelle, myrtille, nectarine, prune, quetsche • ***Viandes*** • canard, pigeon, poule • ***Poissons*** • anchois, bar, cabillaud, carpe, daurade royale, dorade, dorade grise, églefin, espadon, grenadier, hareng, lieu jaune, lieu noir, maquereau, merlan, perche, saint-pierre, sandre, sardine, saumon, sole, tacaud, thon, thon blanc ou germon • ***Coquillages et crustacés*** • crevette grise, crevette rose, écrevisse, gamba, homard, langouste, tourteau • ***Fromages*** • abondance, beaufort, bleu d'Auvergne, bleu de Bresse, bleu de Gex, bleu des Causses, boulette d'Avesnes, brie de Meaux, brie de Melun, brillat-savarin, cabécou, camembert, cancoillotte, cantal, chabichou, chaource, comté, coulommiers, crottin de Chavignol, emmental, fourme d'Ambert, gruyère, langres, livarot, maroilles, mimolette, morbier, munster, ossau-iraty, pont-l'évêque, pouligny-saint-pierre, reblochon, rocamadour, roquefort, saint-nectaire, sainte-maure, selles-sur-cher, tomme de Savoie, valençay, vieux-Lille.

Tarte aux *aubergines*, *tomates* et *parmesan*

Pour 4-6 personnes
Proposée par Tiloui
Facile
Moyen

Préparation	Cuisson	Repos
30 min	**40 min**	**1 h**

Pour la garniture : **Aubergines grillées** (300 g) • **Tomates** (3) • **Mozzarella** (1 boule) • **Parmesan fraîchement râpé** (200 g) • **Huile d'olive** • **Farine** • **Sel, poivre** • Pour la pâte : **Farine** (300 g) • **Beurre** (150 g) • **Huile d'olive** • **Sel**

① Préparez la pâte : dans un saladier, mélangez rapidement, avec la main, la farine, une pincée de sel, un trait d'huile et le beurre préalablement ramolli. Ajoutez un peu d'eau pour lier et rassembler la pâte en boule (si elle est trop collante, rectifiez en ajoutant de la farine). Enveloppez la pâte dans du film alimentaire et laissez reposer 1 h au réfrigérateur.

② Préchauffez le four à 200 °C (th. 6-7).

③ Étalez la pâte avec un rouleau à pâtisserie et garnissez-en un plat à tarte fariné.

④ Saupoudrez 100 g de parmesan sur le fond de tarte puis étalez la moitié des aubergines en rondelles. Déposez la moitié des tomates et la mozzarella coupées en rondelles. Salez, poivrez puis recommencez l'opération une fois.

⑤ Terminez en arrosant l'ensemble d'un filet d'huile d'olive et en saupoudrant avec le parmesan restant.

⑥ Enfournez pour 30 à 40 min.

ASTUCE Pour éviter que le jus des tomates ne détrempe la pâte, retirez les graines.

Préparer une aubergine

ZOOM SUR L'*aubergine*

QUAND L'ACHETER ?

JAN.	FÉV.	MARS	AVRIL
MAI	**JUIN**	**JUIL.**	**AOÛT**
SEPT.	OCT.	NOV.	DÉC.

COMMENT LA CHOISIR ? Bien ferme, avec la peau lisse et brillante, et un pédoncule ferme qui ne doit pas être desséché.

COMMENT LA CUISINER ? Afin de préserver ses qualités nutritionnelles, il vaut mieux la cuisiner avec un minimum d'huile car sa chair a tendance à la « boire ». Farcie, poêlée, rôtie, grillée, en purée, l'aubergine s'accommode de multiples façons mais doit être bien assaisonnée.

BON À SAVOIR Très riche en eau, il est souvent nécessaire de faire dégorger l'aubergine avant de la cuisiner : il suffit de la couper, de la saupoudrer de sel et de la laisser reposer 1 heure dans une passoire.

« Très bonne recette ! J'ai ajouté un tout petit peu d'origan sur la tarte pour rehausser le goût. » Virginie198425

Raie aux câpres

Pour 2 personnes
Facile
Bon marché

Préparation **25 min** | Cuisson **15 min**

Ailes de raie (2) • **Câpres** (50 g) • **Beurre** (50 g) • **Court-bouillon** (1 l) • **Vinaigre** (1 c. à soupe)

1. Plongez la raie dans une casserole avec le court-bouillon froid et vinaigré. Laissez cuire à petits bouillons pendant 13 min.

2. Pendant ce temps, faites fondre le beurre dans une petite poêle jusqu'à ce qu'il soit noisette (il doit brunir).

3. Ajoutez les câpres en en écrasant quelques-unes.

4. Égouttez les ailes de raie, détachez la chair de l'arête centrale puis dressez dans un plat ou des assiettes. Nappez de sauce aux câpres puis servez.

ASTUCE Le beurre noisette produit des dépôts noirs au fond de la casserole. Pour éviter de les consommer, passez le beurre à travers une passoire avant d'y ajouter les câpres.

« Facile, rapide et excellent. J'ai simplement rajouté un filet de vinaigre de framboises et j'ai servi le tout avec une ratatouille. » Chloe60

« Plus rapide : j'ai fait fondre le beurre au micro-ondes en rajoutant du jus de citron et de la crème fraîche. Tout le monde a adoré. » Corinne_872

Gaspacho de *fraises*

Pour 4 personnes
Très facile
Moyen

Préparation	Cuisson
15 min	**5 min**

Fraises (500 g) • **Pêche jaune ou abricot** (1) • **Poire** (1) • **Myrtilles** (50 g) • **Pain d'épices** (4 tranches) • **Citron** (1) • **Sucre glace** (4 c. à soupe) • **Beurre** (10 g)

1. Mixez les fraises (sauf 4) avec la moitié du jus du citron et le sucre glace. Filtrez à l'aide d'une passoire, répartissez cette purée de fraises dans des assiettes ou des bols. Mettez au frais.

2. Coupez la pêche, la poire et les fraises restantes en petits dés et citronnez-les afin qu'elles ne s'oxydent pas.

3. Coupez le pain d'épices en petits cubes et faites-les dorer dans un peu de beurre.

4. Décorez chaque gaspacho avec les dés de fruits et de pain d'épices ou présentez-les en accompagnement.

« J'ai remplacé le sucre glace par du miel et j'ai fait griller le pain d'épices au grille-pain tout simplement. À refaire encore et encore... Recette adoptée. » Julie_1258

« Recette géniale, simple et délicieuse ! J'ai servi ce gaspacho avec des petits morceaux de meringue : c'était trop bon ! Un grand merci ! » Camille_448

Poulet aux *figues*

Pour 4 personnes
Très facile
Bon marché

Préparation	Cuisson
30 min	**50 min**

Poulet (1) • **Figues bien mûres** (1,5 kg) • **Oignons** (3) • **Huile d'olive** (2 c. à soupe) • **Sel, poivre**

1. Épluchez les figues.

2. Épluchez et émincez les oignons.

3. Remplissez le poulet de figues.

4. Dans une cocotte, faites revenir les oignons dans l'huile d'olive jusqu'à ce qu'ils soient translucides (ils ne doivent pas colorer).

5. Ajoutez le poulet farci, salez et poivrez. Laissez cuire à feu doux, à couvert, pendant 30 min.

6. Placez les figues restantes tout autour et poursuivez la cuisson 15 min environ jusqu'à ce qu'elles soient fondantes.

La recette filmée

« Pour un maximum de saveur, rajoutez dans la sauce 2 c. à soupe de miel mille fleurs et un mélange d'épices (cumin, quatre-épices) en poudre. Succès garanti ! » Anonyme

« Excellente recette. Je n'ai pas farci le poulet, j'ai cuit toutes les figues autour pour en faire une sauce que j'ai ensuite passée au tamis pour enlever les grains. » saschelo

Feuilletés au saint-félicien

Pour 4 personnes
Proposés par virginie_384
Très facile
Bon marché

Préparation 10 min | Cuisson 15 min

Pâte feuilletée (1 rouleau)
- **Saint-félicien pas trop fait** (½)
- **Jambon blanc** (1 tranche)
- **Cerneaux de noix** (2)
- **Ciboulette** (1 bouquet)

1. Préchauffez le four à 210 °C (th. 7).
2. Lavez et ciselez la ciboulette.
3. Découpez le fromage en petits carrés et le jambon en lamelles.
4. Coupez la pâte feuilletée en 4 carrés.
5. Sur chaque carré de pâte, répartissez la ciboulette ciselée, des petits carrés de saint-félicien et quelques lamelles de jambon blanc.
6. Parsemez un demi-cerneau de noix émietté sur chaque feuilleté.
7. Fermez en aumônière avec une ficelle de cuisine.
8. Enfournez et laissez cuire 10 à 15 min.

ASTUCE Si vous n'avez pas de ficelle de cuisine pour fermer les aumônières, utilisez un long brin de ciboulette.

ZOOM SUR LE saint-félicien

QUAND L'ACHETER?
JANV. · FÉV. · MARS · **AVRIL** · **MAI** · **JUIN** · **JUIL.** · **AOÛT** · **SEPT.** · OCT. · NOV. · DÉC.

COMMENT LE CUISINER? Très crémeux, il est excellent fondu, dans des feuilletés, des tartes ou sur des tartines. Nature, il faut le sortir une quinzaine de minutes du réfrigérateur avant de le déguster.

PARTICULARITÉ Proche du saint-marcellin, le saint-félicien est plus gros, plus crémeux mais aussi plus doux. Traditionnellement fabriqué à partir de lait de chèvre, il est aujourd'hui principalement fabriqué à partir de lait de vache. Son affinage dure une dizaine de jours.

BON À SAVOIR Selon son affinage, le saint-félicien peut avoir une pâte très coulante, raison pour laquelle il est souvent vendu dans une coupelle en terre cuite.

Crumble aux abricots

Pour 6 personnes
Facile
Moyen

Préparation	Cuisson
15 min	**40 min**

Abricots (1 kg) • **Sucre roux** (50 g + 120 g) • **Farine** (150 g) • **Beurre** (120 g) • **Crème fraîche épaisse** (40 cl)

1. Préchauffez le four à 180 °C (th. 6).

2. Beurrez un moule à manqué. Déposez les abricots coupés en deux dans le moule en les tassant bien. Saupoudrez de 50 g de sucre roux.

3. Préparez la pâte à crumble en mélangeant la farine, le beurre ramolli et 120 g de sucre.

4. Parsemez les miettes de crumble sur les abricots.

5. Enfournez à mi-hauteur pendant 30 à 40 min.

6. Sortez le crumble du four, attendez 5 min et dégustez aussitôt, accompagné de crème fraîche épaisse.

ASTUCE Dans le crumble, remplacez 50 g de farine par de la poudre d'amandes.

« Super bon, facile, rapide. J'ai saupoudré la surface du crumble d'amandes et de pistaches hachées et servi tiède avec une boule de glace au nougat. » **Myriam_10**

ZOOM SUR L'abricot

QUAND L'ACHETER ?

JAN.	FÉV.	MARS	AVRIL
MAI	**JUIN**	**JUIL.**	**AOÛT**
SEPT.	OCT.	NOV.	DÉC.

COMMENT LE CHOISIR ? L'abricot doit être souple au toucher, bien odorant et d'une belle couleur orangée.

COMMENT LE CUISINER ? L'abricot convient parfaitement pour des desserts sucrés (compote, tarte, clafoutis, confiture...) mais il se marie également très bien avec des mets salés, il est alors souvent utilisé sous sa forme séchée (notamment avec des viandes mijotées).

COMMENT LE CONSERVER ? Mûr, l'abricot doit être consommé rapidement, d'autant qu'il n'apprécie pas le réfrigérateur. En revanche, il peut se congeler, coupé en deux et dénoyauté.

BON À SAVOIR Riche en carotène, en vitamines (C, B, E) et en minéraux (potassium, fer, cuivre, magnésium), l'abricot est parfait pour les sportifs, avant l'effort mais aussi après, pour la phase de récupération.

Tatins de *céleri*

Pour 4 personnes
Proposées par fannymaddalena
Facile
Bon marché

Préparation	Cuisson
30 min	**1 h**

Céleri-rave (1) • **Pâte feuilletée** (1 rouleau) • **Carotte** (1) • **Courgette** (1) • **Huile** (1 c. à soupe) • **Beurre** • **Lait** • **Jaune d'œuf** (1, facultatif) • **Sel**

1 Épluchez le céleri, coupez-le en morceaux et faites-le cuire dans une casserole d'eau salée.

2 Préchauffez le four à 180 °C (th. 6).

3 Égouttez le céleri puis écrasez-le. Ajoutez un peu de lait et une grosse noix de beurre : la purée doit être assez épaisse et sèche, si elle est trop liquide, ajoutez un jaune d'œuf.

4 Épluchez la carotte et la courgette. Coupez-les en rondelles. Faites-les revenir 15 min dans une poêle avec l'huile.

5 Tapissez le fond de 4 petits moules à tarte avec les rondelles de légumes en les alternant (une carotte, une courgette, une carotte...).

6 Étalez par-dessus la purée de céleri, tassez bien.

7 Découpez 4 disques de pâte feuilletée et disposez-les par-dessus la purée.

8 Enfournez et laissez cuire 40 min environ jusqu'à ce que la pâte soit dorée.

9 Servez chaud avec une salade.

ASTUCE Pour un plat complet, ajoutez une tranche de jambon avant de déposer la purée.

Préparer du céleri

« *Délicieux, simple à faire et équilibré ! J'ai d'ailleurs cuit les légumes à l'eau au lieu de les cuire dans l'huile afin que ce soit plus diététique.* » shaniaji

Tarte à l'époisses

Pour 6 personnes
Proposée par Gloria
Facile
Moyen

Préparation	Cuisson
15 min	45 min

Pâte feuilletée (1 rouleau) • **Époisses** (125 g) • **Lardons fumés** (400 g) • **Poireau** (1) • **Oignon** (1) • **Œufs** (3) • **Crème fraîche épaisse** (15-20 cl) • **Poivre** • **Huile** (1 c. à soupe) • **Beurre**

1. Épluchez l'oignon, lavez le poireau, hachez-les finement.

2. Faites revenir l'oignon et le poireau dans une poêle avec l'huile.

3. Ajoutez les lardons. Laissez cuire pendant 15 min environ.

4. Préchauffez le four à 210 °C (th. 7).

5. Dans un bol, battez les œufs et la crème fraîche. Poivrez.

6. Étalez la pâte dans un moule à tarte préalablement beurré. Répartissez le mélange poireau/lardons dessus.

7. Découpez l'époisses en petits cubes. Mettez-en quelques-uns de côté. Parsemez le reste sur la tarte.

8. Versez la préparation crème/œufs.

9. Disposez les morceaux de fromage mis de côté sur le dessus.

10. Enfournez et laissez cuire 15 à 20 min. Servez chaud ou froid.

« Très bon gâteau. La prochaine fois, je ferai un fond avec des spéculoos écrasés pour faire un genre de cheesecake. »
magali1904

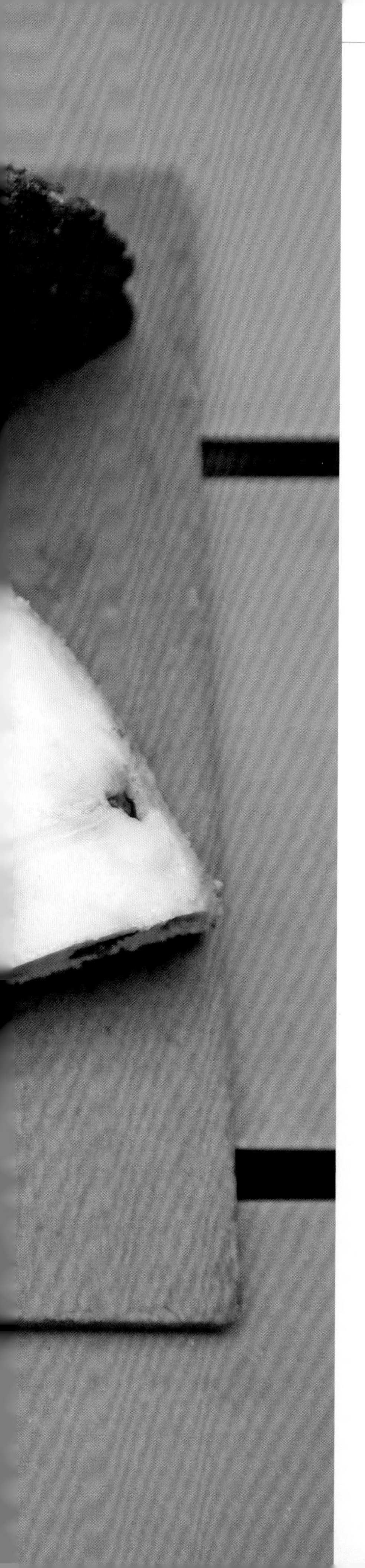

Gâteau magique au chocolat blanc et aux *framboises*

Pour 8 personnes
Proposé par chocolatcroquant
Facile
Moyen

Préparation	Cuisson	Repos
30 min	**50 min**	**2 h**

Chocolat blanc (200 g) • **Framboises fraîches** (200 g) • **Œufs** (4) • **Sucre** (150 g) • **Beurre** (125 g + un peu pour le moule) • **Farine** (115 g) • **Lait tiède** (50 cl)

1. Préchauffez le four à 150 °C (th. 5).
2. Dans un bol, faites fondre le beurre avec le chocolat environ 2 min au micro-ondes ou au bain-marie dans une casserole.
3. Séparez les blancs des jaunes d'œufs. Montez les blancs en neige.
4. Dans un saladier, mélangez le sucre avec les jaunes d'œufs et 1 c. à soupe d'eau, ajoutez-y le beurre et le chocolat fondus puis la farine, mélangez bien.
5. Versez le lait préalablement tiédi puis les blancs montés en neige.
6. Beurrez un moule à manqué, déposez-y les framboises, versez la préparation dessus.
7. Enfournez et laissez cuire pendant 50 min.
8. Laissez refroidir puis mettez le gâteau au réfrigérateur.
9. Servez très froid. Vous obtenez un gâteau avec trois textures différentes : biscuit, flan et crème.

ASTUCE Si vous n'avez pas de moule à manqué, utilisez un moule rond en silicone beurré.

La recette filmée

ZOOM SUR LA *framboise*

QUAND L'ACHETER ?

JAN.	FÉV.	MARS	AVRIL
MAI	**JUIN**	**JUIL.**	**AOÛT**
SEPT.	**OCT.**	NOV.	DÉC.

COMMENT LA CONSERVER ? La framboise est un fruit fragile qui ne se conserve pas longtemps. Il faut la garder au réfrigérateur et la consommer dans les 24 heures après l'achat ou la cueillette.

COMMENT LA CUISINER ? Nature, en glace, confiture, coulis, pâte de fruits, tarte, dans des muffins... la framboise s'accommode de nombreuses façons. Elle se marie très bien avec du chocolat et de la pistache.

BON À SAVOIR Il est conseillé de la rincer sous l'eau, et non de la plonger dans l'eau car elle se gorgerait de liquide et perdrait toute sa saveur.

Crumble aux mûres

Pour 4 personnes
Proposé par Monique
Facile
Moyen

Préparation	Cuisson
10 min	30 min

Mûres (300 g) • **Farine** (150 g) • **Sucre** (140 g) • **Beurre** (125 g)

1. Préchauffez le four à 180 °C (th. 6).

2. Dans un saladier, mélangez 125 g de sucre et la farine.

3. Ajoutez le beurre très froid coupé en morceaux. Mélangez avec les mains jusqu'à obtenir une préparation granuleuse et homogène.

4. Disposez les mûres dans un plat allant au four préalablement beurré, saupoudrez-les du sucre restant.

5. Recouvrez de pâte à crumble.

6. Enfournez et laissez cuire environ 30 min : le dessus doit être doré.

ASTUCE Pour donner encore plus de goût à votre crumble, ajoutez une pincée de cannelle en poudre.

« Toute la famille s'est régalée. J'ai juste mis moitié vergeoise brune moitié sucre blanc, et recouvert encore d'un peu de vergeoise le fond beurré du plat. » supermaman69

« J'ai ajouté une pomme coupée en dés, extra ! » Genevieve_5

Anguille à la provençale

Pour 6 personnes
Proposée par Pierrot
Facile
Bon marché

Préparation	Cuisson
15 min	40 min

Anguille (800 g) • **Oignon** (1) • **Tomates** (4) • **Olives noires** (12) • **Ail** (1 gousse) • **Vin blanc sec** (10 cl) • **Persil** (10 brins) • **Bouquet garni** (1) • **Huile d'olive** (2 c. à soupe) • **Sel, poivre**

1. Épluchez et hachez l'oignon. Lavez et détaillez les tomates en petits dés. Épluchez et écrasez la gousse d'ail. Lavez et ciselez le persil.

2. Faites fondre doucement l'oignon dans une cocotte avec l'huile d'olive. Il ne doit pas colorer.

3. Détaillez l'anguille en morceaux. Ajoutez les morceaux d'anguille dans la cocotte avec l'oignon. Salez, poivrez.

4. Ajoutez les dés de tomates, le bouquet garni et l'ail écrasé. Versez le vin blanc. Laissez cuire doucement et à couvert pendant 25 à 30 min.

5. Ajoutez les olives noires 10 min avant de servir. Parsemez de persil.

ASTUCE Si la sauce est trop liquide, ôtez le couvercle 10 min avant la fin de la cuisson pour la faire réduire un peu.

« Un délice, très simple à préparer. J'ai ajouté des pommes de terre entières, cuites en robe des champs. » Stephanie_5438

L'INCONTOURNABLE DU MOIS

Le pique-nique

Sandwichs de *poulet* et œufs au curry

Pour 4 personnes
Proposés par Marisol
Très facile
Bon marché

Préparation	Cuisson
15 min	**10 min**

Blancs de poulet (2) • **Curry en poudre** (2 c. à soupe) • **Moutarde de Dijon** (2 c. à soupe) • **Œufs** (4) • **Mayonnaise** (2 c. à soupe) • **Baguette** (1) • **Salade mélangée** (1 poignée) • **Huile d'olive**

1. Faites cuire les blancs de poulet dans une poêle avec l'huile d'olive.

2. Plongez les œufs dans une casserole d'eau froide, portez à ébullition puis laissez cuire 9 min.

3. Dans un saladier, mélangez la moutarde, la mayonnaise et le curry en poudre.

4. Émincez les blancs de poulet cuits puis ajoutez-les à la sauce.

5. Écalez les œufs, coupez-les en petits dés et ajoutez-les à la préparation.

6. Coupez la baguette en quatre. Ouvrez chaque morceau en deux dans l'épaisseur. Dans chaque sandwich, déposez 2 feuilles de salade puis répartissez la préparation au poulet.

ASTUCE Pour des sandwichs un peu plus légers, remplacez la mayonnaise par la même quantité de yaourt nature.

« Sandwichs testés en randonnée, agrémentés de quelques rondelles de tomate, c'était très bon ! » Nefertari18

Soupe de *petits pois* au jambon

Pour 2 personnes
Très facile
Bon marché

Préparation	Cuisson
15 min	**45 min**

Petits pois (150 g) • **Jambon blanc** (50 g) • **Oignon** (½) • **Crème fraîche épaisse** (1 c. à soupe) • **Beurre** (1 noisette) • **Sel, poivre**

1. Épluchez et émincez l'oignon.

2. Dans une casserole, faites fondre le beurre puis faites-y dorer l'oignon.

3. Ajoutez les petits pois et 50 cl d'eau, puis portez à ébullition.

4. Émincez le jambon, ajoutez-le dans la casserole au bout de 20 min de cuisson.

5. Une fois l'ensemble cuit, mixez la soupe.

6. Ajoutez la crème fraîche, salez et poivrez. Servez.

ASTUCE Pour une soupe bien lisse, filtrez-la après l'avoir mixée (la peau des petits pois est parfois épaisse et donne une soupe grumeleuse).

« À déguster frais, un délice ! » thomaso_89

« Super, excellent... Il n'y a pas de mots. C'était ma première soupe de petits pois ! J'ai juste remplacé le jambon par des lardons et j'ai supprimé le beurre. » paudam

Lapin en papillote

Pour 4 personnes
Très facile
Bon marché

Préparation	Cuisson
20 min	**1 h**

Cuisses de lapin (4) • **Ail** (6 gousses) • **Herbes de Provence** (1 pincée) • **Huile d'olive** (1 verre) • **Sel, poivre**

1. Préchauffez le four à 210 °C (th. 7).

2. Épluchez, dégermez et écrasez les gousses d'ail. Mélangez-les dans un bol avec l'huile d'olive et les herbes de Provence.

3. Coupez 4 grandes feuilles de papier d'aluminium.

4. Versez l'équivalent de 2 ou 3 c. à café d'huile d'olive aromatisée à l'ail et aux herbes sur le fond des feuilles d'aluminium afin que les cuisses de lapin n'accrochent pas.

5. Déposez une cuisse de lapin sur chaque feuille huilée, salez, poivrez et versez le reste d'huile aromatisée sur les cuisses.

6. Fermez les papillotes hermétiquement et enfournez pendant 55 min à 1 h.

ASTUCE Ajoutez quelques champignons de Paris émincés dans chaque papillote et accompagnez de riz blanc.

« J'ai badigeonné les cuisses de lapin de tapenade d'olives noires. » somaga

« J'ai simplement ajouté 2 c. à café de moutarde à l'ancienne sur le dessus du lapin. Délicieux ! » izouille

ZOOM SUR LE *lapin*

QUAND L'ACHETER ?

JAN.	FÉV.	MARS	AVRIL
MAI	**JUIN**	**JUIL.**	**AOÛT**
SEPT.	OCT.	NOV.	DÉC.

COMMENT LE CHOISR ? On distingue le lapin fermier et d'élevage (angevin, géant du Bouscat) du lapin de garenne, considéré comme un gibier, dont le goût est plus prononcé. Le lapin de garenne étant plus fort en goût, il est plus communément cuisiné en civet.

COMMENT LE CUISINER ? Sa chair blanche et tendre est très appréciée. Elle se prête à différentes préparations : au four, en gibelotte (ragoût au vin blanc) avec des champignons, à la dijonnaise (cuit dans une sauce à la moutarde), aux pruneaux...

Tartelettes aux *framboises*

Pour 4 personnes
Facile
Moyen

Préparation	Cuisson	Repos
30 min	**30 min**	**2 h**

Pour la pâte brisée : **Beurre demi-sel** (250 g) • **Farine** (300 g) • Pour la crème : **Mascarpone** (250 g) • **Fromage blanc à 40 % de MG** (100 g) • **Sucre** (100 g) • Pour la garniture : **Framboises** (300 g) • **Citron** (1) • **Sucre glace** (50 g)

1. Préchauffez le four à 160 °C (th. 5-6).

2. Dans un saladier, mélangez la farine avec le beurre coupé en dés avec les mains jusqu'à l'obtention d'une consistance sableuse.

3. Ajoutez un peu d'eau froide de manière à former une boule.

4. Étalez la pâte dans 4 moules à tartelette préalablement beurrés. Piquez-la avec une fourchette.

5. Enfournez et faites cuire pendant environ 30 min. Laissez refroidir.

6. Dans un saladier, mélangez le mascarpone, le fromage blanc et le sucre au fouet ou au mixeur.

7. Étalez la crème au mascarpone sur les fonds de tarte refroidis puis répartissez 250 g de framboises sur le dessus.

8. Mixez les 50 g de framboises restants, le jus du citron et le sucre glace afin d'obtenir un coulis de framboises que vous servirez à part.

9. Laissez refroidir les tartelettes environ 2 h au réfrigérateur.

ASTUCE Pour ne pas que les bords de la pâte retombent à la cuisson, placez les moules garnis de pâte 30 min au réfrigérateur avant de les enfourner.

« J'ai ajouté de la menthe fraîche ciselée dans la crème, ainsi qu'un peu de jus de citron et quelques zestes, le tout décoré d'un brin de menthe fraîche. De vrais petits bijoux pour les yeux et les papilles ! »
PinkSwan

Gelée de *groseilles*

Pour 4 personnes
Moyennement facile
Moyen

Préparation	Cuisson	Repos
20 min	**20 min**	**12 h**

Groseilles (1 kg) • **Sucre en morceaux**

1. La veille, lavez les groseilles. Mettez-les dans une bassine à confiture.

2. Faites chauffer pour crever les grains et écraser les grappes.

3. Faites égoutter toute la nuit dans une passoire au dessus de la bassine pour récupérer le jus.

4. Le lendemain : pesez le jus recueilli, ajoutez le même poids de sucre en morceaux. Brassez bien.

5. Portez le tout à ébullition dans une grande casserole puis laissez cuire encore 3 ou 4 min.

6. Mettez en pots.

ASTUCE Si vous êtes pressé et que vous ne pouvez pas attendre la nuit, filtrez les groseilles en les pressant dans la passoire.

« J'ai fait fondre des bonbons aux coquelicots dans un peu d'eau et je les ai mélangés avec la gelée avant l'ébullition… C'est super ! » claugre

« J'ai rajouté des framboises (500 g de framboises pour 1 kg de groseilles). » didie89500

« Mes invités ont adoré et ont trouvé ce crumble très original. J'ai mis du sucre complet à la place du sucre roux. » Audrey_881

Crumble au raisin muscat

Pour 4 personnes
Proposé par Manue_24
Facile
Moyen

Préparation	Cuisson	Repos
30 min	1 h	30 min

Pommes grises du Canada (500 g) • **Raisins muscat noir** (500 g) • **Citron** (½) • **Farine** (60 g) • **Rhum** (5 cl) • **Spéculoos** (100 g) • **Sucre roux** (50 g) • **Beurre demi-sel** (100 g + 25 g pour le plat) • **Sucre** (80 g) • **Beurre** (4 noix)

1. Préchauffez le four à 210 °C (th. 7). Beurrez un plat à gratin.

2. Épluchez, épépinez et coupez les pommes en quartiers. Disposez-les dans un saladier avec le jus de citron et le rhum. Laissez mariner au moins 30 min.

3. Dans une poêle, faites fondre à feu moyen 2 noix de beurre. Ajoutez les pommes et 40 g de sucre blanc, laissez caraméliser en remuant. Versez dans le plat à gratin.

4. Procédez de la même façon avec les raisins (gardez une dizaine de grains pour la décoration), 2 noix de beurre et 40 g de sucre blanc. Versez sur les pommes.

5. Dans un saladier, émiettez grossièrement les spéculoos avec 100 g de beurre demi-sel coupé en morceaux, la farine et le sucre roux. Malaxez avec les mains de manière à obtenir un sable grossier.

6. Versez sur les fruits, enfournez 35 min.

7. Décorez de raisins frais.

« *Excellent. Rien à rajouter. Je l'ai servi tiède avec de la crème Chantilly et ce dessert a eu beaucoup de succès.* » Nathalie_3937

Sauce aux girolles

Pour 4 personnes
Proposée par anabelle_20
Très facile
Assez cher

Préparation	Cuisson
10 min	40 min

Girolles (300 g) • **Crème épaisse** (150 g) • **Échalote** (1 grosse) • **Beurre** (10 g) • **Sel, poivre**

1. Lavez soigneusement les girolles, épongez-les avec du papier absorbant.

2. Épluchez l'échalote, émincez-la et faites-la revenir dans une poêle avec le beurre sur feu vif.

3. Ajoutez les girolles, laissez une grande partie de l'eau de cuisson s'évaporer, puis faites cuire 20 à 25 min.

4. Salez, poivrez, ajoutez la crème et laissez mijoter à feu doux pendant 5 min.

ASTUCE Lavez les girolles la veille et laissez-les s'égoutter toute la nuit afin qu'elles rendent moins d'eau à la cuisson.

« *Vous pouvez également ajouter 150 g de lardons en milieu de cuisson, le résultat est extra.* » Francoise_25

Salade de *melon*, feta, jambon

Pour 4 personnes
Proposée par Lili
Très facile
Bon marché

Préparation
20 min

Melon (1) • **Feta** (200 g) • **Jambon cru** (4 tranches) • **Salade type feuille de chêne** (1) • **Thym** (1 c. à café) • **Jus de citron** (4 c. à soupe) • **Huile d'olive** (4 c. à soupe) • **Sel, poivre du moulin**

1. Lavez et nettoyez la salade. Conservez uniquement le cœur.

2. Épluchez le melon et coupez la chair en petits cubes.

3. Coupez les tranches de jambon cru en fines lanières.

4. Coupez la feta en cubes après l'avoir égouttée.

5. Préparez la vinaigrette : versez le jus de citron dans un bol, salez, poivrez et mélangez. Ajoutez l'huile d'olive et mélangez énergiquement afin d'obtenir une belle émulsion puis incorporez le thym.

6. Mettez la salade, le melon, le jambon, la feta et la sauce dans un saladier et mélangez juste avant de servir.

ASTUCE Si vous n'avez pas de jus de citron, remplacez-le simplement par du vinaigre de framboise.

La recette filmée

« Je rajoute des petits dés de concombre. » Falco30

« J'ai utilisé de la roquette : un délice. » manitata

Poêlée de *poulet*, carotte et *haricots verts*

Pour 2 personnes
Proposée par Morgane_394
Facile
Bon marché

Préparation	Cuisson
15 min	**25 min**

Blanc de poulet (1) • **Carotte** (1) • **Haricots verts** (1 grosse poignée) • **Oignon** (½) • **Gingembre en poudre** (½ c. à café) • **Piment de Cayenne** • **Cumin en poudre** (¼ de c. à café) • **Sauce soja** (1 c. à soupe) • **Miel** (1 c. à café) • **Huile de tournesol** • **Sel**

1. Équeutez les haricots verts, faites-les cuire dans une casserole d'eau bouillante.

2. Coupez le blanc de poulet en lanières. Épluchez et coupez l'oignon en petites tranches.

3. Faites chauffer un peu d'huile dans une poêle. Faites-y revenir les lanières d'oignon et de poulet. Salez légèrement .

4. Épluchez la carotte, coupez-la en bâtonnets (ou râpez-la avec la partie gros trous d'une râpe).

5. Quand le poulet et l'oignon commencent à dorer, ajoutez la carotte et les haricots verts (recoupés éventuellement pour qu'ils aient la même taille que les bâtonnets de carotte).

6. Saupoudrez de gingembre, de piment de Cayenne (selon les goûts) et de cumin. Faites revenir quelques minutes. Il peut être nécessaire d'ajouter un peu d'eau si cela attache.

7. Ajoutez la sauce soja et le miel. Remuez, vérifiez l'assaisonnement, couvrez et laissez cuire encore un peu, jusqu'à ce que les carottes s'attendrissent.

ASTUCE À la place des épices en poudre, on peut utiliser du gingembre et du piment frais, à mettre dans la poêle en même temps que les carottes.

« Pour les épices, j'ai seulement mis de la citronnelle et du cumin. C'était délicieux ! » saroug

Clafoutis renversés aux *tomates* et olives noires

Pour 6 personnes
Proposés par Elodie_95
Facile
Bon marché

Préparation	Cuisson
30 min	**45 min**

Tomates cerises (500 g) • **Olives noires dénoyautées** (25) • **Ail** (2 gousses) • **Parmesan râpé** (100 g) • **Œufs** (6) • **Semoule fine** (80 g) • **Lait** (50 cl) • **Crème liquide** (25 cl) • **Beurre** (20 g) • **Sel, poivre**

1. Préchauffez le four à 180 °C (th. 6). Beurrez 6 petits moules à soufflé ou des ramequins.

2. Dans une casserole, portez à ébullition le lait avec la crème et les gousses d'ail entières préalablement pelées. Faites frémir 2 min puis laissez infuser hors du feu.

3. Lavez et coupez les tomates en deux. Étalez-en la moitié dans les moules, coupe en bas.

4. Hachez les olives et répartissez-en la moitié sur les tomates.

5. Retirez l'ail du lait puis faites-le bouillir de nouveau. Versez la semoule en pluie en remuant et laissez épaissir sans cesser de remuer.

6. Dans un bol, battez les œufs. Incorporez-les dans la semoule avec le parmesan, le reste des tomates et des olives, du sel et du poivre.

7. Répartissez la préparation dans les ramequins. Enfournez et laissez cuire 40 min.

8. Laissez tiédir 15 min puis démoulez sur les assiettes.

ASTUCE Vous pouvez ajouter des herbes de Provence ou de l'origan dans la préparation.

La recette filmée

« Une belle surprise ! Je les ai refaits en y ajoutant courgette, basilic et chorizo, le tout servi froid lors d'un pique-nique ! Super bon. » Louise_6

Truite en papillote

Pour 4 personnes
Proposée par laetitia_439
Facile
Bon marché

Préparation	Cuisson
30 min	**40 min**

Truite (600 g) • **Vin blanc** (30 cl) • **Concombre** (⅓) • **Câpres** (2 c. à soupe) • **Oignon rouge** (1) • **Courgette** (1) • **Gingembre** (1 pincée) • **Sel, poivre**

1 Préchauffez le four à 200 °C (th. 6-7). Superposez 2 feuilles de papier d'aluminium dans un plat allant au four.

2 Disposez la truite au centre puis relevez le bord des feuilles.

3 Épluchez et découpez le tiers du concombre en tout petits dés. Répartissez-les autour de la truite.

4 Épluchez et émincez l'oignon rouge très finement, et ajoutez-le dans le plat avec le poisson.

5 Épluchez la courgette et, à l'aide d'un économe, réalisez des lamelles, dans le sens de la longueur. Ajoutez-les à la préparation.

6 Ajoutez enfin le vin blanc, les câpres, du sel, du poivre et une pincée de gingembre.

7 Refermez la papillote. Enfournez et laissez cuire pendant environ 40 min.

ASTUCE Vous pouvez remplacer le vin blanc par du jus de citron.

« Excellente recette, à faire et refaire ! J'ai mis 1 c. à soupe rase de riz à la place du concombre. » Elvire59

ZOOM SUR LA *truite*

QUAND L'ACHETER ?
JANV.
FÉV.
MARS
AVRIL
MAI
JUIN
JUIL.
AOÛT
SEPT.
OCT.
NOV.
DÉC.

COMMENT LA CUISINER ? La taille de la truite détermine son mode de cuisson : aux amandes, meunière, en papillote ou au bleu pour les plus petites, braisées ou au court-bouillon pour les plus grosses.

PARTICULARITÉ La truite est un poisson d'eau douce. Sa chair, moins grasse que celle du saumon, est blanche ou rosée selon son alimentation.

BON À SAVOIR La truite dite « saumonée » est la truite élevée en mer (en Norvège notamment) et nourrie de petits crustacés. Elle se cuisine comme le saumon.

Soupe aux *cerises*

Pour 4 personnes
Facile
Moyen

Préparation	Cuisson
25 min	**40 min**

Cerises (1 kg) • **Vin rosé doux ou rouge** (10 cl) • **Cannelle** (½ bâton) • **Clous de girofle** (3) • **Cardamome** (1 gousse) • **Citron non traité** (½) • **Farine** (2 c. à soupe rases) • **Sucre** • **Guignolet ou kirsch** (1 petit verre)

1. Équeutez et dénoyautez les cerises. Conservez les noyaux.

2. Dans une casserole, versez le vin, un demi-verre d'eau, les épices et le citron préalablement coupé en tranches fines (avec sa peau). Ajoutez les noyaux de cerise et laissez cuire à petit feu pendant 20 min.

3. Filtrez la préparation, jetez les noyaux et les aromates.

4. Mélangez les cerises à la farine puis ajoutez-les dans le sirop. Sucrez selon votre goût.

5. Faites cuire de nouveau 20 min.

6. Ajoutez le guignolet ou le kirsch et gardez au frais jusqu'au moment de servir.

ASTUCE Cette soupe se congèle parfaitement bien.

« J'ai mis une boule de glace vanille au fond de coupes à glace et j'ai recouvert avec la soupe aux cerises bien fraîche. C'était délicieux. » Francoise_3520

Pêches aux épices

Pour 4 personnes
Proposées par Édith
Facile
Moyen

Préparation	Repos
30 min	**2 h**

Pêches mûres (4) • **Cannelle** (1 bâton) • **Clous de girofle** (2) • **Anis étoilés** (2) • **Vanille** (½ gousse) • **Poivre** (quelques grains) • **Sucre** (150 g)

1. Épluchez les pêches et coupez-les en deux. Enlevez les noyaux.

2. Faites bouillir 50 cl d'eau puis versez-y le sucre et les épices.

3. Faites cuire les fruits dans ce sirop 10 à 15 min environ. Retirez les pêches puis les épices avec une écumoire.

4. Laissez le sirop sur feu doux et faites-le réduire jusqu'à ce qu'il se transforme en un délicieux jus caramélisé.

5. Arrosez les pêches avec ce sirop et placez au réfrigérateur au moins 2 h avant de servir.

« J'ai ajouté une pointe de muscade et j'ai remplacé une partie du sucre par du miel. Un régal, le plat est déjà vide ! » koudpoko

« Une très bonne recette, rapide et fraîche. J'ai ajouté quelques feuilles de menthe. » Monique

Langoustines croustillantes au basilic

Pour 4 personnes
Proposées par Tiphaine
Très facile
Moyen

Préparation	Cuisson
45 min	**3 min**

Langoustines crues (16)
• **Feuilles de brick** (2)
• **Basilic** (8 belles feuilles)
• **Huile d'olive** • **Sel, poivre**

❶ Décortiquez les langoustines.

❷ Découpez les feuilles de brick en 8 morceaux chacune (comme on coupe une tarte) : on obtient 16 triangles de brick.

❸ Sur chaque triangle, disposez 1 langoustine et ½ feuille de basilic. Salez et poivrez.

❹ Roulez le tout en serrant légèrement pour former des papillotes. Transpercez chaque croustillant avec un cure-dents, pour les maintenir.

❺ Faites dorer ces papillotes sur feu vif, dans une poêle avec un peu d'huile d'olive, pendant 2 à 3 min, en les retournant souvent. Les croustillants de langoustine doivent être bien dorés.

❻ Servez avec une sauce tartare ou du pesto.

« Un vrai régal ! Une recette facile à réaliser et que l'on peut faire à l'avance. Il faut bien faire dorer pour avoir à la fois le croustillant de la feuille de brick et le fondant de la langoustine. » Sophia_2

Velouté de *pâtisson*

Pour 4 personnes
Très facile
Bon marché

Préparation	Cuisson
20 min	**20 min**

Pâtisson (1) • **Bouillon de volaille** (2 cubes) • **Lait concentré non sucré** (410 g) • **Muscade** (2 pincées) • **Persil** (5 brins) • **Basilic** (5 brins) • **Sel, poivre**

1. Lavez puis coupez le pâtisson en cubes, épluchez-les.

2. Mettez-les dans une grande casserole avec 1 l d'eau et les 2 cubes de bouillon de volaille. Salez et poivrez. Faites cuire environ 20 min : les cubes de pâtisson doivent être bien tendres.

3. Lavez et ciselez le persil et le basilic.

4. Hors du feu, ajoutez le lait concentré, la muscade, le persil et le basilic. Mixez le tout finement au mixeur plongeant.

5. Rectifiez l'assaisonnement et servez bien chaud.

ASTUCE Vous pouvez rajouter dans les assiettes quelques croûtons à l'ail et des cubes de roquefort.

« Délicieux velouté ! J'ai remplacé le lait concentré par 20 cl de lait et 20 cl de crème liquide. » July1981

« Très bonne recette, j'ai juste ajouté deux pommes de terre pour donner une texture plus veloutée à la soupe. » Flore_97

Flan de *carottes*

Pour 6 personnes
Facile
Moyen

Préparation	Cuisson
20 min	**1 h**

Carottes (3) • **Œufs** (2) • **Petits-suisses** (65 g) • **Fécule de pomme de terre** (25 g) • **Gruyère râpé** (45 g) • **Persil** (6 brins) • **Sel, poivre** • **Beurre**

1. Préchauffez le four à 190 °C (th. 6-7).

2. Épluchez et coupez les carottes en petits cubes. Faites-les cuire dans une casserole d'eau bouillante salée et poivrée : elles doivent être tendres (comptez 20 min environ).

3. Égouttez-les et réduisez-les en purée.

4. Dans un saladier, fouettez les œufs avec les petits-suisses, la fécule, le gruyère et le persil préalablement lavé et haché.

5. Mélangez la crème obtenue et la purée de carottes. Rectifiez l'assaisonnement.

6. Beurrez 6 ramequins, versez-y la préparation et faites-la cuire au four dans un bain-marie pendant 35 à 40 min. Démoulez tiède.

ASTUCE Conservez quelques dés de carottes cuits et ajoutez-les à la préparation afin d'apporter une touche croquante.

« Super, j'ai remplacé le gruyère râpé par du roquefort, tout le monde a adoré. » Alex11

Gaspacho de *melon* et *pastèque*

Pour 4 personnes
Proposé par marine_29
Très facile
Bon marché

Préparation	Repos
15 min	**2 h**

Melon bien mûr (1,5) • **Pastèque** (½) • **Fruits rouges frais**

1. Réservez ½ melon et ¼ de pastèque.

2. Enlevez la peau du melon et de la pastèque, épépinez-les puis découpez-les en morceaux grossiers.

3. Mixez la pastèque et le melon afin d'obtenir un jus clair.

4. Placez ce jus 2 h au frais.

5. Réalisez des billes de melon et de pastèque dans les fruits mis de côté.

6. Servez le gaspacho décoré de billes de melon et de fruits rouges.

ASTUCE Ajoutez quelques feuilles de menthe et laissez-les mariner dans le gaspacho plusieurs heures avant de servir.

La recette filmée

« J'ai utilisé deux melons bien mûrs pour une petite pastèque sans pépins. C'était parfait. » Magalidalbi

Tourte aux poires

Pour 6 personnes
Proposée par jennifer02
Facile
Bon marché

Préparation	Cuisson	Repos
25 min	45 min	1 h 30

Poires (750 g) • **Farine** (200 g) • **Beurre** (160 g + un peu pour le moule) • **Sucre** (80 g) • **Sucre roux** (30 g) • **Jus de citron** (2 c. à soupe) • **Maïzena** (2 c. à café) • **Piment de Cayenne** (1 pointe de couteau) • **Sucre vanillé** (½ sachet) • **Amandes effilées** (50 g) • **Sel**

1. Dans un saladier, mélangez avec les mains la farine, une pincée de sel, le sucre roux et le beurre préalablement coupé en morceaux. Incorporez 3 c. à soupe d'eau glacée et travaillez la pâte : elle doit être homogène. Formez une boule, filmez et placez 1 h au frais.

2. Beurrez un moule de 24 cm de diamètre.

3. Pelez les poires, coupez-les en quatre, ôtez le cœurs et les pépins, taillez-les en fines lamelles et arrosez-les de jus de citron.

4. Dans un saladier, mélangez la Maïzena, le sucre, le piment de Cayenne, le sucre vanillé et les amandes effilées. Ajoutez les poires et mélangez.

5. Étalez les deux tiers de la pâte sur 28 cm de diamètre, déposez ce disque dans le moule, piquez le fond avec une fourchette puis répartissez la préparation aux poires dessus.

6. Coupez le reste de pâte en morceaux et répartissez-les sur les poires. Placez 30 min au frais.

7. Préchauffez le four à 200 °C (th. 6-7).

8. Enfournez la tourte et laissez cuire 40 à 45 min.

9. Laissez refroidir dans le moule.

ASTUCE À défaut d'amandes effilées, utilisez de la poudre d'amandes dans les mêmes proportions.

La recette filmée

« *Faite et refaite en suivant la recette à la lettre, un vrai régal !* »
Marion4

Beurre de radis

Pour 4 personnes
Proposé par martine95
Très facile
Bon marché

Préparation
5 min

Beurre salé mou (100 g) • **Radis roses** (5) • **Fanes de radis** (5)

1. Mixez tous les ingrédients ensemble.

2. Tartinez ce beurre sur du pain grillé à l'apéritif.

ASTUCE Ce beurre est aussi très bon sur des pommes de terre cuites au four.

« *Je l'ai étalé sur du pain d'épices pour l'apéro, c'est excellent.* »
JACOTTE

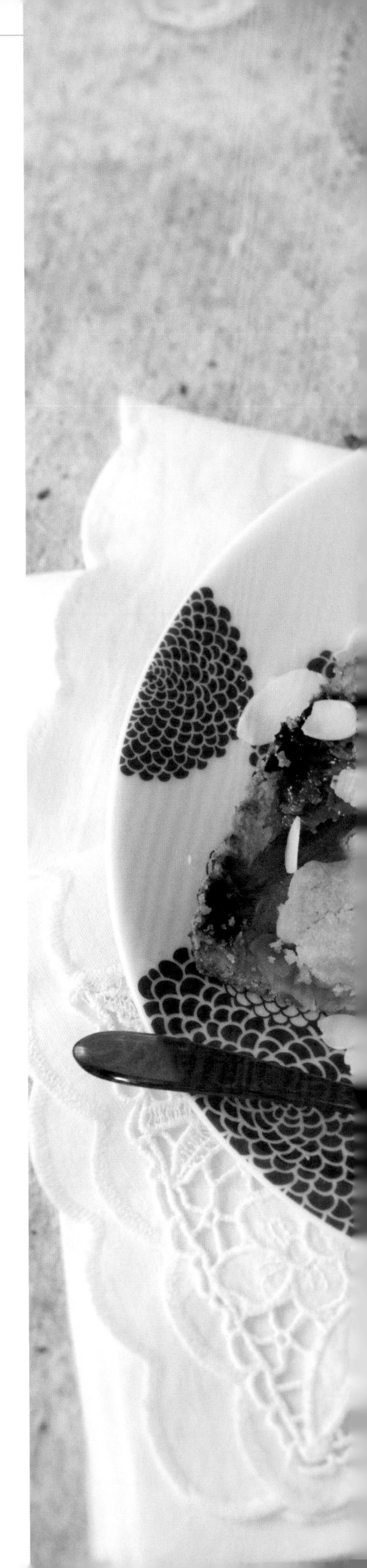

Crème de *cassis*

Pour 2 personnes
Moyennement facile
Bon marché

Préparation	Cuisson	Repos
40 min	**30 min**	**2 jours**

Cassis (1 kg) • **Sucre** (1 kg) • **Vin rouge de Bourgogne type côte-de-beaune** (75 cl) • **Feuilles de cassis** (1 poignée)

1. Lavez puis déposez dans une terrine les feuilles et les fruits non égrainés. Écrasez les fruits à la main en les mélangeant avec les feuilles.

2. Ajoutez le sucre et le vin rouge puis mélangez le tout. Laissez macérer pendant 2 jours au réfrigérateur.

3. Versez le tout dans une bassine ou une cocotte puis laissez cuire jusqu'aux premiers bouillons.

4. Filtrez à travers un linge et mettez en bouteille.

5. Bouchez et conservez dans un endroit frais à l'abri de la lumière.

« Comme je n'ai pas de cave, je la conserve au réfrigérateur. Elle se bonifie avec le temps. »
Birgit58

« Un régal pour tous. Idéale pour faire des kirs qui ne sont pas trop alcoolisés. J'ai juste filtré avant de cuire de manière à faciliter le remplissage. »
Arlette_297

Septembre

En septembre, on a plein de choses
à célébrer ! 1/ Les fruits et légumes d'été sont encore là
pour nous régaler ; 2/ les champignons sauvages ne vont
tarder à pointer le bout de leurs chapeaux. En attendant,
on profite des derniers vrais beaux jours pour manger
en terrasse, pique-niquer, s'évader !

C'est le bon moment pour cuisiner...

Légumes • *aubergine, cèpe, pied-de-mouton, potiron, radis noir, tomate*

Fruits • *airelle, châtaigne, figue, mirabelle, myrtille, noisette, noix, poire, pomme, prune, raisin, reine-claude*

Viandes • *caille, lapin, poulet*

Poissons • *rouget barbet, saint-pierre, sole*

Coquillages, crustacés et mollusques • *bigorneau, écrevisse, langouste, moule, seiche*

Fromage • *cantal*

Et aussi...

Légumes • artichaut, avocat, betterave, bolet, carotte, céleri, chou de Bruxelles, chou-fleur, chou rouge, ciboulette, concombre, courge, courgette, cresson, épinard, fenouil, girolle, haricot vert, laitue, lentille, maïs, oignon, pâtisson, persil, poireau, poivron, pomme de terre, radis, roquette, salsifis • ***Fruits*** • citron, fraise, framboise, melon, mûre, nectarine, quetsche • ***Viandes*** • canard, faisan, perdrix, pigeon, porc, poule • ***Poissons*** • anchois, anchois de Méditerranée, bar de ligne, cabillaud, carpe, daurade royale, dorade, dorade grise, églefin, espadon, hareng, lieu jaune, lieu noir, maquereau, merlan, perche, rouget de roche, rouget-grondin, sardine, saumon, tacaud, thon • ***Coquillages, crustacés et mollusques*** • calamar, coque, crevette rose, crevette grise, gamba, homard, poulpe, tourteau • ***Fromages*** • abondance, bleu d'Auvergne, bleu de Bresse, bleu des Causses, brie de Meaux, brie de Melun, brillat-savarin, cabécou, cancoillotte, chaource, comté, crottin de Chavignol, emmental, époisses, fourme d'Ambert, gruyère, laguiole, livarot, mimolette, morbier, munster, ossau-iraty, parmesan, pont-l'évêque, pouligny-saint-pierre, reblochon, rocamadour, roquefort, saint-félicien, saint-nectaire, salers, tomme de Savoie, vieux-Lille.

Radis noir à la mousse de thon

Pour 4-6 personnes
Proposé par aurelie_266
Très facile
Bon marché

Préparation
10 min

Thon au naturel (1 boîte) • **Crème fraîche épaisse** (4 c. à soupe) • **Huile d'olive** (1 c. à soupe) • **Citron** (½) • **Radis noir** (1) • **Sel, poivre**

❶ Dans le bol d'un mixeur, mettez le thon préalablement égoutté, la crème fraîche, l'huile d'olive, le jus du demi-citron, du sel et du poivre. Mixez jusqu'à l'obtention d'une crème. Rectifiez l'assaisonnement si besoin.

❷ Épluchez et coupez le radis noir en rondelles de 0,5 cm d'épaisseur.

❸ Étalez de la mousse de thon sur les tranches de radis et servez.

ASTUCE Ajoutez un peu de crème fraîche si la mousse vous semble trop compacte.

« Question présentation, j'ai fait des formes avec des emporte-pièce et utilisé une douille pour déposer la mousse sur les tranches de radis noir. C'était très joli et succulent. » Camille_1281

Crostinis à la tomate

Pour 6 personnes
Très facile
Bon marché

Préparation **30 min** | Repos **15 min**

Pain (1 baguette fraîche) • **Tomates** (8) • **Ail** (3 gousses) • **Basilic** (½ bouquet) • **Fleur de sel** • **Huile d'olive** (4 c. à soupe)

❶ Incisez le dessus de chaque tomate en croix avec un couteau. Plongez-les 30 s dans une casserole d'eau bouillante puis égouttez-les. Retirez la peau.

❷ Coupez les tomates en deux, retirez le cœur puis coupez la chair en petits dés. Mettez-les dans un saladier.

❸ Épluchez 2 gousses d'ail, coupez-les en deux, retirez le germe puis hachez-les. Ajoutez-les aux tomates.

❹ Lavez et séchez les feuilles de basilic. Hachez-les très finement (gardez-en quelques-unes pour la décoration) et ajoutez-les aux tomates.

❺ Ajoutez l'huile d'olive, mélangez délicatement et laissez mariner 15 min.

❻ Coupez la baguette en tranches fines (droites ou en biseau).

❼ Épluchez la gousse d'ail restante, coupez-la en deux, ôtez le germe et frottez les demi-gousses sur les tranches de baguette.

❽ Déposez un peu de tomates marinées sur chaque tranche de baguette, ajoutez quelques grains de fleur de sel et une feuille de basilic.

ASTUCE Faites légèrement griller les tranches de pain aillées avant de les garnir.

Sole à l'indienne

« J'ai adoré. La sauce fraîche réveille les papilles et rend ce plat léger. Un milliard de saveurs en bouche... Bravo, à refaire pour des invités... » fragoling

Pour 4 personnes
Proposée par jenny
Facile
Moyen

Préparation	Cuisson
15 min	10 min

Filets de sole (8) • **Tomate** (1) • **Oignon frais** (1) • **Ail** (1 gousse) • **Yaourt** (1,5) • **Gingembre en poudre** (1 c. à café) • **Cumin** (½ c. à café) • **Sucre** (1 pincée) • **Tabasco** (4 gouttes) • **Sel, poivre**

1. Ébouillantez la tomate 30 s dans une casserole d'eau, égouttez-la et pelez-la. Coupez-la en deux, puis retirez les graines.

2. Épluchez l'oignon et l'ail et coupez-les en morceaux.

3. Dans le bol d'un mixeur, réunissez la tomate, l'oignon et l'ail. Mixez pour lisser le mélange.

4. Incorporez ensuite le yaourt, les épices, le sucre et le Tabasco. Poivrez et salez.

5. Placez la sauce au réfrigérateur.

6. Pendant ce temps, faites cuire les filets de sole à la vapeur une dizaine de minutes.

7. Servez les filets nappés de sauce bien fraîche.

ASTUCE Servez ce plat avec une fondue de poireaux et du riz.

« *Délicieux. J'ai fait chauffer la sauce à la poêle avec le poisson, un régal.* » Isabelle_769

Tarte aux *prunes*

Pour 4-6 personnes
Très facile
Bon marché

Préparation **15 min** | Cuisson **50 min**

Pâte brisée (1 rouleau) • **Prunes jaunes** (1 kg) • **Sucre** (100 g) • **Farine** (2 c. à soupe) • **Œufs** (3) • **Crème fraîche** (20 cl) • **Beurre**

1. Préchauffez le four à 180 °C (th. 6).

2. Disposez la pâte brisée dans un moule à tarte préalablement beurré et piquez le fond avec une fourchette.

3. Lavez et coupez les prunes en deux. Répartissez-les sur le fond de tarte, côté peau sur la pâte.

4. Dans un bol, battez les œufs avec le sucre, la farine et la crème fraîche.

5. Versez le mélange sur les prunes et enfournez pour 50 min environ.

ASTUCE Saupoudrez le fond de tarte de poudre d'amandes afin d'éviter que la pâte soit détrempée par le jus des prunes à la cuisson.

La recette filmée

« Très bonne recette. J'ai précuit les prunes 3 minutes au micro-ondes et cuit la tarte environ 40 minutes, et c'était très bien. » Misstinguette

« J'ai mis un sachet de sucre vanillé dans la crème et la tarte était excellente. » Cece077

ZOOM SUR LA *prune*

QUAND L'ACHETER ?
JANV.
FÉV.
MARS
AVRIL
MAI
JUIN
JUIL.
AOÛT
SEPT.
OCT.
NOV.
DÉC.

COMMENT LA CHOISIR ? Sa peau doit être bien lisse.

COMMENT LA CONSERVER ? Quelques jours au réfrigérateur, dans le bac à légumes, ou au congélateur, coupée en deux et dénoyautée.

COMMENT LA CUISINER ? Sa chair est juteuse, sucrée et rafraîchissante. Elle constitue ainsi un excellent fruit de table. Mais elle fait aussi merveille dans des tartes, clafoutis, confitures...

BON À SAVOIR Ce terme désigne aussi toutes les autres variétés de prune (reine-claude, mirabelle, quetsche).

Poulet aux *écrevisses*

Pour 6 personnes
Proposé par oscar
Moyennement facile
Moyen

Préparation	Cuisson
40 min	**1 h 15**

Poulet (1,5 à 2 kg) • **Écrevisses** (24) **Carottes** (100 g) • **Oignons** (100 g) **Échalotes** (50 g) • **Tomates** (300 g) **Huile** (5 cl) • **Beurre** (100 g) • **Crème fraîche** (10 cl) • **Cognac** (10 cl) • **Vin blanc sec** (50 cl) • **Concentré de tomates** (1 c. à soupe) • **Ail** (4 gousses) • **Bouquets garnis** (2) • **Estragon** (1 branche) • **Farine** (100 g) • **Poireau** (1) • **Céleri** (1 branche) • **Persil** • **Sel, poivre**

1. Lavez et épluchez les carottes. Épluchez et émincez les oignons et les échalotes.

2. Préparez les écrevisses : sans les décortiquer, retirez le boyau noir, sur la partie dorsale, qui risquerait de donner de l'amertume.

3. Dans une sauteuse, faites revenir vivement les écrevisses dans un filet d'huile. Ajoutez 50 g de carottes, 50 g d'oignons et 50 g d'échalotes. Flambez avec 5 cl de cognac, ajoutez 40 cl de vin blanc, l'estragon, les tomates coupées en quatre, le concentré de tomates, 1 bouquet garni, 2 gousses d'ail préalablement épluchées, du sel et du poivre. Laissez cuire 10 min à feu vif.

4. À la fin de la cuisson, retirez les écrevisses et mettez de côté le jus de cuisson.

5. Préchauffez le four à 180 °C (th. 6).

6. Préparez la volaille : coupez le poulet en morceaux.

7. Avec les abats et la carcasse, préparez un bouillon : placez-les dans une marmite avec le poireau, 50 g de carottes, 50 g d'oignons, 2 gousses d'ail, le céleri et 1 bouquet garni. Couvrez d'eau et laissez cuire 45 min pour obtenir 75 cl de bouillon.

8. Farinez les morceaux de poulet, faites-les revenir avec 50 g de beurre dans une cocotte puis enfournez 20 ou 30 min.

9. À la fin de la cuisson du poulet, retirez les morceaux, enlevez la graisse, ajoutez 5 cl de cognac et 10 cl de vin blanc, laissez réduire sur feu moyen.

10. Ajoutez le jus de cuisson des écrevisses et le bouillon, laissez bouillir. Mélangez le reste du beurre froid avec 50 g de farine puis incorporez-le dans la sauce petit à petit, de manière à la lier.

11. Ajoutez la crème fraîche puis laissez de nouveau bouillir quelques minutes.

12. Dans un plat creux, disposez les morceaux de poulet et les écrevisses, nappez de sauce, puis saupoudrez de persil et d'estragon hachés si vous le souhaitez.

« Ce plat est délicieux ! Un peu long à faire mais cela en vaut la peine. » **florianne**

Perdrix aux *cèpes* et au muscat

Pour 4 personnes
Proposées par CRIVERVAL
Facile
Assez cher

Préparation	Cuisson
30 min	**40 min**

Perdrix (4) • **Lard fumé** (8 fines tranches) • **Raisin muscat** (1 grappe) • **Cèpes ou champignons des bois** (150 g) • **Pommes de terre** (8) • **Ail** (2 gousses) • **Échalotes grises** (2) • **Oignon** (1) • **Truffe** (1, facultatif) • **Cognac** (5 cl) • **Muscat ou vin blanc** (30 cl) • **Beurre** (50 g) • **Thym** • **Huile d'olive** • **Sel, poivre**

1. Épluchez et émincez les échalotes et l'oignon. Nettoyez les champignons. Épluchez les pommes de terre et coupez-les en morceaux.

2. Fendez les perdrix en deux, retirez l'os du coffre, disposez au milieu 3 grains de muscat, du sel, du poivre et une branche de thym. Ficelez les oiseaux avec 2 ou 3 tranches de lard fumé.

3. Dans une cocotte, faites fondre le beurre, dorez-y les perdrix sur toutes les faces.

4. Versez le cognac et flambez.

5. Ajoutez les échalotes et l'oignon puis retirez du feu.

6. Faites revenir les champignons dans une poêle dans 1 c. à soupe d'huile.

7. Remettez la cocotte sur le feu avec les pommes de terre, le reste du raisin et les champignons. Mouillez avec le vin et ajoutez les gousses d'ail entières et non épluchées. Couvrez et laissez mijoter 30 min.

8. Au moment de servir, disposez éventuellement quelques morceaux de truffe par-dessus.

ASTUCE S'il manque du jus, rajoutez 10 cl de vin blanc pendant la cuisson.

« J'ai ajouté à l'intérieur de chaque perdrix des petits dés de lard fumé. À faire et à refaire. » Michele_1014

ZOOM SUR LE *cèpe*

QUAND L'ACHETER ?

JAN.	FÉV.	MARS	AVRIL
MAI	JUIN	JUIL.	AOÛT
SEPT.	**OCT.**	**NOV.**	DÉC.

PARTICULARITÉS On distingue de nombreuses variétés de cèpe mais on en consomme communément quatre. Le cèpe de Bordeaux a un corps blanc assez épais, son chapeau est brun. Le cèpe bronzé a un chapeau noir et une saveur plus musquée. Le cèpe des pins possède un parfum intense et un chapeau acajou. Enfin, le cèpe d'été (le moins parfumé) a un chapeau de couleur fauve, mesurant jusqu'à 20 cm de diamètre.

COMMENT LE CUISINER ? Frais ou séché (il faut alors le réhydrater), il se cuisine en omelette, en fricassée, en poêlée...

« Parfait ! Les saveurs sont subtiles et bien équilibrées. Servies après une salade de lentilles et avant un soufflé glacé au Grand Marnier. » Emilie_29

Cuisson des *bigorneaux*

Proposée par Rogerlouis

Très facile

Bon marché

Préparation	Cuisson
10 min	**15 min**

Bigorneaux • Sel, poivre

❶ Lavez deux fois les bigorneaux dans de l'eau froide. Si vous les avez pêchés vous-même, faites-les dégorger dans de l'eau salée (30 g par litre d'eau) pendant 24 h.

❷ Couvrez les bigorneaux d'eau froide additionnée de 30 g de sel par litre et d'au moins 1 c. à café de poivre par litre d'eau.

❸ Mettez sur le feu et, dès le début de l'ébullition, éteignez et laissez reposer 5 min.

❹ Égouttez les bigorneaux puis servez-les.

« Super délicieux ! J'ajoute une petite noix de beurre à la cuisson : le bigorneau sort ainsi plus facilement de sa coquille et surtout en entier. » **Causio29**

« 5/5 ! Personnellement, je les laisse refroidir et je les saupoudre de sel fin et de poivre. C'est encore meilleur. » **oeufmollet**

« Je retrouve (enfin) le goût de mon enfance, les mêmes que ceux préparés par mon grand-père (breton, bien sûr) !... Mille mercis. » **Manoudoc**

Filets de saint-pierre à la crème

Pour 2 personnes
Proposés par Severine_182
Très facile
Moyen

Préparation	Cuisson
5 min	10 min

Filets de saint-pierre (2) • **Crème fraîche** (20 cl) • **Champignons de Paris** (1 petite boîte) • **Muscade** • **Beurre** • **Sel, poivre**

1. Égouttez et émincez les champignons.

2. Dans une poêle à feu doux, faites cuire les filets de saint-pierre, dans une noix de beurre.

3. Quand ils sont cuits, ajoutez la crème fraîche puis les champignons émincés. Salez et poivrez, puis ajoutez un peu de noix de muscade.

4. Servez aussitôt.

ASTUCE À déguster avec une bonne purée de pommes de terre maison.

« Hyper simple, hyper délicieux, hyper facile. Merci. » Simonne_5

« J'ai accompagné les filets de saint-pierre avec des girolles. Très bon ! » sarah_69

ZOOM SUR LE saint-pierre

QUAND L'ACHETER ?

JAN.	FÉV.	MARS	**AVRIL**
MAI	**JUIN**	**JUIL.**	**AOÛT**
SEPT.	**OCT.**	NOV.	DÉC.

COMMENT LE CHOISIR ? Il est reconnaissable à la tache noire sur chacun de ses flancs. Il faut s'assurer que sa peau est brillante, bien tendue au toucher. Sa chair doit être à la fois ferme et élastique. On le trouve entier ou en filets (privilégiez les filets bien épais).

COMMENT LE CUISINER ? Sa chair maigre, fine et ferme apprécie les cuissons rapides et simples.

BON À SAVOIR Pour protéger sa chair, il est préférable de le cuire avec sa peau.

Pain d'épices aux *noix* et aux fruits confits

Pour 4 personnes
Proposé par Jeremy_67
Facile
Moyen

Préparation	Cuisson	Repos
35 min	**50 min**	**1 h + 12 h**

Farine de sarrasin (125 g) • **Miel d'acacia** (200 g) • **Quatre-épices** (1 grosse c. à café) • **Cerneaux de noix** (50 à 60 g) • **Fruits confits** (60 à 70 g) • **Extrait de vanille liquide** (1 c. à soupe) • **Farine** (125 g) • **Sucre** (100 g) • **Levure chimique** (1 sachet) • **Sel** (1 pincée) • **Jaune d'œuf** (1) • **Lait** (20 cl)

1. Préchauffez le four à 175 °C (th. 5-6).

2. Coupez les fruits confits en petits morceaux.

3. Concassez grossièrement les noix.

4. Dans un saladier, mélangez les farines, le quatre-épices, le sel, la levure, les noix, les fruits confits et l'extrait de vanille.

5. Dans une casserole, mélangez le miel, le sucre et le lait. Faites tiédir pour obtenir un mélange homogène.

6. Ajoutez le jaune d'œuf au mélange de farines puis versez le mélange lait-miel-sucre.

7. Mélangez bien puis laissez reposer 1 h minimum, en remuant de temps à autre.

8. Remuez une dernière fois, pour chasser l'air de la pâte, et versez dans un moule à cake préalablement recouvert de papier sulfurisé.

9. Enfournez 50 min. Vérifiez la cuisson à l'aide d'un couteau (la lame doit ressortir sèche).

10. Dès la sortie du four, emballez tout de suite le pain d'épices dans du film alimentaire.

11. Patientez jusqu'au lendemain pour le déguster.

ASTUCE Vous pouvez remplacer le quatre-épices par un mélange spécial pain d'épices.

« Je le refais souvent. Je remplace le quatre-épices par un mélange cannelle, anis étoilé et cardamome. Toujours délicieux et facile. »
Jacqueline_423

« Je rajoute des pistaches sur le cake. Un délice ! » Caro_879

L'INCONTOURNABLE DU MOIS

La soupe automnale

Soupe *potiron* noisettes

Pour 4 personnes
Proposée par aurore_402
Très facile
Bon marché

Préparation **10 min** | Cuisson **30 min**

Potiron (500 g) • **Noisettes** (80 g) • **Bouillon de poule** (120 cl) • **Beurre** (50 g) • **Oignons** (2) • **Crème fraîche** • **Sel, poivre**

1. Épluchez et coupez le potiron en gros morceaux. Épluchez et émincez les oignons. Concassez les noisettes.

2. Faites fondre le beurre dans une casserole puis faites-y revenir les oignons et le potiron.

3. Lorsque les oignons commencent à dorer, ajoutez les noisettes, mélangez bien puis versez le bouillon. Couvrez et laissez cuire à feu moyen pendant 20 min.

4. Mixez le tout et ajoutez un trait de crème fraîche. Salez et poivrez.

5. Accompagnez éventuellement de croûtons de pain.

ASTUCE Ajoutez une poignée de champignons sauvages (cèpes ou bolets).

« Je n'avais pas assez de noisettes alors j'ai fait moitié noisettes moitié amandes. J'ai aussi ajouté un peu de paprika... Délicieux ! » **babydaily**

« Très bonne idée ! Pour ma part, j'ai rajouté de l'ail et j'ai laissé les noisettes finement concassées. Ne pas hésiter à saler. » **thepoupy**

Pommes au four

Pour 4 personnes
Proposées par Celine_145
Très facile
Bon marché

Préparation	Cuisson
5 min	**30 min**

Pommes (4 grosses, type reinette) • **Sucre** (50 g) • **Amandes effilées** (50 g)

❶ Préchauffez le four à 180 °C (th. 6).

❷ Lavez les pommes et essuyez-les bien.

❸ Placez-les entières dans un plat allant au four puis piquez-les avec une fourchette (3 ou 4 fois). Saupoudrez-les de sucre.

❹ Versez un verre d'eau au fond du plat. Enfournez et laissez cuire 25 min.

❺ Parsemez les amandes effilées sur les pommes et laissez cuire encore 5 min.

❻ Servez ces pommes bien chaudes.

ASTUCE Pour des pommes bien dorées, déposez une noisette de beurre sur le dessus de chacune.

« Je creuse la pomme, je la remplis avec de la confiture et du beurre et la pose sur une tranche de bon pain avant de l'enfourner. Un vrai régal car le pain caramélise. » **Celouw**

Rougets à la provençale

Pour 5 personnes
Facile
Moyen

Préparation	Cuisson
25 min	**1 h**

Rougets barbet (5) • **Tomates** (600 g) • **Olives noires** (100 g) • **Ail** (4 gousses) • **Oignons** (3) • **Basilic** (1 bouquet) • **Huile d'olive** • **Sel, poivre**

❶ Épluchez et émincez l'ail et les oignons. Épluchez et épépinez les tomates.

❷ Faites revenir les oignons dans une poêle avec de l'huile d'olive. Ajoutez l'ail et les tomates. Laissez revenir quelques minutes en mélangeant.

❸ Salez et poivrez. Ajoutez les olives et les feuilles de basilic préalablement lavées et hachées. Laissez mijoter à feu doux pendant 40 min, jusqu'à l'obtention d'un coulis.

❹ Lavez et videz les poissons. Préchauffez le four à 210 °C (th. 7).

❺ Versez la sauce dans une terrine et disposez les poissons huilés et assaisonnés dessus.

❻ Enfournez 15 min.

ASTUCE Pour gagner du temps, faites préparer les poissons par votre poissonnier.

« Très bon, même avec des tomates en conserve. J'ai ajouté un bouchon de pastis pour relever le tout et donner un petit goût anisé. » **Sarah_236**

ZOOM SUR LA *châtaigne*

QUAND L'ACHETER ?

JANV.
FÉV.
MARS
AVRIL
MAI
JUIN
JUIL.
AOÛT
SEPT.
OCT.
NOV.
DÉC.

COMMENT LA CHOISIR ?
Fruit du châtaignier, à ne pas la confondre avec le marron d'Inde, fruit du marronnier. Pour cela, ouvrez la bogue : celle du marron contient un seul fruit, tandis que celle de la châtaigne en contient plusieurs.

COMMENT LA CONSERVER ?
Fraîche, elle doit être conservée au réfrigérateur.

COMMENT LA CUISINER ?
Cuite à l'eau, braisée ou confite. Elle se fait griller à la poêle ou au feu de bois.

Confiture de *châtaignes*

Pour 6 pots
Proposée par colette_25
Facile
Bon marché

Préparation	Cuisson	Repos
1 h	**50 min**	**1 nuit**

Châtaignes (1 kg) • **Sucre** (750 g + 4 morceaux) • **Sucre vanillé** (1 sachet) • **Rhum** (1 c. à soupe) • **Figue** (1 feuille)

1. Mettez les châtaignes à tremper la veille dans un grand saladier d'eau.

2. Le lendemain, faites cuire dans un autocuiseur les châtaignes 30 min, à l'eau, avec une pincée de sel, une feuille de figue et 4 morceaux de sucre.

3. Lorsque les châtaignes sont cuites, laissez-les dans l'eau chaude et épluchez-les.

4. Mixez-les à l'aide d'un robot.

5. Dans une grande casserole, faites un sirop avec 3 verres d'eau et le sucre, laissez bouillir quelques minutes jusqu'à ce que le mélange devienne sirupeux.

6. Hors du feu, ajoutez la purée et remuez jusqu'à ce qu'il ne reste plus de grumeaux.

7. Remettez à cuire en ajoutant le sucre vanillé et le rhum. Faites cuire à feu doux 20 min. Lorsque la pâte est brillante, la confiture est prête.

8. Mettez en pots stérilisés.

ASTUCE Pour éplucher les châtaignes sans vous brûler, sortez-les de l'eau par 6 ou 7 à l'aide d'une écumoire et déposez-les dans une assiette.

Préparer des châtaignes

« J'ai ajouté 1 petite c. à café de cannelle, ce qui a donné un goût vraiment extra à la confiture ! » Isabelle_351

« J'ai laissé quelques morceaux qui ont confit avec le sirop. Assez long mais facile et délicieux avec des crêpes ! » sandykilo

Seiche au safran

Pour 4 personnes
Facile
Moyen

Préparation	Cuisson
20 min	**15 min**

Blanc de seiche (1,2 à 1,5 kg) • **Crème fraîche** (50 cl) • **Ail** (3 gousses) • **Safran** (8 petites pincées) • **Cognac** • **Beurre ou huile** • **Sel, poivre**

1. Nettoyez les blancs de seiche. Coupez-les en morceaux.
2. Épluchez et hachez l'ail. Faites-le revenir dans une sauteuse, avec un peu de beurre ou d'huile.
3. Ajoutez les morceaux de seiche, salez, poivrez, et laissez cuire un peu, de façon à ce que la seiche rende son eau.
4. Flambez au cognac.
5. Ajoutez le safran et la crème fraîche, mélangez bien.
6. Laissez cuire environ 30 min : il faut que la sauce épaississe un peu. Servez avec du riz.

« Tout simplement super ! N'ayant pas de crème fraîche, j'ai mis un pot de mascarpone, c'était délicieux. » Lamur

« Simplement délicieux... Petit conseil : faites précuire la seiche au court-bouillon pour qu'elle soit plus tendre ! » Suzel

Tarte au cantal

Pour 8 personnes
Très facile
Moyen

Préparation	Cuisson
20 min	**20 min**

Pâte brisée (1 rouleau) • **Tomates fermes** (4-5) • **Cantal jeune** (200 g) • **Moutarde forte** (2 c. à soupe) • **Huile d'olive** (1-2 c. à soupe) • **Herbes de Provence** • **Sauge en poudre** • **Poivre** • **Beurre**

1. Préchauffez le four à 210 °C (th. 7).
2. Déposez la pâte dans un moule à tarte préalablement beurré. Piquez-la avec une fourchette puis badigeonnez le fond de moutarde.
3. Coupez le cantal en fines tranches (ou râpez-le) et répartissez-le uniformément sur toute la surface de la tarte.
4. Lavez et coupez les tomates en fines rondelles puis rangez-les harmonieusement sur le cantal.
5. Saupoudrez d'herbes de Provence, de sauge et de poivre (surtout ne salez pas : le cantal l'est déjà !) puis arrosez d'huile d'olive.
6. Enfournez et laissez cuire 20 min.

ASTUCE Pour éviter que la pâte soit trop humide, retirez les pépins des tranches de tomate.

« À la place d'une grande tarte, j'ai fait des tartelettes avec des tomates cerises. À essayer, c'est un régal. » Theesound

Cailles aux raisins

Pour 2 personnes
Très facile
Moyen

Préparation	Cuisson	Repos
5 min	25 min	12 h

Cailles (2) • **Raisins au naturel** (1 boîte) • **Sucre** (1 c. à soupe) • **Liqueur de cognac** (2 verres) • **Crème fraîche** (20 cl) • **Beurre** • **Sel, poivre**

1. Faites mariner les raisins, leur jus et le sucre dans un bol avec le cognac, une nuit près d'une source de chaleur.

2. Le lendemain, faites rôtir les cailles dans un faitout beurré. Salez et poivrez.

3. Ajoutez un peu du jus des raisins et couvrez. Laissez cuire 25 min.

4. Ajoutez la crème et les raisins et laissez réduire quelques instants.

5. Servez avec des croquettes de pomme de terre ou de la purée.

ASTUCE Vous pouvez remplacer les raisins au naturel par des raisins secs ; dans ce cas, faites-les macérer 30 min dans du cognac.

« J'ai fait cette recette avec du raisin blanc en grappe et j'ai remplacé le jus des conserves par un peu d'eau. C'est très simple et rapide à réaliser pour beaucoup d'effet ! » **4zkwar7**

« Avec un oignon en plus et de l'ail pour la cuisson des cailles, c'est excellent. Servez-les avec des pommes dauphines ! » **Cat463**

ZOOM SUR LE raisin

QUAND L'ACHETER ?

JAN.	FÉV.	MARS	AVRIL
MAI	JUIN	JUIL.	**AOÛT**
SEPT.	**OCT.**	NOV.	DÉC.

BON À SAVOIR Fruit surtout destiné à la fabrication du vin, le raisin a d'abord été cultivé dans des vignes, puis sélectionné au fil des siècles pour passer directement à la table. Énergétique car riche en sucres rapides, le raisin est aussi désaltérant car gorgé d'eau.

COMMENT LE CUISINER ? Le goût acidulé et sucré du raisin permet de le marier tout autant aux plats sucrés qu'aux plats salés. S'il est utilisé frais, il est préférable de retirer les pépins (en filtrant la préparation par exemple). Selon la recette, les raisins secs peuvent être réhydratés avant utilisation dans de l'eau tiède, du thé noir, du rhum, etc.

Lapin à la moutarde maison

Pour 6 personnes
Facile
Moyen

Préparation	Cuisson
30 min	**1 h 20**

Lapin (1) • **Vin blanc sec** (55 cl) • **Moutarde à l'ancienne** (2 c. à soupe) • **Moutarde de Dijon** (1-2 c. à soupe) • **Crème fraîche** (20 cl) • **Carotte** (1) • **Ail** (2 gousses) • **Échalotes ou oignons** (5) • **Laurier** (3 feuilles) • **Thym** (1 branche) • **Huile d'olive** • **Persil** • **Sel, poivre**

1. Coupez le lapin en morceaux et badigeonnez-les légèrement de moutarde à l'ancienne.
2. Dans une poêle, faites revenir les morceaux dans un peu d'huile d'olive.
3. Pendant ce temps, dans une sauteuse, portez à ébullition le vin blanc avec l'ail préalablement pelé et coupé en petits morceaux, le laurier, le thym et la carotte épluchée et coupée en rondelles.
4. Retirez les morceaux de lapin. Ajoutez un peu d'huile dans la poêle et faites dorer les échalotes préalablement épluchées et coupées en rondelles. Ajoutez le lapin et le vin blanc chaud. Salez, poivrez et laissez cuire à feu doux pendant 1 h.
5. Dans un bol, mélangez la crème, du persil haché et 1 ou 2 c. à soupe de moutarde.
6. En fin de cuisson, placez les morceaux de lapin sur un plat et parsemez de persil haché.
7. Filtrez le jus de cuisson (facultatif) et incorporez la crème à la moutarde. Faites chauffer 1 min sans faire bouillir puis nappez les morceaux de lapin de cette sauce.

« Le lapin est savoureux à souhait. J'ai juste ajouté un peu de Maïzena pour épaissir la sauce, question de goût. Merci. » **Cocilu.**

« J'ajoute des champignons de Paris 15 minutes avant la fin de la cuisson et je sers avec des tagliatelles fraîches au basilic. » **campodiscoba**

Clafoutis aux *reines-claudes*

Pour 6 personnes
Proposé par veronique_3111
Très facile
Bon marché

Préparation **20 min** | Cuisson **40 min**

Reines-claudes (600 g) • **Œufs** (3) • **Sucre** (110 g + 1 c. à soupe) • **Farine** (110 g) • **Lait** (35 cl) • **Crème liquide semi-épaisse** (1 c. à soupe) • **Beurre** (30 g + un peu pour le moule)

1 Préchauffez le four à 200 °C (th. 6-7).

2 Dans un saladier, battez les œufs avec le sucre. Ajoutez la farine petit à petit.

3 Incorporez le lait et la crème ainsi que le beurre préalablement fondu.

4 Lavez les prunes, coupez-les en deux et enlevez le noyau.

5 Disposez les prunes, côté bombé au-dessus, dans un plat beurré. Nappez avec la préparation.

6 Enfournez et laissez cuire 40 min : le dessus doit être un peu doré.

7 À la sortie du four, saupoudrez de sucre et laissez refroidir.

Faire un clafoutis

« J'ai seulement ajouté une gousse de vanille dans la pâte. C'était mon premier clafoutis et il était délicieux. » **Lesptitesrecettesdelo**

Sauce aux *airelles*

Pour 4 personnes
Proposée par Laurence_770
Très facile
Moyen

Préparation **30 min** | Cuisson **30 min**

Airelles (250 g) • **Échalotes** (2) • **Sucre roux** (150 g) • **Porto** (10 cl) • **Beurre** (50 g) • **Huile d'olive** • **Sel, poivre**

1 Épluchez et hachez finement les échalotes.

2 Dans une casserole, faites-les revenir à feu doux dans de l'huile d'olive avec les airelles.

3 Ajoutez le sucre et un verre d'eau, mélangez puis laissez réduire toujours à feu doux.

4 Quand le mélange devient sirupeux, ajoutez le porto, salez, poivrez et laissez épaissir 5-10 min.

5 Ajoutez le beurre, retirez du feu et fouettez vivement.

ASTUCE Si vous utilisez des airelles en pot, remplacez le verre d'eau par leur jus.

« Avec du vin rouge à la place du porto, c'était très bien aussi. » **Mlantin**

« Excellent, je n'avais pas de porto, j'ai donc mis du marsala et je l'ai servie avec un petit pavé de biche. » **Berrichon**

Langoustes grillées

Pour 6 personnes
Facile
Assez cher

Préparation	Cuisson
15 min	**25 min**

Langoustes (3) • **Jaunes d'œufs** (5) • **Beurre** (200 g) • **Crème fraîche** (15 cl) • **Citron** (1) • **Sel, poivre**

1. Préchauffez le gril du four.

2. Coupez chaque langouste en deux. Placez-les sur la plaque du four et faites-les griller 25 min.

3. Dans un bol, fouettez les jaunes d'œufs avec le jus du citron, du sel et du poivre.

4. Faites chauffer cette sauce dans une casserole au bain-marie et laissez épaissir sur feu doux sans cesser de remuer.

5. Incorporez-y le beurre morceau par morceau, puis la crème, toujours en fouettant.

6. Servez la sauce en même temps que les langoustes.

ASTUCE Si vous achetez des langoustes fraîches, n'oubliez pas de les ébouillanter rapidement avant de les couper en deux.

« Très bonne recette, facile à faire, que je referai avec plaisir. » Claudette_171

Cuisiner la langouste

Figues rôties à la vanille

Pour 6 personnes
Facile
Bon marché

Préparation	Cuisson
15 min	**15 min**

Figues (16) • **Vanille** (2 gousses) • **Sucre** (100 g) • **Beurre** (100 g)

1. Lavez les figues. Fendez-les en quatre jusqu'à la moitié de leur hauteur.

2. Préchauffez le four à 180 °C (th. 6).

3. Placez les figues dans un plat en terre. Déposez une petite noix de beurre et une pincée de sucre au centre de chacune.

4. Fendez les gousses de vanille en deux. Coupez-les en 16 morceaux et plantez-en un morceau dans chacune des figues.

5. Enfournez et laissez cuire 10 à 15 min. Retirez-les du four quand le jus commence à remonter au centre du fruit.

ASTUCE Vous pouvez remplacer les gousses de vanille par des gouttes d'extrait de vanille liquide.

« À la place du sucre, j'ai mis 1 c. à soupe de miel dans le plat. Le tout est très réussi, mais il faut vraiment choisir des figues bien mûres. » **kiki_vert**

« Pour accentuer le parfum des îles, j'ai rajouté une rasade de rhum au fond du plat, puis fait flamber le tout (toujours au rhum) après cuisson... Miam ! » **tandem_64**

Moules marinières

Pour 4 personnes
Proposées par genevieve_702
Facile
Bon marché

Préparation	Cuisson
20 min	**20 min**

Moules (2 kg) • **Vin blanc sec** (15 cl) • **Persil** (1 petit bouquet) • **Citron** (1) • **Oignon jaune** (1) • **Farine** (2 c. à soupe) • **Ail** (4 gousses) • **Beurre** (20 g) • **Sel, poivre**

1. Grattez bien les moules puis faites-les cuire dans une grosse casserole : remuez jusqu'à ce que toutes les moules soient ouvertes (comptez 4 à 5 min). Égouttez les moules et filtrez le jus de cuisson.

2. Dans une sauteuse, faites revenir l'oignon préalablement pelé et émincé dans le beurre à feu doux.

3. Quand il prend une jolie teinte dorée, saupoudrez de farine, mélangez et arrosez avec le jus de cuisson des moules et le vin blanc. Laissez cuire environ 15 min à feu doux en remuant.

4. Ajoutez du sel, du poivre, l'ail et le persil préalablement hachés ainsi que le jus du citron. Poursuivez la cuisson encore 1 min (ou plus si la sauce est trop liquide) puis ajoutez les moules. Remuez quelques instants.

5. Servez bien chaud avec des frites.

ASTUCE Jetez les coquilles qui seraient restées fermées.

« Délicieux, simple et rapide... Enfin la recette parfaite des moules marinières ! Je l'ai essayée avec du riz, très bon, et aussi avec des spaghettis en rajoutant un peu de crème liquide... Un régal ! » **valerie_9**

Tarte amandine aux *myrtilles*

Pour 6 personnes
Proposée par Magalie_70
Facile
Moyen

Préparation	Cuisson
16 min	**35 min**

Pâte brisée (1 rouleau) • **Myrtilles** (350 g) • **Poudre d'amandes** (60 g) • **Sucre** (80 g) • **Œufs** (2) • **Maïzena** (1 c. à soupe) • **Crème fraîche** (20 cl) • **Sucre glace** • **Beurre**

❶ Préchauffez le four à 230 °C (th. 7-8).

❷ Déposez la pâte brisée dans un moule à tarte préalablement beurré. Posez les myrtilles sur le fond de pâte.

❸ Cassez les œufs dans un saladier, ajoutez la Maïzena délayée dans 1 c. à soupe d'eau, la crème fraîche, le sucre et la poudre d'amandes. Mélangez bien le tout.

❹ Versez cette préparation sur les myrtilles.

❺ Enfournez et laissez cuire pendant 30 à 35 min. Surveillez bien la cuisson au bout de 20-25 min.

❻ Saupoudrez de sucre glace dès la sortie du four. Vous pouvez également parsemer la tarte de pistaches (non salées) grossièrement hachées. Servez tiède ou froid.

Poulet rôti aux pommes de terre

Pour 4 personnes
Proposé par Marioun
Très facile
Bon marché

Préparation	Cuisson
15 min	**1 h 15**

Poulet à rôtir (1,2 kg environ) • **Beurre** (50 g) • **Pommes de terre** (20) • **Herbes de Provence** • **Sel, poivre**

1. Préchauffez le four à 220 °C (th. 7-8).

2. Déposez le poulet dans un plat allant au four.

3. Déposez des lamelles de beurre sur le poulet. Salez, poivrez et saupoudrez d'herbes de Provence.

4. Épluchez, lavez et rincez les pommes de terre. Coupez-les en gros cubes ou en deux selon leur taille puis déposez-les autour du poulet. Salez.

5. Versez un demi-verre d'eau puis enfournez et laissez cuire environ 1 h 15 en retournant le poulet régulièrement. Ajoutez de l'eau en cours de cuisson si nécessaire.

« Délicieux avec du bouillon de poule à la place de l'eau, et un peu de crème liquide et de vin blanc ! Il faut mettre un peu plus de liquide si on veut obtenir plus de sauce. » **licouaze**

« Secret de grand chef : ajouter un citron dans le poulet pour attendrir la chair. » **bekali**

ZOOM SUR LE *poulet*

QUAND L'ACHETER ?

JAN.	FÉV.	MARS	AVRIL
MAI	**JUIN**	**JUIL.**	**AOÛT**
SEPT.	OCT.	NOV.	DÉC.

COMMENT LE CHOISIR ? Les poulets de Bresse (AOC), Label Rouge et Label Rouge fermier sont des poulets élevés selon un cahier des charges strict. Leur chair est plus tendre et plus savoureuse.

COMMENT LE CUISINER ? Il peut être cuisiné entier farci, rôti, poché, ou en morceaux, poêlé, en fricassée, frit ou encore cuit à la vapeur... Son goût peu prononcé lui permet d'être associé à de nombreuses saveurs.

BON À SAVOIR Le poulet est un jeune gallinacé élevé pour sa chair, abattu entre 5 et 16 semaines selon les variétés.

Délice aux *noisettes*

Pour 6 personnes
Proposé par carala67
Facile
Moyen

Préparation	Cuisson
40 min	**1 h**

Noisettes (150 g) • **Chocolat noir pâtissier** (100 g) • **Rhum** (2 c. à soupe) • **Beurre** (250 g + un peu pour le moule) • **Œufs** (4) • **Sucre** (200 g) • **Sucre vanillé** (½ sachet) • **Farine** (250 g + un peu pour le moule) • **Levure chimique** (1 sachet) • **Pour le glaçage : Chocolat noir pâtissier** (100 g) • **Sucre glace** (100 g) • **Rhum** (3 c. à soupe) • **Beurre** (20 g)

1. Préchauffez le four à 180 °C (th. 6).

2. Râpez le chocolat en copeaux.

3. Dans un saladier, travaillez le beurre préalablement ramolli à l'aide d'un fouet électrique de manière à obtenir une texture crémeuse.

4. Ajoutez peu à peu les sucres, les œufs et le rhum.

5. Incorporez par petites quantités le mélange farine-levure, puis les noisettes et les copeaux de chocolat.

6. Versez la pâte dans un moule préalablement beurré et fariné.

7. Enfournez 1 h. Laissez refroidir puis démoulez.

8. Préparez le glaçage : dans une casserole, faites fondre le chocolat et le beurre au bain-marie.

9. Ajoutez le sucre et le rhum. Mélangez bien.

10. Glacez le dessus et les bords du gâteau à l'aide d'une spatule et dégustez !

ASTUCE Vous pouvez mélanger les noisettes avec des noix ou encore des amandes.

« Je l'ai fait dans un moule à manqué. Ce fut un franc succès ! » **Beunoit**

« J'ai haché grossièrement les noisettes et j'ai ajouté des pépites de chocolat. C'était parfait. » **Jackoula**

« Je n'avais pas de noisettes entières mais en poudre, un régal ! » **Artichautlala**

Strudel aux *mirabelles*

Pour 8 personnes
Proposé par Posilippo
Difficile
Bon marché

Préparation	Cuisson	Repos
30 min	**35 min**	**30 min**

Farine (250 g) • **Jaunes d'œufs** (2) • **Huile** (3 c. à soupe) • **Sel** • **Blanc d'œuf ou beurre fondu** • **Pour la garniture : Mirabelles** (1,5 kg) • **Noix hachées** (80 g) • **Sucre** (80 g) • **Chapelure** (80 g) • **Cannelle**

1. Mettez la farine sur le plan de travail, creusez un puits. Versez au milieu 1 jaune d'œuf, une pincée de sel, l'huile et 12,5 cl d'eau chaude. Mélangez en ramenant petit à petit la farine des bords vers le centre. Travaillez la pâte pour former une boule, ajoutez éventuellement un peu de farine jusqu'à l'obtention d'une boule lisse qui ne colle plus (attention, elle ne doit pas être sèche).

2. Laissez reposer 30 min avec un saladier posé à l'envers par-dessus.

3. Pendant ce temps, lavez et dénoyautez les mirabelles. Préchauffez le four à 220 °C (th. 7-8).

4. Dans un saladier, mélangez les mirabelles avec les autres ingrédients de la garniture sans les écraser.

5. Placez un torchon humide sur le plan de travail. Enfarinez. Étalez la pâte sur le torchon, puis étirez-la avec les mains sans la déchirer (elle doit atteindre 60 x 40 cm).

6. Enduisez-la de blanc d'œuf ou de beurre fondu pour qu'elle reste souple.

7. Étalez le mélange aux mirabelles dessus en laissant une bordure tout autour. Enroulez la pâte comme pour un biscuit roulé en soulevant le torchon.

8. Placez le strudel sur une plaque à pâtisserie recouverte d'une feuille de papier sulfurisé. Dorez au jaune d'œuf.

9. Enfournez 25 à 35 min.

ASTUCE Ce dessert est un plat typiquement autrichien qui se fait habituellement aux pommes. Pour cela, remplacez les mirabelles par des pommes, mettez 150 g de sucre et 80 g de raisins secs gonflés dans du rhum.

« Pour rouler la pâte, il faut surtout bien fariner le torchon, Exquis ! » **morgane_378**

« Très simple pour un effet garanti. J'ai servi les cailles avec des pommes et des mangues revenues à la poêle, un délice ! » Zenga

Cailles à la moutarde et au miel

Pour 4 personnes
Proposées par Isacia
Facile
Moyen

Préparation	Cuisson	Repos
10 min	**55 min**	**2 h ou 1 nuit**

Cailles (8) • **Miel** (4 c. à soupe) • **Beurre** (50 g) • **Moutarde forte** (2 c. à soupe) • **Sel, poivre**

❶ Dans une casserole, faites fondre le beurre et le miel à feu doux puis, hors du feu, ajoutez la moutarde, du sel et du poivre.

❷ Placez les cailles dans un plat allant au four et badigeonnez-les avec ce mélange.

❸ Recouvrez le plat d'une feuille de papier d'aluminium et laissez reposer 2 h à température ambiante ou 1 nuit au réfrigérateur.

❹ Préchauffez le four à 210 °C (th. 7).

❺ Mettez le plat toujours couvert d'aluminium dans le four chaud et laissez cuire pendant 25 min. Retirez le papier d'aluminium et poursuivez la cuisson encore 25 à 30 min en arrosant plusieurs fois les cailles avec la sauce pendant la cuisson.

❻ Servez les cailles dorées, accompagnées de tagliatelles au citron, par exemple.

La recette filmée

Pieds-de-mouton au miel

Pour 4 personnes
Facile
Bon marché

Préparation	Cuisson
10 min	**20 min**

Pieds-de-mouton (500 g) • **Miel de montagne ou mille fleurs** (3 c. à soupe) • **Échalotes** (4) • **Beurre** (20 g) • **Porto rouge** (1 petit verre à liqueur) • **Quatre-épices** (1 pincée) • **Noix de muscade** (1 pincée) • **Sel, poivre**

❶ Nettoyez et coupez les pieds-de-mouton en morceaux. Faites-les blanchir 10 min dans une casserole d'eau chaude puis rincez-les bien sous l'eau froide.

❷ Épluchez et ciselez les échalotes.

❸ Dans une poêle, faites revenir les échalotes dans le beurre. Ajoutez les pieds-de-mouton, laissez dorer 5 min.

❹ Déglacez avec le porto puis assaisonnez avec les épices. Salez et poivrez. En fin de cuisson, ajoutez le miel et laissez frémir 2 à 3 min.

❺ Servez chaud avec des tagliatelles fraîches.

« J'ai remplacé le miel par de la sauce soja sucrée. » fargia

Tarte *poires* et chocolat

Pour 6 personnes
Très facile
Bon marché

Préparation	Cuisson
10 min	**40 min**

Pâte feuilletée (1 rouleau) • **Poires Williams** (3) • **Chocolat noir pâtissier** (100 g) • **Œuf** (1) • **Lait** (30 cl) • **Sucre** (2 c. à soupe)

❶ Préchauffez le four à 180 °C (th. 6).

❷ Faites fondre le chocolat à feu très doux. Si besoin, ajoutez un peu d'eau pour qu'il soit bien lisse.

❸ Pelez et coupez les poires en quartiers.

❹ Déposez la pâte feuilletée dans un moule à tarte préalablement beurré. Étalez le chocolat fondu sur le fond. Disposez les quartiers de poires par-dessus. Enfournez pour 10 min.

❺ Pendant ce temps, dans un bol, battez l'œuf, puis ajoutez le lait et le sucre.

❻ Retirez la tarte du four et versez la préparation.

❼ Enfournez à nouveau et laissez cuire 25 à 30 min.

ASTUCE Vous pouvez remplacer la pâte feuilletée par une pâte sablée.

Terrine d'aubergines et poivrons

Pour 8 personnes
Facile
Bon marché

Préparation	Cuisson
20 min	1 h 30

Aubergines (1 kg) • **Poivrons rouges** (500 g) • **Ail** (2 gousses) • **Fines herbes** (2 c. à soupe) • **Crème** (2 c. à soupe) • **Huile d'olive** (4 c. à soupe) • **Œufs** (6) • **Sel, poivre**

1 Préchauffez le four à 200 °C (th. 6-7).

2 Lavez les aubergines, coupez-les en deux dans la longueur puis taillez la chair en croisillon. Mettez-les dans un plat et versez la moitié de l'huile d'olive.

3 Passez-les au four chaud 25 à 30 min. La chair est cuite quand une cuillère s'y enfonce facilement et que la pulpe se détache.

4 Passez les poivrons rouges au four jusqu'à ce que la peau noircisse. Épluchez-les.

5 Videz les aubergines de leur pulpe dans un saladier, hachez celle-ci au couteau ou au mixeur. Ajoutez 4 œufs et le reste de l'huile d'olive en mélangeant bien.

6 Passez les poivrons au mixeur avec l'ail préalablement épluché et les fines herbes. Ajoutez 2 œufs et la crème fraîche. Salez et poivrez.

7 Huilez une terrine, alternez une couche d'aubergines, une couche de poivrons et une couche d'aubergines.

8 Placez la terrine dans un bain-marie et enfournez 1 h à 180 °C (th. 6).

9 Laissez refroidir puis démoulez.

ASTUCE Accompagnez cette terrine d'un coulis de tomates.

« Après avoir mis les œufs, j'ai mis 1 c. à café de Maïzena et 2 c. à soupe de mascarpone à la place de la crème fraîche. Le tout se tenait parfaitement. » lyse

Octobre

Les courges font leur grand retour. Sortez-leur le tapis rouge, elles vous accompagneront en couleur jusqu'au cœur de l'hiver. On voit aussi réapparaître les plats mijotés ! Avouez, ils vous avaient manqué...

C'est le bon moment pour cuisiner...

Légumes • carotte, cèpe, chou de Bruxelles, citrouille, courge spaghetti, cresson, endive, fenouil, navet, pomme de terre, potiron, scarole

Fruits • banane, châtaigne, coing, datte, myrtille, noix, pêche de vigne, poire, pomme, prune, raisin

Viandes • caille, canard, mouton, porc

Poissons • anchois, limande, rouget de roche, saint-pierre

Crustacé • écrevisse

Fromages • fourme d'Ambert, roquefort

Et aussi...

Légumes • artichaut, avocat, betterave, bolet, céleri, chou, chou-fleur, chou rouge, ciboulette, courge, courgette, épinard, girolle, haricot vert, laitue, maïs, oignon, pâtisson, persil, pied-de-mouton, pleurote, poireau, poivron, potimarron, radis, radis noir, roquette, rutabaga, salsifis, tomate, trompette-de-la-mort • **Fruits** • citron, figue, framboise, kaki, litchi, mûre, noisette, papaye, quetsche • **Viandes** • chevreuil, faisan, perdrix, sanglier • **Poissons** • bar de ligne, cabillaud, congre, dorade, dorade grise, églefin, hareng, lieu jaune, lieu noir, maquereau, merlan, rouget barbet, rouget-grondin, tacaud • **Coquillages, crustacés et mollusques** • bigorneau, calamar, coque, coquille Saint-Jacques, crevette rose, crevette grise, gamba, homard, huître, langouste, moule, palourde, poulpe, seiche • **Fromages** • abondance, bleu d'Auvergne, brillat-savarin, brocciu, cabécou, cancoillotte, cantal, comté, emmental, époisses, gruyère, laguiole, morbier, munster, ossau-iraty, parmesan, pont-l'évêque, pouligny-saint-pierre, saint-nectaire, salers, tomme de Savoie, vacherin, vieux-Lille.

Tartines à la *poire* et à la *fourme d'Ambert*

Pour 4 personnes
Proposées par Carolle
Très facile
Bon marché

Préparation	Cuisson
10 min	**10 min**

Pain de campagne (4 grandes tranches) • **Poires** (2) • **Fourme d'Ambert** (200 g) • **Banane** (1) • **Poivre**

1. Préchauffez le four à 180 °C (th. 6).

2. Épluchez les poires, coupez-les en quatre en éliminant le cœur et les pépins, puis détaillez-les en fines lamelles.

3. Épluchez et coupez la banane en rondelles.

4. Disposez des lamelles de poires et de banane sur les tranches de pain puis recouvrez de lamelles de fourme d'Ambert. Veillez bien à ce que la préparation recouvre le pain. Poivrez.

5. Placez les tartines dans un plat allant au four ou sur la plaque du four préalablement recouverte de papier sulfurisé.

6. Enfournez 10 min.

ASTUCE Choisissez des poires sucrées mais pas trop juteuses type Conférence.

« Je les ai servies à l'apéro, j'ai donc coupé les tranches de pain en quatre pour obtenir des toasts... Tout le monde a adoré ! »
zaboooo

ZOOM SUR LA *fourme d'Ambert*

QUAND L'ACHETER ?

JAN.	FÉV.	MARS	AVRIL
MAI	**JUIN**	**JUIL.**	**AOÛT**
SEPT.	**OCT.**	NOV.	DÉC.

COMMENT LA CONSERVER ? Au réfrigérateur, dans son papier d'emballage. Si la fourme d'Ambert est encore un peu jeune, il faut la laisser s'affiner quelques jours ou quelques semaines au réfrigérateur.

COMMENT LA CUISINER ? Nature, la sortir du réfrigérateur une bonne heure avant de la déguster. Ce fromage se marie aussi bien avec les viandes rouges qu'avec les viandes blanches. La fourme d'Ambert peut se déguster avec de la confiture de fruits jaunes (abricots, prunes, par exemple). Lorsqu'elle est chauffée, elle ne gratine pas et ne file pas, ce qui en fait un parfait ingrédient pour les sauces.

BON À SAVOIR La fourme est une appellation désignant des fromages du Massif central, au lait de vache ou de brebis, caractérisés par leur forme cylindrique. Deux types de fromage entrent dans cette catégorie : les fromages à pâte persillée (fourme d'Ambert, de Montbrison...) et les fromages à pâte pressée cuite (fourme de Salers, fourme de Cantal, etc.).

Soupe de cresson

Pour 4 personnes
Proposée par Oumme
Très facile
Bon marché

Préparation	Cuisson
20 min	**40 min**

Cresson (1 belle botte) • **Thym** (1 branche) • **Pommes de terre** (3, moyennes) • **Échalote** (1) • **Bouillon de légumes** (1 cube) • **Beurre** (1 c. à soupe)

1. Lavez le cresson, enlevez les trop grosses tiges. Épluchez les pommes de terre et coupez-les en cubes. Épluchez et hachez grossièrement l'échalote

2. Dans une grande casserole, mettez le beurre à chauffer. Lorsqu'il commence à grésiller (attention, il ne doit pas brûler), ajoutez le cresson, les pommes de terre, l'échalote hachée et le thym.

3. Laissez le cresson ramollir puis ajoutez 1 l d'eau et le cube de bouillon. Il faut que l'eau recouvre les légumes d'au moins 10 cm.

4. Portez à ébullition et laissez cuire jusqu'à ce que les pommes de terre soient tendres et s'écrasent avec une cuillère en bois (il faut compter entre 25 et 30 min).

5. Une fois la préparation tiédie, égouttez les légumes en gardant un peu de bouillon.

6. Mixez les légumes en ajoutant du bouillon jusqu'à obtenir la consistance désirée.

ASTUCE Pour une soupe plus veloutée, réduisez un peu la quantité d'eau.

« Très bonne recette, j'ai laissé les tiges (même les grosses) : en mixant bien, c'est parfait. » **Atoll**

« J'ajoute, à la fin, une pointe de muscade ainsi qu'un peu de crème fraîche. » **Matajojo**

Blinis de potiron

Pour 4 personnes
Proposés par carine_229
Facile
Bon marché

Préparation	Cuisson	Repos
20 min	**15 min**	**1 h**

Potiron (500 g) • **Lait** (25 cl) • **Farine** (150 g) • **Levure chimique** (1 c. à café) • **Œufs** (3) • **Huile neutre** • **Piment en poudre** (1 pointe de couteau) • **Sel**

1 Épluchez le potiron et coupez-le en morceaux

2 Dans une casserole, faites chauffer le lait.

3 Faites cuire le potiron au micro-ondes environ 10 min, jusqu'à ce que la chair soit tendre. Ajoutez-la au lait. Mixez.

4 Dans un saladier, mélangez la farine et la levure, ajoutez les œufs et un filet d'huile pour éviter que les blinis n'attachent.

5 Incorporez le potiron et assaisonnez en ajoutant une pincée de sel et le piment en poudre.

6 Mélangez pour obtenir une pâte homogène et laissez reposer 1 h si vous en avez le temps.

7 Versez une petite louche de pâte dans une poêle chaude et huilée, et faites cuire quelques minutes de chaque côté comme une crêpe. Les blinis doivent être souples et dorés sur le dessus.

ASTUCE Servez-les chauds avec un œuf au plat dont le jaune est encore liquide : un régal !

La recette filmée

« Excellente recette, rapide et délicieuse. J'ai ajouté des lardons dans la pâte ! » Alipucette

« Lorsqu'ils sont sur le recto, n'hésitez pas à mettre un couvercle pour que la cuisson soit homogène avant de les retourner. » celefa

ZOOM SUR LE potiron

QUAND L'ACHETER ?

JAN. FÉV. MARS AVRIL
MAI JUIN JUIL. AOÛT
SEPT. OCT. NOV. DÉC.

COMMENT LE CHOISIR ? Grosse courge ronde légèrement aplatie et côtelée, le potiron est souvent vendu en tranches : la chair doit être d'un bel orange, sans traces de viscosité.

COMMENT LE CUISINER ? La chair du potiron a une saveur sucrée. Elle est utilisée sous forme de soupe ou de purée, comme accompagnement ou comme ingrédient d'une préparation (tarte, gratin, soufflé...). Elle peut aussi être coupée en morceaux et poêlée, cuite dans une sauce, comme dans un curry, ou dans un bouillon (couscous de légumes).

COMMENT LE CONSERVER ? Entier, il peut se conserver plusieurs mois à l'abri de la lumière, dans un endroit sec et tempéré.

“Très simple à faire ! J'ai simplement remplacé la dosette de safran par 1 c. à café de safran en poudre basique.” **etheldrede**

Filets de rouget sauce safranée

Pour 4 personnes
Proposés par Doriane
Facile
Moyen

Préparation	Cuisson
10 min	**20 min**

Filets de rouget de roche (12)
• **Crème fraîche épaisse** (30 cl)
• **Fumet de poisson** (10 cl)
• **Échalote** (1) • **Safran** (1 dosette)
• **Huile** • **Sel, poivre**

1. Épluchez et hachez l'échalote.

2. Dans une casserole, faites chauffer 1 c. à soupe d'huile puis faites-y rissoler l'échalote.

3. Ajoutez le fumet de poisson et laissez mijoter 5 min à feu doux.

4. Ajoutez la crème, le safran, du sel et du poivre puis remuez. Couvrez et laissez mijoter environ 10 min à feu très doux.

5. Pendant ce temps, faites chauffer 2 c. à soupe d'huile dans une poêle puis faites cuire les filets de rouget 3 à 5 min de chaque côté selon leur grosseur.

6. Servez les rougets accompagnés de leur sauce safranée avec des épinards dans lesquels vous aurez ajouté une gousse d'ail et une noix de beurre.

“La sauce est délicieuse et très fine. J'ai utilisé de la crème légère et c'était également excellent.” **Vivianne_331**

Cake *pommes bananes*

Pour 6-8 personnes
Proposé par clementine_15
Très facile
Bon marché

Préparation	Cuisson
15 min	**40 min**

Pommes (2) • **Bananes** (2) • **Beurre** (75 g + un peu pour le moule) • **Sucre** (125 g) • **Farine** (250 g) • **Œufs** (2) • **Levure chimique** (1 sachet)

1. Préchauffez le four à 180 °C (th. 6).
2. Beurrez un moule à cake.
3. Épluchez et coupez les bananes en morceaux.
4. Épluchez, épépinez et coupez les pommes en cubes.
5. Faites fondre le beurre.
6. Dans un saladier, mélangez le beurre fondu et le sucre. Ajoutez les œufs et mélangez encore.
7. Ajoutez la farine, la levure et les morceaux de fruits.
8. Versez la pâte dans le moule à cake beurré.
9. Enfournez et laissez cuire 40 min.

ASTUCE Pour une version croquante, ajoutez 100 g de noix hachées.

« J'ai ajouté un peu de rhum et, une fois la pâte dans le moule, j'ai plongé 4 carrés de chocolat noir. Un délice. » kacyleo

Porc à la cévenole

Pour 8 personnes
Très facile
Bon marché

Préparation	Cuisson
20 min	**2 h 45**

Échine de porc (1 kg) • **Carottes** (3-4) • **Oignon** (1) • **Olives noires ou vertes** (1 boîte) • **Champignons de Paris** (300 g) • **Marrons** (1 grosse boîte) • **Herbes de Provence** • **Huile d'olive** • **Vin blanc sec** • **Sel, poivre**

1. Coupez le porc en petits morceaux (2 x 2 cm). Épluchez et émincez l'oignon. Épluchez et coupez les carottes en rondelles. Lavez et émincez les champignons.
2. Dans une cocotte, faites revenir le porc dans 3 c. à soupe d'huile d'olive.
3. Ajoutez l'oignon, puis les carottes et les champignons. Saupoudrez d'herbes de Provence, salez et poivrez.
4. Recouvrez avec du vin blanc jusqu'à recouvrir les ingrédients. Complétez au besoin avec de l'eau.
5. Laissez mijoter à feu doux pendant 2 h.
6. Ajoutez les marrons et les olives et laissez cuire encore 30 min.

ASTUCE Ce plat est encore meilleur réchauffé.

« Excellent ! Je l'ai fait cocotte fermée, ce qui réduit considérablement le temps de cuisson, et je termine la réduction de sauce couvercle retiré. » genestyler

Gelée de *coings*

Pour 5 personnes
Proposée par Didouche
Facile
Moyen

Préparation	Cuisson	Repos
15 min	**1 h 15**	**12 h**

Coings (2 kg) • **Sucre** • **Sucre spécial confiture** (1 kg) • **Gousse de vanille** (1) • **Citron** (1)

1. Coupez les coings en quatre en retirant le cœur, puis mettez-les dans une mousseline fermée dans une casserole.

2. Couvrez d'eau, portez à ébullition (avec la mousseline) puis laissez cuire à feu doux pendant 45 min environ : les fruits doivent être tendres. Laissez s'égoutter une nuit afin de récupérer le maximum de jus.

3. Le lendemain, pesez le jus de coings et ajoutez les sucres en parts égales (comptez 800 g de sucre pour 1 kg de jus), le jus du citron et la gousse de vanille fendue.

4. Portez à ébullition et laissez cuire environ 30 min jusqu'à l'obtention d'une goutte qui s'allonge sur la cuillère en bois.

5. Versez dans des pots stérilisés, fermez et retournez-les.

ASTUCE Vous pouvez faire sur la même base du sirop de coings avec 500 g de sucre pour 1 kg de jus. Stoppez la cuisson dès les premiers gros bouillons. Laissez refroidir et versez dans des bouteilles en verre.

« J'ajoute du thé à la bergamote dans ma gelée, les enfants adorent. » **Garance12**

ZOOM SUR LE *coing*

QUAND L'ACHETER ?
JANV. · FÉV. · MARS · AVRIL · MAI · JUIN · JUIL. · AOÛT · SEPT. · **OCT.** · **NOV.** · **DÉC.**

COMMENT LE CUISINER ? De couleur jaune verdâtre, la chair du coing est dure et immangeable crue, elle est généralement consommée sous forme de pâte de fruits, de confiture, de gelée ou de compote. Elle se marie très bien avec les pommes, les bananes et les framboises. Le coing est parfait pour accompagner le gibier ou le foie gras.

COMMENT LE CONSERVER ? À température ambiante (si celle-ci n'est pas trop élevée), proche d'une fenêtre. Le coing supporte très mal la congélation.

BON À SAVOIR Le coing est souvent recouvert d'un fin duvet qui s'enlève par simple frottement.

Scarole au lard ardennaise

Pour 6 personnes
Proposée par caroline_159
Facile
Bon marché

Préparation	Cuisson
20 min	**30 min**

Pommes de terre (1 kg) • **Lard en morceaux** (200 g) • **Œufs durs** (6) • **Échalotes** (2 grosses) • **Scarole** (1) • **Vinaigre d'alcool** (10 cl) • **Huile** (2 c. à soupe) • **Sel**

1. Faites cuire les pommes de terre avec leur peau dans une grande casserole d'eau salée pendant 20 à 30 min.

2. Épluchez et hachez les échalotes.

3. Lavez la scarole. Égouttez-la.

4. Quand les pommes de terre sont cuites, épluchez-les et coupez-les en rondelles. Placez-les dans un grand saladier.

5. Ajoutez les échalotes et la scarole.

6. Dans une poêle, faites rissoler les lardons, sans matières grasses. Ajoutez-les dans le saladier.

7. Versez le vinaigre d'alcool dans la poêle de cuisson des lardons, et faites chauffer doucement. Décollez les sucs de la poêle pour que le vinaigre s'imprègne bien du goût des lardons.

8. Pendant ce temps, écalez les œufs et coupez-les en quartiers. Déposez-les sur les lardons.

9. Versez le vinaigre chaud dans le saladier et arrosez d'un peu d'huile.

10. Mélangez et servez.

« Excellente recette. Nous avons utilisé des rillauds à la place des lardons. » **Henri_10**

Beurre d'anchois

Pour 6-8 personnes
Proposé par garage
Très facile
Bon marché

Préparation
5 min

Beurre (250 g) • **Filets d'anchois à l'huile** (20) • **Ail** (3 gousses)

1. Coupez le beurre préalablement ramolli en morceaux.

2. Mixez ensemble les gousses d'ail, les anchois et le beurre de manière à obtenir une pâte homogène.

3. Servez avec des croûtons de pain. Chacun tartinera le beurre d'anchois dessus.

ASTUCE Servez ce beurre avec des pommes de terre cuites en robe des champs.

« J'ajoute de la ciboulette et quelques crevettes grises décortiquées qui adoucissent le goût parfois un peu fort pour certains. » **liochemin23**

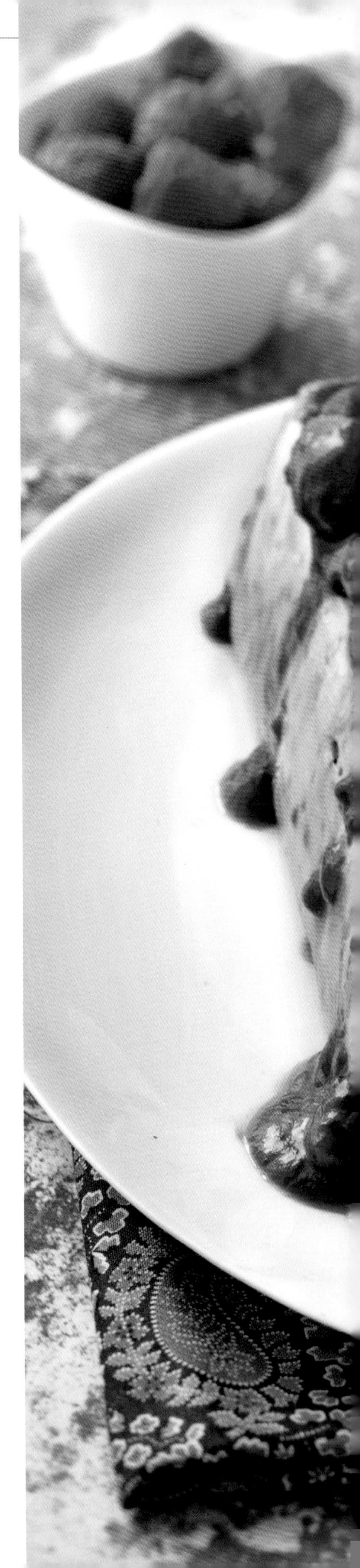

Vacherin glacé aux *myrtilles*

Pour 8 personnes
Proposé par pierete
Très facile
Bon marché

Préparation	Repos
15 min	**4 h**

Myrtilles (500 g) • **Meringues** (8) • **Crème entière liquide** (1 l) • **Sucre vanillé** (1 sachet) • **Sucre** (3-4 c. à soupe)

1. Cassez les meringues en gros morceaux. Disposez-les au fond d'un plat (un moule rond à charnière par exemple).

2. Dans un saladier, fouettez la crème entière.

3. Mixez les deux tiers des myrtilles en coulis avec le sucre et le sucre vanillé.

4. Ajoutez le coulis à la crème entière ainsi que les myrtilles entières (gardez-en quelques-unes pour la décoration).

5. Versez le tout dans le plat et mettez au congélateur au moins pendant 4 h.

6. Décorez avec les myrtilles restantes avant de servir.

ASTUCE Si vous n'avez pas de moule à charnière ou de cercle à entremets, utilisez un moule classique et recouvrez-le de film alimentaire pour démouler le vacherin facilement.

La recette filmée

« Délicieux ! De la fraîcheur tout en couleur, un goût unique ! » franeineta

Gâteau aux *prunes*

Pour 6 personnes
Proposé par Debby1010
Très facile
Bon marché

Préparation	Cuisson
20 min	**40 min**

Pour la pâte : **Farine** (80 g + un peu pour le moule) • **Maïzena** (60 g) • **Sucre** (80 g) • **Sucre vanillé** (1 sachet) • **Œufs** (2) • **Margarine** (120 g + un peu pour le moule) • **Levure chimique** (1 c. à café) • **Sel** (1 pincée) • Pour la garniture : **Prunes type quetsches** (500 g) • **Sucre glace** (pour décorer)

1. Préchauffez le four à 150 °C (th. 5). Beurrez et farinez un moule à manqué.
2. Dans un saladier, mélangez les œufs entiers avec les sucres jusqu'à obtenir une consistance mousseuse et blanche.
3. Ajoutez le beurre préalablement fondu, la farine, la Maïzena, la levure et le sel.
4. Versez la pâte dans le moule. Veillez à ce que tout le fond du moule en soit recouvert.
5. Lavez les prunes, coupez-les en deux et retirez le noyau. Disposez les demi-prunes (côté bombé au dessous) sur la pâte en enfonçant un peu chaque moitié.
6. Enfournez et laissez cuire 40 min : le gâteau doit être légèrement doré.
7. Démoulez à la sortie du four et saupoudrez de sucre glace avant de servir.

ASTUCE Si les fruits sont très acides, ajoutez 20 g de sucre.

Dattes farcies

Pour 15 personnes
Facile
Bon marché

Préparation	Cuisson	Repos
1 h	**5 min**	**1 h**

Dattes (300 g) • **Amandes décortiquées** (250 g) • **Eau de rose** (2 c. à soupe) • **Sucre glace** (150 g) • **Sucre** (700 g)

1. Dans une casserole, versez 500 g de sucre et 50 cl d'eau. Faites chauffer en fouettant jusqu'à ce que le sucre soit complètement dissous. Mettez de côté.
2. Mondez les amandes (plongez-les 2 min dans une casserole d'eau bouillante pour enlever la peau marron), épongez-les, râpez-les, puis tamisez-les.
3. Dans un bol, mélangez les amandes râpées, 200 g de sucre et l'eau de rose. Malaxez bien pour obtenir une pâte homogène.
4. Fendez les dattes sur un côté, enlevez le noyau et remplacez-le par deux fois son volume de farce aux amandes.
5. Plongez ensuite les dattes farcies dans le sirop, enrobez-les de sucre glace puis déposez-les sur un torchon propre.
6. Laissez sécher 1 h avant de servir.

« *J'ai rajouté un peu d'extrait d'amande amère dans la farce.* »
Aloodabadi

Salade de *fenouil* à l'orange

Pour 2 personnes
Proposée par barbara_13
Très facile
Bon marché

Préparation
15 min

Fenouil (2 bulbes) • **Orange** (1) • **Aneth** (quelques brins) • **Salade frisée** (1 poignée) • **Pour l'assaisonnement : Orange** (1) • **Vinaigre de cidre** (5 cl) • **Moutarde à l'ancienne** (1 c. à café) • **Huile d'olive** (5 cl) • **Sel, poivre**

1. Nettoyez les fenouils, retirez les parties vertes puis émincez-les très finement dans un saladier.

2. Pelez 1 orange et retirez le maximum de peau blanche puis prélevez les quartiers. Ajoutez-les dans le saladier.

3. Lavez puis ciselez l'aneth.

4. Pressez la seconde orange.

5. Préparez l'assaisonnement : dans un bol, mélangez le vinaigre de cidre, la moutarde et le jus de l'orange. Salez et poivrez.

6. Arrosez le fenouil et les quartiers d'orange de vinaigrette.

7. Parsemez d'aneth et décorez avec une poignée de salade frisée.

ASTUCE Vous pouvez préparer cette salade la veille et la placer au réfrigérateur jusqu'au lendemain.

Préparer le fenouil

« J'ai remplacé l'aneth par de l'estragon, qui a également un goût légèrement anisé, le tout arrosé avec le jus d'une orange sanguine. Un délice. » cecile_592

« J'ai juste rajouté 1 c. à soupe de miel liquide, de la coriandre et de la menthe fraîches ! Merci pour cette bonne recette. » ilotresor

ZOOM SUR LE *fenouil*

QUAND L'ACHETER ?

JANV. · FÉV. · MARS · AVRIL · MAI · **JUIN** · **JUIL.** · **AOÛT** · **SEPT.** · **OCT.** · **NOV.** · DÉC.

COMMENT LE CHOISIR ? Le fenouil que nous consommons est principalement une variété provenant d'Italie dont le bulbe blanc est plus large et plus charnu que celui des autres variétés.

COMMENT LE CUISINER ? Cuit (poêlé ou braisé), il constitue la garniture idéale des poissons et des fruits de mer. Il peut également se consommer cru, râpé ou coupé en fines lamelles, dans une salade.

BON À SAVOIR Les plumets de feuilles vertes qui surmontent les tiges du fenouil peuvent être utilisés comme condiment.

Carottes à la carbonara

Pour 2 personnes
Proposées par Sophie_272
Très facile
Bon marché

Préparation	Cuisson
10 min	**20 min**

Carottes (6) • **Jaunes d'œufs** (2) • **Oignon** (1) • **Crème fraîche** (4 c. à soupe) • **Lardons fumés** (100 g) • **Beurre** • **Sel, poivre**

1. Épluchez les carottes et coupez-les en rondelles.

2. Épluchez et émincez l'oignon.

3. Faites fondre une noix de beurre dans une sauteuse puis faites-y revenir les carottes et l'oignon pendant 3 min sur feu fort.

4. Ajoutez 20 cl d'eau, baissez le feu, couvrez et laissez cuire une dizaine de minutes (vérifiez que cela n'attache pas et ajoutez de l'eau le cas échéant).

5. Quand les carottes sont cuites, ajoutez les lardons. Faites-les cuire 2 à 3 min.

6. Dans un bol, mélangez les jaunes d'œufs et la crème.

7. Versez cette sauce sur le mélange de légumes sur feu doux. Salez légèrement et poivrez.

8. Laissez chauffer 3 min en remuant puis servez.

ASTUCE Ajoutez un peu de curry en poudre pour une note plus exotique.

« J'ai également testé avec du tofu à la place des lardons, c'est une autre bonne option. »
johanna_185

Gâteau aux *noix*

Pour 6 personnes
Proposé par Christine_380
Facile
Moyen

Préparation	Cuisson
30 min	**25 min**

Noix entières (500 g) • **Rhum** (3 cl) • **Farine** (40 g) • **Œufs** (3) • **Beurre** (100 g) • **Sucre** (150 g) • **Sel**

1. Préchauffez le four à 210 °C (th. 7).

2. Ôtez les noix de leur coquille et hachez-les.

3. Dans un bol, mélangez la moitié du sucre avec les noix.

4. Dans un saladier, mélangez le beurre préalablement fondu et le sucre restant. Ajoutez le mélange noix-sucre puis les œufs, un à un, la farine, le rhum et une pincée de sel.

5. Recouvrez un moule à tarte de 22 cm de diamètre de papier sulfurisé, versez la pâte dans le moule et enfournez pour 20 à 25 min. Vérifiez la cuisson en plantant la lame d'un couteau au centre : elle doit en ressortir propre et sèche.

6. Laissez refroidir le gâteau avant de servir.

ASTUCE Ce gâteau peut se conserver plusieurs jours au réfrigérateur et se congèle aussi très bien.

« Très, très bon... Surtout quand il reste des petits morceaux de noix bien croquants. » **Elilacia**

Filets de *saint-pierre* au beurre d'orange

Pour 6 personnes
Proposés par colorado
Facile
Bon marché

Préparation	Cuisson
20 min	**15 min**

Filets de saint-pierre (6) • **Oranges non traitées** (3) • **Échalotes** (3) • **Courgettes** (3) • **Vin blanc doux** (10 cl) • **Crème liquide** (15 cl) • **Beurre** (200 g) • **Thym** (6 brins + 1 c. à soupe) • **Huile d'olive** • **Sel, poivre**

1. Pelez 2 oranges, ôtez la peau blanche et séparez les quartiers.

2. Lavez les courgettes. À l'aide d'un économe ou d'une mandoline, taillez les courgettes en rubans de 3 mm d'épaisseur.

3. Épluchez et hachez les échalotes.

4. Ébouillantez les courgettes dans une casserole d'eau, égouttez-les puis mélangez-les avec 2 c. à soupe d'huile. Gardez au chaud.

5. Préchauffez le four à 200 °C (th. 6-7).

6. Dans une casserole, faites cuire les échalotes avec le vin, le jus et le zeste de l'orange restante jusqu'à évaporation du liquide.

7. Ajoutez la crème, chauffez 2 min.

8. Incorporez le beurre froid préalablement coupé en dés, salez et poivrez. Mixez. Gardez au chaud.

9. Poêlez les filets de saint-pierre sur chaque face dans 2 c. à soupe d'huile et parsemez de 1 c. à soupe de thym effeuillé.

10. Mettez-les dans un plat, arrosez d'huile de cuisson et enfournez 5 min.

11. Servez les filets nappés de sauce, entourés des courgettes et des quartiers d'orange. Décorez d'un brin de thym.

ASTUCE Si vous préférez un beurre plus corsé, remplacez les oranges par des pamplemousses roses.

Cailles aux navets

Pour 4 personnes
Proposées par karine_5
Facile
Moyen

Préparation	Cuisson
20 min	**1 h**

Cailles (4) • **Navets** (6) • **Carottes** (3) • **Calvados ou cognac** (5 cl) • **Fond de veau** (4 c. à soupe) • **Beurre** (20 g) • **Huile d'olive** • **Sel, poivre**

1. Épluchez les carottes et les navets et coupez-les en dés.

2. Faites fondre le beurre dans une casserole (avec un peu d'huile pour ne pas qu'il brûle). Faites-y dorer les cailles de chaque côté.

3. Retirez les cailles de la casserole et ajoutez les carottes et les navets. Laissez revenir le tout une quinzaine de minutes pour bien les dorer.

4. Ajoutez les cailles. Versez l'alcool et faites flamber.

5. Dans 50 cl d'eau bouillante, ajoutez le fond de veau, remuez bien et ajoutez cette préparation dans la casserole.

6. Laissez cuire à feu doux pendant 30 min.

ASTUCE Pour une sauce sucrée-salée, ajoutez une poignée de raisins secs avec le fond de veau.

« Un régal. J'ai flambé les cailles en faisant chauffer de l'armagnac dans une petite casserole, que j'ai renversé dans la cocotte au moment où il flambait. » Jojo_28

« Excellent, et ça se réchauffe bien ! »
BigBill

Haricot de *mouton*

Pour 4 personnes
Proposé par Denis_29
Très facile
Bon marché

Préparation	Cuisson
30 min	**1 h 45**

Poitrine ou collier de mouton (1 kg, coupé en morceaux) • **Pommes de terre** (600 g) • **Navets** (400 g) • **Tomates** (4) • **Oignons** (2) • **Ail** (1 gousse) • **Lardons fumés** (150 g) • **Farine** (1 c. à soupe rase) • **Huile d'olive** • **Thym** • **Laurier** • **Persil** (4 brins) • **Sel, poivre**

1. Épluchez et émincez les oignons. Épluchez et hachez l'ail. Lavez et coupez les tomates en quartiers.

2. Faites chauffer un filet d'huile d'olive dans une grande cocotte et faites-y revenir les lardons. Mettez de côté.

3. Faites revenir rapidement les morceaux de viande.

4. Ajoutez les oignons. Lorsque ces derniers ont commencé à blondir, saupoudrez le tout de farine et mélangez bien.

5. Ajoutez l'ail, les tomates, du sel, du poivre, du thym, du laurier et 1 l d'eau chaude. Couvrez et laissez mijoter, à feu doux, pendant 1 h.

6. Épluchez les pommes de terre et les navets, coupez-les en gros morceaux.

7. Ajoutez les navets dans la cocotte puis, 15 min plus tard, les pommes de terre. Laissez cuire encore 30 min.

8. Au dernier moment, remettez les lardons dorés.

9. Versez le haricot de mouton dans un plat de service préchauffé, parsemez de persil préalablement lavé et haché et servez.

REMARQUE Le haricot de mouton ne contient pas de haricots. C'est un ragoût de mouton, cuit surtout avec des navets et des oignons. L'appellation vient du vieux français « harigoter » qui signifie « couper en morceaux ».

« *Recette très facile à faire et succulente. Réalisée avec des tranches de gigot, ça passe vraiment bien.* » Sabine_449

ZOOM SUR LE *mouton*

QUAND L'ACHETER ?

JAN.	**FÉV.**	MARS	AVRIL
MAI	JUIN	JUIL.	AOÛT
SEPT.	**OCT.**	**NOV.**	**DÉC.**

COMMENT LE CUISINER ? On distingue deux catégories de morceaux : ceux à griller et à rôtir (gigot, baron, selle, filet, carré, côtes découvertes) et ceux à ragoût (collet, poitrine, haut de côtelette). Le goût du mouton est plus fort que celui de la viande d'agneau. Il se déguste légèrement rosé.

BON À SAVOIR En boucherie, le terme « mouton » désigne aussi bien un bélier châtré qu'une brebis ayant déjà mis bas.

Œufs cocotte aux *cèpes*

Pour 4 personnes
Proposés par Cecile_62
Facile
Moyen

Préparation	Cuisson
50 min	**20 min**

Cèpes (2 poignées) • **Crème fraîche** (20 cl) • **Œufs** (4) • **Sel, poivre**

❶ Préchauffez le four à 180 °C (th. 6).

❷ Essuyez vos cèpes avec un linge humide, grattez un peu les chapeaux et les pieds.

❸ Mettez un peu de crème fraîche et quelques cèpes dans le fond de 4 ramequins allant au four. Salez et poivrez.

❹ Mettez les ramequins au four.

❺ Dès que le mélange bouillonne, sortez les ramequins du four et cassez 1 œuf dans chaque.

❻ Remettez au four pour 8 min.

❼ Dégustez ces œufs cocotte avec des mouillettes de pain frais tartiné de beurre salé.

« Très bon ! J'ai ajouté des petites lanières de jambon de Bayonne, sublime ! » **Évelyne_1156**

Choux de Bruxelles à la savoyarde

Pour 4 personnes
Proposés par Joaly
Très facile
Bon marché

Préparation 20 min | Cuisson 30 min

Choux de Bruxelles (1 kg) • **Jambon de montagne ou saucisses fumées** (250 g) • **Gruyère** (200 g) • **Crème liquide** (20 cl) • **Beurre** (50 g) • **Sel, poivre**

1. Préchauffez le four à 210 °C (th. 7). Beurrez un plat allant au four.
2. Faites cuire les choux 20 min dans une casserole d'eau bouillante salée. Égouttez-les.
3. Disposez-en la moitié au fond du plat.
4. Répartissez une couche de gruyère, une couche de jambon, puis le restant de choux et à nouveau une couche de jambon et une de gruyère.
5. Arrosez de crème, salez, poivrez, parsemez de beurre et enfournez 10 min.

ASTUCE Remplacez le jambon ou les saucisses par des lardons fumés.

« J'ai préparé ce plat avec moitié saucisses de Strasbourg moitié saucisses de Montbéliard ! Un délice ! » vivi084

« Je fais cette recette avec une saucisse de Morteau et du morbier et toute la famille se régale. » soso

Canard sauvage aux pommes

Pour 2 personnes
Très facile
Moyen

Préparation 15 min | Cuisson 2 h 15

Canard sauvage (1) • **Pommes** (4) • **Oignon** (1) • **Cidre** (50 cl) • **Baies roses** (1 c. à soupe) • **Bouquet garni** (1) • **Huile** (4 c. à soupe) • **Sel**

1. Pelez, épépinez et coupez les pommes en deux.
2. Placez une demi-pomme à l'intérieur du canard pour adoucir son goût prononcé.
3. Épluchez et émincez finement l'oignon.
4. Versez l'huile dans une cocotte et faites dorer le canard à feu vif.
5. Ajoutez l'oignon pour le faire légèrement dorer.
6. Ajoutez le cidre, les demi-pommes, les baies roses et le bouquet garni. Salez légèrement. Baissez le feu au minimum, couvrez et laissez mijoter tout doucement pendant 2 h.
7. Servez seul ou accompagné de marrons.

ASTUCE Utilisez des pommes qui se tiennent bien à la cuisson, type Royal Gala.

Filets de *limande* au cidre

Pour 6 personnes
Facile
Moyen

Préparation **15 min** | Cuisson **30 min**

Filets de limande (12) • **Langoustines** (500 g) • **Cidre** (50 cl) • **Tomates** (2) • **Oignon** (1) • **Crème fraîche** (20 cl) • **Beurre** (150 g) • **Piment d'Espelette** (1 pincée) • **Sel, poivre**

1 Faites une croix sur chaque tomate avec un couteau puis plongez-les 30 s dans de l'eau bouillante, pelez-les et coupez-les en morceaux.

2 Épluchez et émincez l'oignon. Faites-le fondre avec le beurre. Ajoutez les tomates et le cidre dans la poêle puis laissez réduire 15 à 20 min à feu moyen.

3 Roulez chaque filet de limande et fixez-les avec un cure-dents.

4 Déposez les filets de limande et les langoustines dans la sauce et laissez cuire pendant 5 min.

5 Retirez les filets, ajoutez la crème fraîche et le piment d'Espelette. Salez, poivrez. Portez à ébullition puis laissez cuire 2 min.

6 Replacez les filets de limande dans la sauce et servez avec du riz.

ASTUCE À défaut de langoustines, utilisez des grosses crevettes.

“J'ai ajouté 1 c. à café de sucre en fin de réduction pour adoucir l'acidité de la tomate et du cidre.” Brisoule

Courge spaghetti à la carbonara

Pour 4 personnes
Proposée par denis_292
Très facile
Bon marché

Préparation **15 min** | Cuisson **1 h 15**

Courge spaghetti (1, d'environ 2 kg) • **Lardons** (200 g) • **Oignons** (2) • **Crème fraîche épaisse** (25 cl) • **Parmesan** (100 g) • **Sel, poivre**

1 Faites cuire la courge spaghetti entière dans une casserole environ 1 h (ou 30 min à la cocotte-minute).

2 Coupez-la en deux dans le sens de la longueur, enlevez les graines et tirez la chair avec une fourchette. Laissez-la s'égoutter.

3 Dans un wok ou une poêle, faites revenir les lardons et les oignons préalablement épluchés et émincés.

4 Ajoutez la courge puis la crème. Salez, poivrez et saupoudrez de parmesan.

ASTUCE Faites cuire la courge au micro-ondes 15 min puissance maxi en la piquant préalablement à la fourchette à plusieurs endroits.

“Un vrai régal. J'ai rajouté des champignons émincés car la courge faisait moins de 2 kg.” Emeu67

"*Un vrai délice, excessivement simple à faire ! J'ai remplacé les langoustines par des crevettes. Tout le monde en a repris.*"
Mathiosaka

Toasts d'*endives*

Pour 4 personnes
Proposés par valerie_54
Très facile
Bon marché

Préparation
30 min

Endives à longues feuilles (2) • **Roquefort** • **Noix** • **Œufs durs** • **Mayonnaise** • **Fromage à tartiner** • **Olives**

1. Coupez l'extrémité des endives et détachez délicatement les feuilles une à une.

2. Lavez-les et séchez-les bien sans les abîmer.

3. Utilisez chaque feuille comme un toast en les garnissant avec, au choix :
- un morceau de roquefort et une noix,
- des petits morceaux d'œuf dur avec de la mayonnaise,
- du fromage à tartiner avec une olive.

ASTUCE Vous pouvez aussi garnir les feuilles de tzatziki, de houmous ou de guacamole.

"*C'est frais ! Je les fais en tartinant avec du Kiri puis j'ajoute une fine tranche de pomme, du cheddar et quelques cerneaux de noix. Un délice !*"
aureliaallard

"*Merci pour cette super idée ! Avec du tzatziki et du ktipiti décoré d'une tomate cerise ou d'un petit radis rond, c'est joli et léger. Nouveau légume qui va entrer dans mes apéros dînatoires d'hiver !*" **Malau**

Pommes de terre sautées

Pour 4 personnes
Proposées par sissi67
Facile
Bon marché

Préparation	Cuisson
10 min	**15 min**

Pommes de terre à chair ferme (6) • **Huile** • **Sel, poivre**

❶ Épluchez et lavez les pommes de terre. Coupez-les en tranches de 1,5 cm d'épaisseur, puis en cubes.

❷ Dans une sauteuse, faites chauffer 3 c. à soupe d'huile. Lorsqu'elle est chaude, déposez les pommes de terre d'un coup, puis enrobez-les d'huile avec une cuillère en bois. Salez, poivrez et mélangez.

❸ Laissez cuire sur feu vif avec le couvercle jusqu'à ce qu'une bonne odeur de pommes de terre grillées s'échappe. (Ne les découvrez pas avant ! Cela prend entre 3 et 5 min.)

❹ À ce moment-là seulement, retournez les pommes de terre. Baissez le feu sur feu moyen. Remettez le couvercle, puis retournez les pommes de terre toutes les 3 min pendant 10 min.

❺ Vérifiez la cuisson en y plantant la pointe d'un couteau.

ASTUCE Parfumez les pommes de terre avec une pointe de curry en poudre.

« Je mets de la graisse d'oie à la place de l'huile. Pommes de terre fondantes et grillées en même temps. » **Misskarine**

Cake aux *châtaignes* et à la crème de marrons

Pour 6 personnes
Proposé par Tiphanie_5
Très facile
Moyen

Préparation	Cuisson
15 min	**45 min**

Crème de marrons (400 g) • **Châtaignes** (100 g) • **Œufs** (3) • **Sucre** (80 g) • **Farine** (160 g + un peu pour le moule) • **Levure chimique** (⅓ de sachet) • **Beurre** (100 g + un peu pour le moule)

❶ Préchauffez le four à 180 °C (th. 6).

❷ Faites fondre le beurre dans une petite casserole ou au micro-ondes.

❸ Dans un saladier, fouettez ensemble le sucre et les œufs jusqu'à ce que le mélange blanchisse.

❹ Ajoutez la farine et la levure puis mélangez de nouveau. Incorporez le beurre fondu puis la crème de marrons.

❺ Coupez les châtaignes en petits morceaux et ajoutez-les au mélange.

❻ Versez la pâte dans un moule à cake préalablement beurré et fariné.

❼ Enfournez et laissez cuire 45 min. Laissez refroidir.

ASTUCE Pour les fêtes de fin d'année, remplacez les châtaignes par des marrons glacés.

« N'ayant pas de châtaignes, je n'ai utilisé que la crème de marrons (environ 300 g) et je n'ai mis ni sucre, ni beurre. » **Jana_1**

Mousse glacée aux *pommes* et cidre

Pour 4 personnes
Facile
Moyen

Préparation	Cuisson	Repos
20 min	**20 min**	**1 à 4 h**

Pommes (1 kg) • **Cidre brut** (20 cl) • **Crème fraîche** (25 cl) • **Blancs d'œufs** (3) • **Sucre en poudre** (150 g) • **Cannelle en poudre** (½ c. à café) • **Sucre glace** (50 g)

1. Épluchez et coupez les pommes en morceaux.
2. Dans une casserole, faites fondre les morceaux de pommes avec le sucre en poudre et le cidre pendant 20 min en remuant.
3. Quand elles sont cuites, mixez les pommes en purée puis ajoutez la cannelle. Laissez refroidir.
4. Placez les blancs d'œufs et le sucre glace dans un saladier, fouettez au batteur électrique afin d'obtenir une meringue assez ferme et brillante.
5. Incorporez délicatement la meringue à la compote de pommes.
6. Fouettez la crème fraîche en chantilly et incorporez-la au tout.
7. Placez la mousse dans une sorbetière ou placez-la au congélateur pour au moins 4 h en la grattant toutes les 30 min avec une fourchette afin d'éviter la formation de cristaux.

« J'ai mis la mousse dans un moule à cake et, au moment de servir, je l'ai trempée quelques secondes dans de l'eau chaude. Démoulage parfait, goût exquis, bref, le grand chic ! » **Catichon**

ZOOM SUR LA *pomme*

QUAND L'ACHETER ?
JANV. • FÉV. • MARS • AVRIL • MAI • JUIN • JUIL. • AOÛT • SEPT. • OCT. • NOV. • DÉC.

COMMENT LA CHOISIR ? On distingue cinq grands groupes de pomme : les gourmandes, très sucrées (Golden, Royal Gala...), les parfumées (Reine des Reinettes, Elstar, Pink Lady, Jonagold...), les équilibrées (Fuji et toutes les pommes rouges), les rustiques (Grise du Canada, Chantecler, Boskoop) et les toniques (Granny-Smith).

COMMENT LA CONSERVER ? À température ambiante. Elle supporte mal la congélation.

COMMENT LA CUISINER ? Elle se cuisine de toutes les manières : crue ou cuite, dans les plats salés ou sucrés.

Linguines aux *endives* et chair d'*écrevisses*

Pour 4 personnes
Proposées par marco_5
Facile
Moyen

Préparation	Cuisson
25 min	**10 min**

Linguines (500 g) • **Endives blanches** (4) • **Chair d'écrevisses** (250 g) • **Ail** (1 gousse) • **Vin blanc moelleux** (1 petit verre) • **Bouillon de légumes** (½ cube) • **Ras-el-hanout ou 5 épices** (1 pincée) • **Huile d'olive** (2 c. à soupe) • **Crème fraîche** (2 c. à soupe) • **Sel** (1 pincée) • **Poivre rose du moulin** • **Persil plat** (4 brins)

❶ Éliminez les premières feuilles des endives, parfois amères. Lavez les endives et émincez-les.

❷ Épluchez et coupez l'ail en petits morceaux.

❸ Dans un wok, faites revenir l'ail et les endives avec 1 c. à soupe d'huile d'olive. Attention, les endives doivent rester croquantes. Mettez de côté, au chaud.

❹ Coupez la chair d'écrevisses (les morceaux sont parfois trop gros).

❺ Faites-la revenir dans une poêle 2 à 3 min à feu vif avec 1 c. à soupe d'huile d'olive et le bouillon de légumes.

❻ Arrosez avec le vin blanc, ajoutez le ras-el-hanout (ou le 5 épices), le sel et enfin du poivre.

❼ Mélangez la chair d'écrevisses aux endives puis ajoutez la crème fraîche, le tout à feu doux.

« Un vrai plaisir. J'ai servi à l'assiette, en mettant les pâtes et les endives de chaque côté de l'assiette et, au milieu, les écrevisses avec la sauce. » Pascale_1274

❽ Faites cuire les pâtes dans une grande casserole d'eau salée une dizaine de minutes.

❾ Égouttez-les et mélangez-les au reste de la préparation.

❿ Servez sans tarder en parsemant de persil préalablement lavé et ciselé.

ASTUCE Veillez à cuire les pâtes al dente.

« Le mariage endives-épices-écrevisses est surprenant mais c'est vraiment très bon ! » Emilie_762

Tarte Tatin aux *pêches de vigne*

Pour 6 personnes
Proposée par noe261186
Facile
Bon marché

Préparation **15 min** | Cuisson **25 min**

Pêches de vigne (3) • **Pâte feuilletée** (1 rouleau) • **Sucre** (100 g) • **Beurre**

1. Préchauffez le four à 180 °C (th. 6).

2. Faites chauffer le sucre avec 3 ou 4 c. à soupe d'eau dans une casserole jusqu'à obtenir un caramel.

3. Beurrez un moule à manqué de 28 cm de diamètre environ.

4. Versez le caramel liquide au fond du moule. S'il durcit au contact du moule et ne s'étale pas, ne vous inquiétez pas, avec la cuisson au four, le caramel se liquéfie à nouveau.

5. Lavez les pêches de vigne, coupez-les en deux, dénoyautez-les et coupez-les en grosses lamelles.

6. Posez les lamelles de pêches de vigne sur le caramel.

7. Déposez la pâte feuilletée dessus et rabattez le surplus vers l'intérieur. Piquez la pâte avec une fourchette.

8. Enfournez 20 min en surveillant la cuisson.

9. Sortez la tarte du four et démoulez-la (pendant que le caramel est encore chaud).

10. Dégustez tiède avec une boule de glace à la vanille.

ASTUCE Stoppez la cuisson du caramel lorsqu'il prend une jolie couleur blonde. Trop cuit, il devient amer.

« Magnifique ! J'ai doublé les quantités de caramel... À refaire. » **Loulionis**

L'INCONTOURNABLE DU MOIS

Halloween

Tagliatelles à la *citrouille*

Pour 3 personnes
Proposées par BertilleetFrederic
Facile
Bon marché

Préparation	Cuisson
10 min	**20 min**

Citrouille pelée et épépinée (500 g) • **Bouillon de volaille** (30 cl) • **Jambon de Parme** (125 g) • **Tagliatelles** (250 g) • **Crème fraîche épaisse** (15 cl) • **Oignon** (1) • **Ail** (2 gousses) • **Huile d'olive** (3 c. à soupe) • **Persil** (15 brins) • **Parmesan râpé** • **Noix de muscade** (1 pincée) • **Sel, poivre**

1. Coupez la citrouille en dés de 1 cm. Épluchez et émincez l'oignon. Épluchez et hachez l'ail. Lavez et hachez le persil.

2. Faites chauffer l'huile d'olive dans une sauteuse. Ajoutez l'oignon et l'ail et faites revenir à feu doux pendant 3 à 4 min. Ajoutez le persil et continuez la cuisson 1 min.

3. Ajoutez les morceaux de citrouille et faites cuire à feu vif 2 à 3 min. Salez, poivrez et ajoutez la noix de muscade. Ajoutez les deux tiers du bouillon (20 cl) et portez à ébullition.

4. Couvrez et laissez mijoter à feu vif pendant environ 10 min (jusqu'à ce que la citrouille soit tendre). Ajoutez du bouillon en cours de cuisson si nécessaire car il ne faut pas que la citrouille se dessèche ou brûle.

5. Pendant ce temps, faites cuire les tagliatelles dans une grande casserole d'eau bouillante salée pendant une dizaine de minutes.

6. Ajoutez le jambon dans la sauteuse avec la citrouille et laissez cuire 2 min.

7. Égouttez les pâtes et transvasez-les dans un plat de service.

8. Ajoutez la crème au mélange citrouille-jambon et réchauffez à feu doux en remuant doucement.

9. Recouvrez les tagliatelles de cette sauce et servez avec du parmesan râpé.

ASTUCE Pour une note croquante, parsemez le plat de noisettes grillées concassées.

« J'ai adoré cette recette. Une super astuce pour faire manger de la citrouille à mes enfants. » Loisalie

« Très rafraîchissant. À refaire avec des raisins secs. »
Annie_582

Salade aux *raisins* et au *roquefort*

Pour 4 personnes
Proposée par Colorado
Très facile
Bon marché

Préparation
15 min

Roquefort (100 g) • **Feuille de chêne** (1) • **Figues** (4) • **Raisin rouge** (2 petites grappes) • **Persil plat** (10 brins) • **Pour l'assaisonnement : Huile de noisette** (1 c. à soupe) • **Vinaigre de vin** (1 c. à soupe) • **Huile d'arachide** (1 c. à soupe) • **Sel, poivre**

1. Lavez la salade et essorez-la.
2. Égrappez le raisin puis lavez-le.
3. Passez sous l'eau les brins de persil, épongez-les et effeuillez-les.
4. Émiettez le roquefort.
5. Lavez et coupez les figues en quartiers.
6. Préparez l'assaisonnement : dans un grand saladier, fouettez le vinaigre de vin avec du poivre moulu, du sel et les huiles d'arachide et de noisette.
7. Ajoutez la salade et les brins de persil dans le saladier et mélangez.
8. Sans attendre, répartissez la salade sur les assiettes.
9. Ajoutez ensuite les grains de raisin, le roquefort émietté et les quartiers de figues.
10. Servez aussitôt.

ASTUCE Ajoutez des lanières de jambon cru poêlées quelques instants dans une poêle antiadhésive sans matières grasses.

« Je l'ai accompagnée d'une tarte au camembert. Il ne restait plus rien dans les plats à la fin du repas. » Arianne_3

Novembre

Le maître mot est COCOONING. Il commence à faire froid… et alors ? On ressort les soupes, on se réconforte autour de bons petits plats. Au coin du feu, on fait rôtir des châtaignes, on cuisine le gibier et de bonnes petites sauces. On fait des gâteaux. Le four ronronne dans la cuisine et, bizarrement, c'est très rassurant.

C'est le bon moment pour cuisiner...

Légumes • *avocat, brocoli, cèpe, chou, chou-fleur, endive, mâche, poireau, potimarron, potiron*

Fruits • *ananas, clémentine, kaki, kiwi, orange*

Viandes • *chevreuil, dinde, faisan, lièvre, porc*

Poissons • *bar de ligne, églefin, hareng, rouget barbet*

Coquillages et crustacés • *coquille Saint-Jacques, crevette rose, homard, moule, oursin*

Fromages • *parmesan, vacherin*

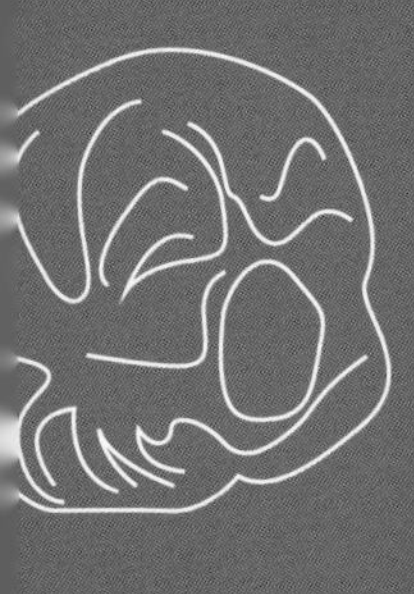

Et aussi... ***Légumes*** • betterave, carotte, céleri, chou de Bruxelles, chou rouge, citrouille, courge, courge spaghetti, cresson, crosne, fenouil, navet, oignon, panais, pied-de-mouton, pleurote, pomme de terre, radis noir, roquette, rutabaga, salsifis, scarole, topinambour, trompette-de-la-mort • ***Fruits*** • banane, châtaigne, citron, coing, datte, grenade, litchi, mandarine, mangue, pamplemousse, papaye, poire, pomme • ***Viandes*** • caille, canard, chapon, mouton, perdrix, pintade, sanglier • ***Poissons*** • cabillaud, congre, dorade, dorade grise, lieu jaune, lieu noir, limande, merlan, rouget de roche, rouget-grondin, tacaud • ***Coquillages, crustacés et mollusques*** • bigorneau, calamar, coque, écrevisse, gamba, huître, palourde, poulpe, seiche • ***Fromages*** • abondance, beaufort, bleu d'Auvergne, brocciu, cabécou, cancoillotte, cantal, comté, emmental, époisses, gruyère, laguiole, munster, ossau-iraty, pont-l'évêque, salers, vacherin, vieux-Lille.

ZOOM SUR LA *dinde*

QUAND L'ACHETER?

JANV.
FÉV.
MARS
AVRIL
MAI
JUIN
JUIL.
AOÛT
SEPT.
OCT.
NOV.
DÉC.

COMMENT LA CUISINER? La dinde se consomme entière, grillée ou farcie, pour Noël (ou Thanksgiving aux États-Unis). En morceaux, on consomme principalement ses escalopes et ses cuisses. On la trouve également sous forme de jambon ou de rôti. Sa viande est très moelleuse. C'est la plus maigre des volailles.

BON À SAVOIR Les plus grosses dindes peuvent approcher les 20 kg. L'animal que l'on cuit traditionnellement à Noël pèse en général dans les 3 ou 4 kg.

Cuisses de *dinde* aux flageolets

Pour 4 personnes
Proposées par machintuc31
Très facile
Bon marché

Préparation **10 min** | Cuisson **1 h 10**

Cuisses de dinde (2) • **Flageolets verts** (2 boîtes) • **Oignon** (1) • **Bouillon de volaille** (1 cube) • **Thym** (1 branche) • **Beurre** • **Huile d'olive** • **Poivre**

1. Épluchez et émincez l'oignon. Dans une grande casserole, faites-le fondre dans du beurre et un peu d'huile d'olive. Ajoutez les cuisses de dinde et laissez dorer.

2. Pendant ce temps, égouttez les flageolets et rincez-les.

3. Une fois la viande dorée, ajoutez les flageolets, couvrez d'eau (environ 40 cl), ajoutez le cube de bouillon de volaille, du poivre et le thym. Laissez cuire 1 h à feu doux.

ASTUCE Vous pouvez ajouter quelques pommes de terre coupées en gros cubes 20 min avant la fin de la cuisson.

« En même temps que les oignons, j'ai mis des petits champignons de Paris et, au moment de mettre les flageolets, j'ai ajouté des lardons. C'est une très bonne recette ! » **laurie13270**

Soupe *potiron*, coco et gingembre

Pour 4 personnes
Proposée par fannypop
Facile
Bon marché

Préparation	Cuisson
10 min	**30 min**

Potiron (1 tranche) • **Lait de coco** (40 cl) • **Gingembre frais** (1 morceau de 3 cm) • **Bouillon de légumes** (1 cube) • **Oignon** (1) • **Ail** (2 gousses) • **Huile d'olive**

1. Préchauffez le four à 200 °C (th. 6-7).

2. Épluchez le potiron, coupez la chair en gros cubes. Dans un plat, faites-les rôtir au four avec de l'huile, jusqu'à ce qu'ils soient bien tendres (comptez 20 min).

3. Épluchez l'oignon, l'ail et le gingembre. Émincez l'oignon et l'ail, râpez le gingembre.

4. Dans une grande casserole, faites rissoler l'oignon avec un peu d'huile d'olive, puis l'ail et enfin le gingembre râpé.

5. Ajoutez le potiron et écrasez le tout avec un presse-purée.

6. Dans un grand bol, faites dissoudre le cube de bouillon dans 30 cl d'eau chaude, ajoutez le lait de coco.

7. Versez cette préparation dans la purée petit à petit en mélangeant sur feu doux jusqu'à obtenir la consistance désirée. Attention, le lait de coco ne doit pas bouillir.

8. Couvrez et laissez mijoter à feu doux pendant 5 à 10 min, puis retirez du feu quelques minutes avant de servir, avec une ciabatta grillée par exemple.

ASTUCE Pour une soupe plus épicée, rajoutez quelques pincées de gingembre en poudre en fin de cuisson. Pour une soupe moins épaisse, utilisez moitié lait de coco moitié bouillon.

« Excellente soupe. J'ai utilisé un potimarron cuit à la cocotte-minute plutôt qu'au four. Je n'ai rien changé au reste : c'est à la fois doux et parfumé. »
Hydromelle

« Délicieux ! J'ai mis environ 600 g de potiron et j'ai rajouté 300 g de courgettes. » **discoverlife**

La recette filmée

Omelette aux *cèpes*

Pour 4 personnes
Proposée par mathilde_264
Très facile
Assez cher

Préparation	Cuisson
5 min	**15 min**

Œufs (9) • **Cèpe frais** (1 gros de 500 g) • **Persil** (5 brins) • **Beurre ou huile d'olive** • **Sel, poivre**

❶ Nettoyez le cèpe (ôtez la terre) sans le laver, coupez-le en petits morceaux. Lavez et ciselez le persil.

❷ Dans un saladier, battez les œufs, salez, poivrez et ajoutez le persil.

❸ Dans une poêle, faites chauffer un peu d'huile ou de beurre puis faites-y revenir les morceaux de cèpe une dizaine de minutes.

❹ Ajoutez le mélange d'œufs en baissant le feu.

❺ Laissez cuire quelques minutes, le temps que les œufs se figent en omelette.

❻ Servez aussitôt.

Réaliser une omelette roulée

« J'ai aussi parsemé un peu de fromage râpé dessus, l'omelette était bien fondante. » **lucieeee**

Salade de *mâche*, champignons et canard

Pour 6 personnes
Proposée par ludivine_3
Très facile
Moyen

Préparation
30 min

Mâche (150 g) • **Champignons de Paris** (150 g) • **Filets de canard fumé** • **Ail** (1-2 gousses) • **Huile d'olive** (6 c. à soupe) • **Vinaigre balsamique** (2 c. à soupe) • **Moutarde** (1 c. à café) • **Sel, poivre**

❶ Nettoyez et lavez la mâche. Épluchez et coupez en lamelles les champignons.

❷ Épluchez et émincez finement l'ail.

❸ Retirez le gras des filets de canard, coupez-les en petits morceaux.

❹ Dans un plat (ou un saladier), mélangez la salade, les morceaux de canard et les champignons.

❺ Dans un bol, mélangez l'huile d'olive, le vinaigre balsamique, la moutarde, du sel et du poivre.

❻ Éparpillez l'ail sur la salade, arrosez de vinaigrette, mélangez et servez.

ASTUCE Poêlez rapidement les champignons et les filets de canard fumé.

« Pour la vinaigrette, je mélange yaourt (ou fromage blanc), moutarde, sel, poivre et une larme de vinaigre balsamique. C'est plus léger et plus goûteux. » **Mathilde_56**

Vacherin au four

Pour 4 personnes
Proposé par Amanda
Très facile
Moyen

Préparation	Cuisson
10 min	**20 min**

Vacherin (500 g) • **Vin blanc** (15 cl) • **Ail** (2 gousses)

1. Préchauffez le four à 200 °C (th. 6-7).

2. Laissez le vacherin dans sa boîte en bois.

3. Épluchez les gousses d'ail et coupez-les en deux.

4. À l'aide d'un couteau, réalisez 4 trous profonds dans le vacherin.

5. Enfoncez les gousses d'ail dans les trous puis versez le vin blanc.

6. Déposez le vacherin sur une plaque et enfournez 20 min environ jusqu'à ce qu'il soit bien doré et fondu.

7. Servez avec des pommes de terre ou du pain.

ASTUCE Préférez un vin blanc du Jura.

« Très bon mais il est conseillé de faire tremper 15 minutes le vacherin dans l'eau (il flotte) pour que la boîte ne brûle pas. » **sandrine_96**

« C'est un vrai régal ! Nous l'avons accompagné d'une bonne saucisse de Morteau et de pommes de terre à l'étouffée. Une très bonne alternative à la tartiflette. » **laurence_474**

Sauté de *porc* à la tomate

Pour 3 personnes
Proposé par Marie_456
◐ Facile
€€€ Bon marché

Préparation **30 min** | Cuisson **1 h 40**

Viande de porc pour sauté (500 g) • **Poivron vert** (½) • **Tomates** (1 kg) • **Vin blanc sec** (30 cl) • **Oignon** (1) • **Ail** (2 gousses) • **Bouillon de poule** (1 cube) • **Huile d'olive** • **Sel, poivre**

❶ Lavez, épépinez et coupez le poivron. Épluchez et émincez l'oignon.

❷ Découpez la viande en morceaux.

❸ Dans une cocotte, faites revenir le poivron et l'oignon à feu doux dans un peu d'huile d'olive. Mettez de côté.

❹ Versez de nouveau de l'huile dans la cocotte et faites-y dorer les morceaux de porc salés et poivrés. Ajoutez l'ail préalablement épluché et haché et faites-le dorer 30 s.

❺ Diluez le bouillon dans 1 l d'eau.

❻ Remettez les morceaux de poivron et d'oignon dans la cocotte, puis versez le vin blanc à mi-hauteur du porc.

❼ Versez le bouillon de poule de sorte que la viande soit tout juste recouverte.

❽ Laissez cuire à découvert environ 30 min.

❾ Épluchez et concassez les tomates.

❿ Ajoutez les tomates dans la cocotte et poursuivez la cuisson sur feu moyen encore 1 h : le jus doit être assez épais.

ASTUCE Accompagnez ce sauté de porc d'une purée de pommes de terre.

« J'ai rajouté une petite branche de romarin sauvage que j'ai retirée au moment de mettre les tomates. J'ai également cassé l'acidité des tomates à l'aide de 1 c. à café de sucre. » **dunsinan**

L'INCONTOURNABLE DU MOIS

La boisson vitaminée

Smoothie vitaminé

Pour 2 personnes
Proposé par muriel_698
Très facile
Bon marché

Préparation
5 min

Lait de soja (25 cl)
• **Bananes** (2) • **Kiwis** (4)
• **Oranges** (2)

❶ Épluchez et coupez en morceaux les bananes et les kiwis.

❷ Placez-les dans un mixeur.

❸ Pressez les oranges et versez le jus dans le mixeur.

❹ Ajoutez le lait de soja et mixez bien l'ensemble.

ASTUCE Ajoutez 1 c. à café de miel.

« Avec un peu de cannelle, c'est encore meilleur ! » **oObruneOo**

« Très bon, j'ai ajouté 2 pommes et remplacé le lait de soja par du lait de coco. » **Steph2742**

Ananas rôti à la cannelle

Pour 3 personnes
Proposé par marine_64
Très facile
Bon marché

Préparation	Cuisson
5 min	**20 min**

Ananas mûr (1 petit)
• **Sucre** (40 g) • **Cannelle en poudre** (2 c. à soupe)

❶ Préchauffez le four à 200 °C (th. 6-7).

❷ Pelez l'ananas en ne laissant que la queue.

❸ Saupoudrez généreusement la chair du fruit de sucre puis de cannelle de sorte que l'ananas soit presque marron.

❹ Placez l'ananas sur une plaque de cuisson puis enfournez et laissez cuire 15 à 20 min en retournant l'ananas de temps en temps : l'ananas doit être bien caramélisé.

❺ Sortez l'ananas du four et coupez-le en tranches.

ASTUCE Pour terminer la caramélisation, passez l'ananas 5 min sous le gril.

« Une merveille ! Personnellement, je le caramélise à la poêle et je le sers ensuite dans des coupes à glace en alternant les couches : spéculoos émiettés, ananas rôti et glace à la pistache. » **lalie**

« Laissez mariner l'ananas dans le sucre et la cannelle plusieurs heures avant de le cuire. Régalez-vous ! » **leiloca**

Civet de *chevreuil*

Pour 6 personnes
Facile
Assez cher

Préparation	Cuisson	Repos
30 min	**5 h**	**12 h**

Chevreuil (1,2 kg) • **Vin rouge type Corbières ou Madiran** (50 cl) • **Bouquet garni** (1) • **Carottes** (2) • **Oignons** (6) • **Baies de genièvre** • **Vinaigre** (15 cl) • **Sel, poivre**

❶ Épluchez et coupez les carottes en rondelles. Épluchez et émincez les oignons.

❷ Dans un grand plat, mélangez le vin, le bouquet garni, les carottes en rondelles, les oignons, les baies de genièvre et le vinaigre. Salez et poivrez.

❸ Plongez la viande dans cette marinade et laissez mariner de 12 h à 3 jours.

❹ Le jour J, faites cuire l'ensemble dans une cocotte à feu doux 5 h minimum, 10 h si possible.

❺ Servez avec une purée de pommes de terre ou de brocolis maison.

ASTUCE Les meilleurs morceaux pour cette recette sont les entrecuisses.

« Je vous conseille d'ajouter un foie de bœuf. J'ai également ajouté, 45 minutes avant la fin de la cuisson, 1 bonne c. à soupe de farine que j'avais délayée au préalable dans un peu de sauce. » **Kimlet**

« J'ai cuit le civet au four, 7 heures à 180 °C (th. 6). Je l'ai servi avec des échalotes confites et une purée de potimarron. » **Marylene_33**

« Délicieux, j'ai juste fait précuire les brocolis quelques minutes. Merci pour cette recette. » **Cecile_3877**

Risotto de *brocolis* aux amandes

Pour 4 personnes
Proposé par Adeline_22
Très facile
Bon marché

Préparation	Cuisson
5 min	35 min

Riz brun (175 g) • **Amandes grillées** (2 c. à soupe) • **Brocolis divisés en petits bouquets** (500 g) • **Parmesan râpé** (50 g) • **Oignon** (1) • **Bouillon de volaille** (75 cl) • **Huile d'olive** (2 c. à soupe) • **Sel, poivre**

❶ Dans une cocotte, faites revenir l'oignon préalablement pelé et émincé dans l'huile pendant 3 min.

❷ Ajoutez le riz et remuez jusqu'à ce qu'il soit bien enduit d'huile.

❸ Ajoutez progressivement le bouillon de volaille. Portez à ébullition. Salez et poivrez.

❹ Ajoutez 1 c. à soupe d'amandes grillées. Couvrez et laissez mijoter pendant 15 min.

❺ Ajoutez les bouquets de brocolis et laissez cuire encore 15 min jusqu'à ce que le bouillon soit absorbé.

❻ Ajoutez le parmesan et mélangez bien.

❼ Saupoudrez le plat avec les amandes grillées et servez.

ASTUCE Vous pouvez utiliser du riz arborio rond pour réaliser cette recette.

« Je n'ai pas mis les amandes par souci diététique et j'ai servi ce risotto avec du saumon grillé : une merveille. Merci. » **Annelaure_344**

Omelette aux *clémentines*

Pour 4 personnes
Très facile
Bon marché

Préparation	Cuisson	Repos
15 min	5 min	30 min

Œufs (8) • **Clémentines non traitées** (4) • **Raisins secs** (200 g) • **Crème fraîche** (50 cl) • **Beurre**

❶ Faites tremper les raisins secs dans un bol d'eau tiède pendant 30 min pour les faire gonfler.

❷ Dans un saladier, battez les œufs et la crème fraîche avec un fouet.

❸ Ajoutez les raisins secs préalablement égouttés.

❹ Prélevez le zeste de 1 clémentine et ajoutez-le à la préparation.

❺ Épluchez les clémentines, prélevez les quartiers et coupez chaque quartier en deux.

❻ Ajoutez-les à la préparation.

❼ Faites chauffer une poêle avec un peu de beurre. Versez la préparation et laissez cuire environ 5 min.

« Avec le jus d'une demi-orange, c'est encore meilleur. Rapide, facile et délicieux ! » **Looby**

Velouté d'*endives*

Pour 6 personnes
Proposé par Anne_2475
Facile
Bon marché

Préparation **15 min** | Cuisson **45 min**

Endives (2 kg) • **Pommes de terre** (750 g) • **Beurre** (60 g) • **Bouillon de volaille** (2 cubes) • **Crème liquide** • **Cerfeuil** (quelques feuilles) • **Sel, poivre**

❶ Dans une casserole, ébouillantez les endives pour enlever leur amertume. Égouttez-les puis coupez-les en petits morceaux.

❷ Épluchez et coupez les pommes de terre en petits cubes.

❸ Faites fondre le beurre dans une casserole et faites-y revenir les endives.

❹ Ajoutez les pommes de terre. Couvrez avec 2 l d'eau et ajoutez les cubes de bouillon. Laissez cuire 20 à 30 min.

❺ Mixez, salez, poivrez, puis ajoutez de la crème selon le goût.

❻ Au moment de servir, parsemez de feuilles de cerfeuil préalablement lavées.

ASTUCE Répartissez la soupe chaude dans de jolis bols. Découpez des disques de pâte feuilletée d'un diamètre légèrement supérieur à celui des bols. Posez ces disques de pâte sur le dessus de vos bols et fixez-les en appuyant légèrement la pâte sur les côtés. Laissez gonfler et dorer au four 10 min environ.

« À la place de la crème fraîche, j'ai mis une demi-boîte de fromage à l'ail et aux fines herbes ; et j'ai émulsionné 2 ou 3 minutes pour avoir un bel effet velouté. » **Hopucocot**

ZOOM SUR L'*endive*

QUAND L'ACHETER ?

JAN.	**FÉV.**	**MARS**	**AVRIL**
MAI	JUIN	JUIL.	AOÛT
SEPT.	**OCT.**	**NOV.**	**DÉC.**

COMMENT LA CHOISIR ? Avec des feuilles fermes et blanches, légèrement bordées de jaune pâle. La base du bourgeon sera la plus blanche possible.

COMMENT LA CUISINER ? Crue, en salade, elle peut aussi être cuite, braisée, gratinée...

ASTUCE Pour réduire l'amertume des endives cuites, il est conseillé d'ajouter des rondelles de citron ou un morceau de sucre dans leur eau de cuisson, ou bien de les cuire dans du lait.

BON À SAVOIR Appelée aussi chicon, l'endive est une plante dont on consomme les pousses, blanchies par forçage (à l'abri de la lumière). Il existe également une endive rouge, la carmine, qui a une note d'amertume un peu plus marquée.

Homard à l'armoricaine

Pour 4 personnes
Moyennement facile
Assez cher

Préparation	Cuisson
1 h	45 min

Homards (2, de 800 g chacun) • **Tomates** (5) • **Estragon** (1 petit bouquet) • **Céleri** (1 petite branche) • **Carotte** (1) • **Cognac** (10 cl) • **Vin blanc sec** (30 cl) • **Concentré de tomates** (1 c. à café) • **Échalotes** (2) • **Oignon** (1) • **Ail** (2 gousses) • **Beurre** (75 g) • **Huile d'olive** (10 cl) • **Farine** (1 c. à soupe) • **Piment en poudre** • **Sel, poivre**

❶ Ébouillantez les tomates 30 s, passez-les sous l'eau froide et pelez-les. Puis épépinez-les et coupez la chair en morceaux.

❷ Pelez et hachez finement les échalotes, l'oignon, le céleri et la carotte.

❸ Épluchez et écrasez l'ail. Effeuillez et ciselez l'estragon.

❹ Ébouillantez les homards 1 min. Détachez les pinces et décortiquez-les. Coupez les queues en tronçons et réservez le corail des têtes.

❺ Faites chauffer l'huile dans une cocotte et faites-y colorer les morceaux de homards.

❻ Ajoutez les légumes hachés, remuez.

❼ Versez le cognac et flambez.

❽ Ajoutez les tomates, l'ail et l'estragon.

❾ Mouillez avec le vin blanc et allongez avec un peu d'eau pour que le liquide couvre les morceaux de homards. Salez, poivrez et ajoutez une pincée de piment en poudre. Couvrez et laissez cuire 20 min.

❿ Mélangez le beurre préalablement ramolli et la farine avec le corail. Ajoutez le concentré de tomates et travaillez le mélange en pommade.

⓫ Égouttez les morceaux de homards cuits, réservez-les au chaud dans une casserole.

⓬ Faites réduire le jus de cuisson d'un tiers environ.

⓭ Ajoutez le beurre au corail. Portez à ébullition et laissez bouillir 2 min en remuant.

⓮ Filtrez la sauce et versez-la sur les homards. Portez à ébullition quelques minutes puis servez.

ASTUCE Pour encore plus de saveur, faites mijoter la sauce avec les têtes des homards.

« J'ai ajouté 4 petits crabes (étrilles ou crabes sardines), coupés en deux puis écrasés dans la sauce. Cela donne un parfum très agréable. » **Tomcoatj**

Préparer un homard

Églefin à la crème de curry

Pour 4 personnes
Proposé par Onlylalalou
Facile
Bon marché

Préparation 15 min | Cuisson 20 min

Églefin (2 filets) • **Vin blanc** (30 cl) • **Citron non traité** (1) • **Échalotes** (2) • **Curry** (2 c. à café) • **Crème fraîche** (25 cl) • **Fumet de poisson** (1 c. à café) • **Tomates cerises** (8) • **Beurre** (15 g) • **Sel, poivre**

1. Préchauffez le four à 180 °C (th. 6).

2. Disposez les filets d'églefin dans un plat allant au four. Pelez et hachez les échalotes. Faites fondre le beurre.

3. Dans un bol, mélangez le vin blanc, les échalotes, la crème fraîche, le curry, le fumet de poisson et le beurre.

4. Arrosez les filets d'églefin de cette sauce.

5. Lavez et coupez les tomates cerises en deux. Lavez et coupez 4 fines tranches de citron.

6. Posez les tomates cerises et les tranches de citron sur le dessus du plat. Salez et poivrez.

7. Couvrez avec une feuille de papier d'aluminium.

8. Enfournez et laissez cuire 20 min.

9. Servez avec du riz ou des pommes de terre en robe des champs.

ASTUCE Pour des pommes de terre en robe des champs, faites-les cuire entières non pelées 25 à 30 min au four à 200 °C (th. 6-7).

« J'ai remplacé les tomates cerises par des tomates pelées en boîte. Délicieux et très simple ! » Janet50

Béchamel au parmesan

Pour 2 personnes
Proposée par Fanny_535
Très facile
Bon marché

Préparation 3 min | Cuisson 10 min

Crème fleurette (25 cl) • **Parmesan râpé** (35 g) • **Beurre** (10 g) • **Maïzena** (1 c. à café)

1. Dans une casserole, faites fondre le beurre sur feu moyen.

2. Ajoutez la Maïzena en fouettant de manière à éviter les grumeaux.

3. Ajoutez la crème fleurette, en fouettant toujours. Laissez épaissir pendant 2 min.

4. Ajoutez le parmesan et laissez chauffer 2 min sans cesser de fouetter.

ASTUCE Cette béchamel est délicieuse sur des blancs de poulet, le tout gratiné au four.

« Très bonne recette qui m'a réconcilié avec la béchamel. Ne pas hésiter à augmenter les doses de parmesan pour encore plus de parfum ! » HappyBurgundy

« Réalisée sans moutarde et avec de la crème de soja. Je l'ai servie en accompagnement de brochettes de poulet. » FanFanlp

Fondue de *poireaux*

Pour 4 personnes
Proposée par colorado
Très facile
Bon marché

Préparation	Cuisson
20 min	**35 min**

Blancs de poireau (600 g) • **Beurre** (30 g) • **Moutarde de Dijon** (1 c. à soupe) • **Crème fraîche** (2 c. à soupe) • **Jus de citron** (2 c. à soupe) • **Sel, poivre**

❶ Émincez les poireaux. Lavez-les soigneusement.

❷ Faites fondre le beurre dans une casserole, ajoutez les poireaux, mélangez, couvrez et faites cuire à feu très doux pendant 25 min environ, en remuant de temps en temps.

❸ Au bout de ce temps, ajoutez le jus de citron, la moutarde et la crème, salez légèrement, poivrez et mélangez bien.

❹ Couvrez et laissez cuire encore 10 min à feu doux.

ASTUCE Ne laissez pas bouillir la sauce à la moutarde, vous éviterez ainsi la formation de petits grains désagréables.

« Très bon ! J'ai juste ajouté du piment d'Espelette pour rehausser le goût. » Patty04

« Excellente recette. Je l'ai faite avec de la moutarde à l'ancienne, ce qui la rend moins piquante (et un peu moins de jus de citron car elle est déjà légèrement acide). » steefeex

Réaliser une fondue de poireaux

Feuilles de *chou* farcies

Pour 4 personnes
Facile
Bon marché

Préparation	Cuisson
30 min	**30 min**

Chou vert (1) • **Chair à saucisse** (250 g) • **Carotte** (1) • **Oignon** (1) • **Ail** (1-2 gousses) • **Champignon de Paris** (1) • **Thym** • **Huile d'olive** • **Sel, poivre** • **Épices au choix** • **Beurre**

❶ Hachez l'ail, l'oignon, la carotte et le champignon assez finement.

❷ Dans une sauteuse, faites revenir ce hachis dans un peu d'huile d'olive. Une fois le hachis doré, incorporez la chair à saucisse, ajoutez le thym et les épices de votre choix. Mélangez bien. Faites saisir (la chair ne doit pas être totalement cuite).

❸ Pendant ce temps, ôtez les feuilles du chou, conservez uniquement les feuilles jeunes et plongez-les 2 min dans de l'eau bouillante.

❹ Égouttez bien les feuilles de chou. Déposez au cœur de chacune d'entre elles un peu de farce puis refermez en rabattant les bords sur la farce. Ficelez en passant la ficelle dessous puis dessus, croisez et faites un nœud.

❺ Disposez les feuilles farcies dans une cocotte avec du beurre et faites cuire quelques minutes sur feu fort. Ajoutez un demi-verre d'eau, baissez le feu et couvrez. Laissez cuire 15 min en retournant les feuilles farcies de temps en temps.

ASTUCE Hachez le reste du chou et incorporez-le à la farce.

Farcir les feuilles de chou

« Excellent ! Comptez deux feuilles de chou pour faire un petit farci, c'est parfait ! » **shuka33**

ZOOM SUR LE *chou vert*

QUAND L'ACHETER ?
JANV. · FÉV. · MARS · AVRIL · MAI · JUIN · JUIL. · AOÛT · SEPT. · OCT. · NOV. · DÉC.

BON À SAVOIR Connu aussi sous l'appellation chou de Milan, le chou vert est un légume d'hiver : il est entouré de larges feuilles fripées caractéristiques qui le protègent du froid.

COMMENT LE CONSERVER ? Au réfrigérateur, enveloppé dans un torchon humide.

COMMENT LE CUISINER ? Il est couramment utilisé pour la préparation de potées, de soupes, de pot-au-feu. Il est également cuisiné farci entier ou en portions individuelles (chaque feuille du chou est alors farcie et fermée comme une ballottine).

Wraps *avocats-crevettes*

Pour 4 personnes
Proposés par Kaela16
Facile
Bon marché

Préparation	Repos
30 min	**1 h**

Tortillas de blé (4) • **Crevettes roses cuites** (300 g) • **Avocats bien mûrs** (3) • **Fromage frais à tartiner** (100 g) • **Ciboulette** (quelques brins)

1. Lavez et ciselez la ciboulette.

2. Coupez la chair des avocats en cubes.

3. Coupez les crevettes décortiquées en morceaux.

4. Tartinez les tortillas de fromage frais.

5. Répartissez la ciboulette ciselée, les cubes d'avocats et les morceaux de crevettes sur chaque tortilla.

6. Roulez les tortillas et entourez-les avec du film alimentaire.

7. Placez 1 h au réfrigérateur.

8. Enlevez le film alimentaire, tranchez les extrémités des wraps à l'aide d'un couteau cranté.

9. Découpez chaque wrap en tronçons en les maintenant constamment pour qu'ils ne s'ouvrent pas.

10. Piquez chaque tronçon d'une pique.

ASTUCE Ajoutez sur chaque pique une demi-tomate cerise.

Rouler un wrap

« Je mélange fromage frais, avocat, citron, sel et poivre. J'obtiens la base que j'étale sur les galettes, puis je déroule des bâtonnets de surimi que je dispose dessus. » **Julize**

Bar au four

Pour 2 personnes
Proposé par FrenchyEve
Facile
Moyen

Préparation	Cuisson
15 min	**20 min**

Bar (600 g) • **Tomates** (3, petites et bien fermes) • **Vin blanc sec** (½ verre) • **Oignon** (1) • **Citron non traité** (1) • **Thym** • **Laurier** • **Huile d'olive** • **Sel, poivre**

❶ Préchauffez le four à 180 °C (th. 6).

❷ Lavez le citron et coupez-le en rondelles. Épluchez l'oignon et émincez-le. Coupez les tomates en deux.

❸ Huilez un plat à four rectangulaire dont la diagonale correspond à la taille du poisson. Sur cette diagonale, disposez la moitié des rondelles de citron, posez le poisson dessus, après lui avoir rempli le ventre de thym et de laurier. Répartissez le reste du citron sur le poisson.

❹ De part et d'autre du poisson, mettez les rondelles d'oignon et les demi-tomates, face bombée vers le dessous. Salez, poivrez et arrosez d'un filet d'huile d'olive.

❺ Enfournez pour 10 min, puis arrosez avec le vin blanc et poursuivez la cuisson 10 à 15 min.

❻ Répartissez le poisson, les tomates, l'oignon et le citron dans des assiettes chaudes et arrosez le tout du jus de cuisson.

ASTUCE Pour éviter que les herbes ne s'échappent du poisson à la cuisson, ficelez-le !

« Très bon, facile, rapide. J'ai mis en dessous un fenouil coupé en tranches très fines. » **virginie_513**

« Excellent ! J'ai ajouté, à la sortie du four, des amandes légèrement effilées revenues à la poêle... Tout bonnement délicieux ! » **Anonyme**

Soufflé de *chou-fleur*

Pour 4-6 personnes
Facile
Bon marché

Préparation	Cuisson
35 min	**1 h 15**

Chou-fleur (1) • **Dés de jambon** (100 g) • **Œufs** (4) • **Noix de muscade** (1 pincée) • **Sel, poivre** • **Pour la sauce béchamel : Beurre** (30 g) • **Farine** (25 g) • **Lait** (20 cl)

❶ Préchauffez le four à 160 °C (th. 5-6).

❷ Plongez les bouquets de chou-fleur 15 min dans une casserole d'eau bouillante salée.

❸ Préparez une sauce béchamel : dans une casserole, faites fondre le beurre. Ajoutez la farine et mélangez 1 ou 2 min. Hors du feu, ajoutez le lait chaud en fouettant. Remettez la casserole sur feu doux et laissez épaissir quelques minutes en mélangeant.

❹ Égouttez le chou et réduisez-le en purée. Mélangez la purée avec les dés de jambon, la béchamel et la muscade. Salez et poivrez.

❺ Séparez les blancs des jaunes d'œufs.

❻ Transvasez la purée de chou dans une casserole, ajoutez les jaunes d'œufs, mélangez bien et faites cuire quelques minutes.

❼ Montez les blancs d'œufs en neige. Hors du feu, incorporez-les délicatement à la purée.

❽ Versez la préparation dans un moule à soufflé beurré et enfournez pour 45 min.

ASTUCE Pour aider la montée du soufflé, beurrez le moule à l'aide d'un pinceau de bas en haut avec du beurre en pommade.

Confiture de *kakis*

Pour 6 personnes
Proposée par Margaret_5
Facile
Moyen

Préparation	Cuisson	Repos
10 min	**7 min**	**1 h**

Pulpe de kakis très mûrs (1 kg) • **Sucre à confiture** (1 kg) • **Citron** (½) • **Vanille** (1 gousse)

❶ Mélangez la pulpe de kakis dans un saladier avec le jus du demi-citron.

❷ Versez le sucre. Mélangez, ajoutez la gousse de vanille préalablement fendue et laissez macérer environ 1 h.

❸ Versez la préparation dans une grande cocotte en Inox et portez à ébullition.

❹ Faites cuire à gros bouillons, sans cesser de remuer avec une cuillère en bois, pendant 7 min.

❺ Versez dans des pots à couvercle à vis, préalablement ébouillantés et séchés.

❻ Fermez les pots et retournez-les immédiatement (attention aux risques de brûlure). Laissez reposer au moins 15 min avant de les ranger.

ASTUCE Veillez à ne pas racler la peau des fruits, sinon la confiture vous paraîtrait astringente en bouche.

« Petit truc : pour la mise en pots, je mets la main qui tient le pot dans un torchon afin d'éviter tout risque de brûlure ! » **Mathilda_56**

« Juste avant de mettre en pots, j'ai passé un coup de mixeur. Une réussite ! » **paillettes**

Faisan à la brabançonne

Pour 2 personnes
Facile
Moyen

Préparation	Cuisson
30 min	**40 min**

Faisan vidé (1) • **Échalotes** (2) • **Endives** (1 kg) • **Lardons fumés** (150 g) • **Bière brune type Leffe** (25 cl) • **Crème fraîche** • **Beurre** • **Sel, poivre**

❶ Épluchez et émincez les échalotes. Détachez les feuilles des endives, lavez-les et séchez-les.

❷ Dans une cocotte, faites dorer le faisan dans du beurre. Mettez-le de côté et jetez le beurre brûlé.

❸ Faites fondre une noix de beurre dans la cocotte. Faites-y revenir les échalotes, puis faites-y dorer les lardons.

❹ Ajoutez les feuilles d'endives entières.

❺ Mettez le faisan au milieu de la préparation, ajoutez la bière, du sel et du poivre. Laissez mijoter 30 min.

❻ Sortez le faisan, découpez-le et gardez-le au chaud.

❼ Faites bouillir la sauce (avec les endives) afin de la faire réduire. Ajoutez éventuellement un peu de crème fraîche pour lier.

ASTUCE Pour éviter que la sauce soit trop liquide, faites d'abord revenir les endives à la poêle afin de les faire dégorger un peu.

« J'ai ajouté, 5 minutes avant la fin de la cuisson, des pommes coupées en quartiers et revenues à la poêle dans du beurre. Mariage réussi entre l'amertume des endives et le sucré des pommes. » **Corrinne_116**

Harengs au fenouil

Pour 2 personnes
Proposés par Joel_132
Très facile
Bon marché

Préparation	Repos
20 min	**24 h**

Harengs doux fumés (200 g) • **Oignons cébettes** (3-4) • **Citron non traité** (1) • **Clous de girofle** (5) • **Grains de poivre** (10-12) • **Feuille de laurier** (1) • **Ciboulette** (5 brins) • **Graines de fenouil** (1 c. à café)• **Thym** • **Huile de pépins de raisin**

❶ Épluchez et coupez les oignons en fines lamelles. Coupez le citron en tranches fines puis coupez les tranches en deux. Coupez les harengs en morceaux.

❷ Mélangez le tout dans un saladier.

❸ Ajoutez les clous de girofle, les graines de fenouil (généreusement), du thym, le poivre, le laurier et la ciboulette ciselée. Mélangez bien.

❹ Déposez cette préparation dans un grand ramequin et recouvrez d'huile. Rajoutez éventuellement du jus de citron.

❺ Filmez et laissez reposer 24 h à température ambiante.

ASTUCE Le hareng doux est généralement moins salé (taux de sel entre 4 et 5 %) que le hareng au naturel (taux de sel entre 5 et 7 %).

« À la place des endives, je mets des choux de Bruxelles. » **Mifra**

Moules au curry

Pour 4 personnes
Proposées par joela_1
Très facile
Moyen

Préparation	Cuisson
15 min	**15 min**

Moules (2 l) • **Curry en poudre** (1 grosse c. à soupe) • **Vin blanc** (12 cl) • **Crème fraîche** (10 cl) • **Beurre** (50 g) • **Échalote** (1) • **Persil**

❶ Épluchez et hachez finement l'échalote.

❷ Nettoyez soigneusement les moules. Jetez celles qui sont ouvertes.

❸ Faites fondre le beurre dans une casserole et faites-y rissoler l'échalote.

❹ Ajoutez le vin et laissez cuire 2 min.

❺ Mettez les moules dans la casserole, couvrez et laissez cuire 5 min jusqu'à ce qu'elles s'ouvrent.

❻ Égouttez les moules, filtrez le jus.

❼ Remettez le jus dans la casserole, ajoutez la crème fraîche et le curry. Mélangez et laissez réduire de moitié.

❽ Versez les moules, mélangez, parsemez de persil lavé et ciselé. Servez aussitôt.

ASTUCE À la fin du repas, s'il reste des moules et de la sauce, mixez le tout, passez au chinois puis servez en verrine en amuse-bouche pour le soir ou le lendemain !

Confiture de *potimarron*

Pour 4 pots de 200 g
Proposée par Martine_106
Facile
Moyen

Préparation	Cuisson
25 min	**50 min**

Potimarron (500 g) • **Fruits frais** (pommes, poires) **ou secs** (abricots, raisins, pruneaux) (300 g) • **Sucre** (500 à 750 g) • **Vanille liquide** (1 c. à soupe) • **Cannelle** (4 bâtons)

❶ Pelez le potimarron, ôtez les graines et coupez-le en dés.

❷ Faites cuire les dés de potimarron dans 25 cl d'eau à petits bouillons pendant 30 min. La chair doit se défaire.

❸ Passez au moulin à légumes (grille fine) afin d'obtenir une belle purée homogène et relativement liquide.

❹ Ajoutez le sucre, les fruits coupés en dés, si besoin, et la vanille.

❺ Remettez le tout sur le feu et faites cuire une vingtaine de minutes en remuant souvent avec une cuillère de bois. Le feu doit être doux pour éviter que la confiture ne colle au fond de la casserole.

❻ Mettez en pots avec un bâton de cannelle, fermez les pots, retournez-les et laissez-les refroidir.

Éplucher un potimarron

« J'ai mis des abricots secs coupés en morceaux et des rondelles de citron non traité. Avec de la vanille et une pincée d'agar-agar ! »
Clotilde_141

ZOOM SUR LE *potimarron*

QUAND L'ACHETER ?

JAN.	FÉV.	MARS	AVRIL
MAI	JUIN	JUIL.	AOÛT
SEPT.	OCT.	**NOV.**	**DÉC.**

COMMENT LE CHOISIR ? Il doit être lourd, à la peau lisse et sans taches.

COMMENT LE CONSERVER ? À température ambiante, dans un endroit sec à l'abri de la lumière, il se conserve plusieurs semaines.

COMMENT LE CUISINER ? Sa chair naturellement sucrée, orangée et un peu farineuse rappelle celle de la châtaigne par sa saveur et sa texture. Le potimarron se déguste aussi bien en soupe ou en purée, qu'en farce dans des lasagnes ou des raviolis.

BON À SAVOIR S'il est mixé après cuisson et qu'il est bio, il n'est pas nécessaire de l'éplucher avant de l'utiliser.

Pâté de *lièvre* au jambon et au cognac

Pour 10 personnes
Facile
Moyen

Préparation	Cuisson	Repos
30 min	**2 h 30**	**12 h**

Lièvre (1) • **Vin blanc** (1 verre) • **Cognac** (5 cl) • **Oignon** (1) • **Chair à saucisse** (300 g) • **Jambon cru** (300 g) • **Bardes de lard** (2) • **Bouquet garni** (1) • **Sel, poivre**

❶ Épluchez et hachez l'oignon.

❷ Dans un saladier, mélangez le vin blanc, le cognac, l'oignon, du sel, du poivre et le bouquet garni.

❸ Découpez le lièvre en morceaux et faites-les mariner pendant 12 h dans la préparation précédente.

❹ Préchauffez le four à 210 °C (th. 7).

❺ Égouttez les morceaux de lièvre et mettez les plus gros de côté. Hachez le reste.

❻ Dans un saladier, mélangez le lièvre haché avec la chair à saucisse. Salez et poivrez.

❼ Coupez le jambon en lanières.

❽ Au fond d'une terrine, déposez une barde de lard. Superposez dessus, en différentes couches, les gros morceaux de lièvre, la farce et les lanières de jambon. Couvrez le tout de la seconde barde de lard.

❾ Placez la terrine dans un bain-marie, enfournez et laissez cuire 2 h 30.

ASTUCE Hachez le foie et les reins avec la viande.

« Nos invités ont été bluffés ! Tranche de terrine servie avec des toasts de pain de mie grillés, des cornichons et un peu de raisin d'Italie ! » **Ours59**

Filets de rouget à la crème d'oursins

Pour 8 personnes
Moyennement facile
Moyen

Préparation	Cuisson
20 min	**1 h**

Rougets barbets (8, de 150 à 200 g chacun) • **Carottes** (100 g) • **Poireaux** (200 g) • **Céleri-rave** (100 g) • **Ail** (2 gousses) • **Beurre** (150 g) • **Échalotes** (2) • **Vin blanc** (10 cl) • **Oignon** (1) • **Corail d'oursins** (50 g) • **Huile d'olive** (20 cl) • **Sel, poivre**

❶ Demandez à votre poissonnier d'habiller et de lever les filets des rougets.

❷ Réalisez un fumet : dans une casserole, faites revenir l'oignon préalablement épluché et émincé et la moitié des poireaux lavés et émincés dans de l'huile d'olive, sans les colorer.

❸ Remuez quelques instants puis ajoutez 1 l d'eau et une pincée de sel. Portez à ébullition puis laissez cuire à frémissement 30 min environ.

❹ Préchauffez le four à 200 °C (th. 6-7).

❺ Passez le fumet au chinois et laissez réduire ce fumet jusqu'à évaporation quasi complète pour obtenir un sirop visqueux.

❻ Épluchez et coupez les carottes, les poireaux restants et le céleri-rave en julienne. Épluchez et râpez l'ail.

❼ Faites fondre 50 g de beurre dans une sauteuse, versez-y l'ail et la julienne de légumes.

❽ Laissez cuire doucement à couvert jusqu'à ce que les légumes soient fondants.

❾ Épluchez et ciselez les échalotes. Dans une casserole, faites réduire le vin blanc, le fumet et les échalotes. Ajoutez progressivement le beurre restant coupé en morceaux afin de réaliser un beurre blanc. Ajoutez le corail d'oursins.

❿ Salez et poivrez les filets de rouget, déposez-les sur une plaque et arrosez-les d'huile d'olive.

⓫ Enfournez et laissez cuire 5 min.

⓬ Disposez la julienne de légumes au milieu des assiettes. Ajoutez les filets de rouget. Nappez avec le beurre blanc au corail d'oursins et dégustez.

ASTUCE Accompagnez de tagliatelles fraîches et variez les légumes en fonction de la saison.

Verrines *kiwi* saumon

Pour 8 personnes
Proposées par citronelle_13
Très facile
Moyen

Préparation
15 min

Kiwis (4) • **Saumon fumé** (6 tranches) • **Crème fraîche liquide** (5 cl) • **Mayonnaise** (1 c. à soupe) • **Ciboulette** (4 brins) • **Jus de citron**

❶ Épluchez les kiwis et coupez-les en dés. Coupez le saumon fumé en dés.

❷ Répartissez les dés de kiwis puis les dés de saumon fumé dans 8 verrines.

❸ Préparez la sauce : dans un bol, mélangez la crème liquide et la mayonnaise avec la ciboulette préalablement lavée et ciselée et un filet de jus de citron.

❹ Versez la sauce sur le saumon et dégustez !

« C'est vraiment super bon. Seule différence au niveau de la sauce : pour une verrine, j'ai mis 1,5 c. à café de mascarpone et ½ c. à café de mayonnaise. » **Liloute93**

« Vif succès pour cette entrée. J'ai ajouté quelques dés d'avocat. » **benmaxchr**

La recette filmée

ZOOM SUR LE *kiwi*

QUAND L'ACHETER ?

JAN.	FÉV.	MARS	AVRIL
MAI	JUIN	JUIL.	AOÛT
SEPT.	OCT.	NOV.	DÉC.

COMMENT LE CHOISIR ? Comme la banane, le kiwi continue de mûrir après sa cueillette : à l'achat, il est donc préférable de le choisir un peu ferme.

COMMENT LE CONSERVER ? S'il est épluché et coupé, l'arroser d'un peu de jus de citron et le garder dans une boîte hermétique au réfrigérateur. Sinon, il faut le conserver à température ambiante, à côté des agrumes et/ou des bananes.

COMMENT LE CUISINER ? Sa saveur acidulée se marie très bien avec les viandes, notamment le porc, et les poissons. En dessert, le kiwi se consomme nature, en sorbet, granité, ou cuit, en clafoutis, gratin, crumble...

BON À SAVOIR Généralement d'un beau vert vif, la chair du kiwi peut aussi être jaune pâle selon les variétés.

Marmelade d'oranges amères

Pour 20 pots
Proposée par lili
Facile
Moyen

Préparation	Cuisson	Repos
30 min	**2 h 15**	**12 h**

Oranges amères non traitées (2 kg) • **Sucre de canne blanc** (5 kg)

❶ Lavez les oranges. Épluchez-les, mettez de côté les peaux entières avec toute leur épaisseur.

❷ Coupez chaque quartier de chair en deux. Placez les pépins dans une gaze.

❸ Coupez finement les écorces entières (à la moulinette, au mixeur ou au couteau) pour obtenir des filaments pas plus épais que des carottes râpées.

❹ Dans un saladier, faites macérer ensemble les écorces, la chair, 4 l d'eau et les pépins enfermés dans la gaze. Laissez tremper toute une nuit.

❺ Le lendemain, dans une casserole, portez le tout à frémissement pendant 2 h en couvrant à moitié. Veillez à ce que cela ne déborde pas. Remuez uniquement à la cuillère en bois, n'écumez pas.

❻ Ajoutez le sucre en une fois puis portez à ébullition. Laissez bouillir à découvert et à gros bouillons pendant 15 min.

❼ Versez dans des pots, fermez-les puis retournez-les.

Noix de Saint-Jacques au safran

Pour 4 personnes
Très facile
Moyen

Préparation	Cuisson
15 min	**10 min**

Noix de Saint-Jacques (700 g) • **Safran** (1 dose) • **Crème liquide à 15 % de MG** (20 cl) • **Échalotes** (4) • **Huile de tournesol** (1 c. à soupe) • **Ciboulette** (6 brins) • **Sel, poivre**

❶ Passez les noix de Saint-Jacques sous l'eau froide et enlevez la pointe noire du corail. Séchez-les sur du papier absorbant.

❷ Épluchez et hachez les échalotes. Faites-les fondre dans une sauteuse avec l'huile de tournesol.

❸ Déposez les noix de Saint-Jacques dans la sauteuse et faites-les cuire 2 min de chaque côté. Sortez-les de la sauteuse et gardez-les au chaud.

❹ Déglacez la sauteuse avec la crème liquide et ajoutez le safran. Laissez réduire un peu. Salez et poivrez.

❺ Disposez les noix de Saint-Jacques dans les assiettes de service, nappez de crème au safran et parsemez de ciboulette préalablement lavée et ciselée.

❻ Servez sans attendre.

ASTUCE Servez avec du riz basmati blanc ou des tagliatelles fraîches.

« C'est vraiment très bon ! J'ai ajouté des grosses crevettes et un peu d'ail. » **Autan311**

« Délicieux et facile à faire. Nous avons juste parsemé de pistaches concassées avant de servir. » **sylvindou**

La recette filmée

ZOOM SUR LA coquille Saint-Jacques

QUAND L'ACHETER ?

JAN.	**FÉV.**	**MARS**	**AVRIL**
MAI	JUIN	JUIL.	AOÛT
SEPT.	**OCT.**	**NOV.**	**DÉC.**

COMMENT LA CHOISIR ? Fraîche, une coquille Saint-Jacques doit être vivante : si elle est ouverte, elle doit se refermer immédiatement lorsqu'on la touche. Compter 1 kg de noix pour 7 kg de coquilles.

COMMENT LA CUISINER ? La Saint-Jacques peut être consommée crue, en carpaccio ou en tartare, juste poêlée ou gratinée au four dans sa coquille. À la poêle, sa cuisson doit être très rapide : 1 à 2 minutes de chaque côté afin de garder sa chair nacrée et savoureuse. Une cuisson trop prolongée rendrait sa chair caoutchouteuse.

BON À SAVOIR La coquille Saint-Jacques de Normandie a obtenu deux Labels Rouges : l'un pour sa coquille entière, l'autre pour sa noix décortiquée. En France, sa pêche est autorisée d'octobre à avril.

Décembre

En décembre, on n'a qu'une seule chose en tête : NOËL qui approche à grands pas. La perspective du festin à venir nous tient en haleine. L'objectif ultime est la composition du menu de fête. Pour cela, on teste, on goûte, on se délecte à l'avance du plaisir que prendront tous les convives à entamer les festivités…

C'est le bon moment pour cuisiner…

Légumes • *betterave, citrouille, endive, navet, pleurote, salsifis, trompette-de-la-mort*

Fruits • *ananas, banane, coing, datte, grenade, mandarine, mangue, orange, papaye*

Viandes • *bœuf, canard, chapon, dinde, oie, pintade, porc*

Poisson • *hareng*

Coquillages et crustacés • *coquille Saint-Jacques, écrevisse, huître, praire*

Fromages • *comté, emmental, pont-l'évêque*

Et aussi…

Légumes • avocat, brocoli, cardon, carotte, céleri, chou, chou de Bruxelles, chou-fleur, chou rouge, courge, courge spaghetti, cresson, crosne, mâche, oignon, panais, pâtisson, pied-de-mouton, poireau, pomme de terre, potimarron, potiron, rutabaga, scarole, topinambour • **Fruits** • citron, citron de Menton, clémentine, clémentine de Corse, kaki, kiwi, kumquat, litchi, pamplemousse, poire, pomme • **Viandes** • chevreuil, faisan, lièvre, mouton, sanglier • **Poissons** • bar de ligne, cabillaud, congre, dorade, haddock, lieu jaune, lieu noir, limande, merlan, rouget barbet, rouget de roche, rouget-grondin, tacaud • **Coquillages, crustacés et mollusques** • bigorneau, bulot, coque, moule, oursin, palourde, poulpe, seiche • **Fromages** • beaufort, brie de Meaux, brie de Melun, brocciu, cantal, époisses, gruyère, laguiole, livarot, mont d'or, munster, salers, vacherin, vieux-Lille.

Endives au jambon

Pour 4 personnes
Proposées par Louloute
Très facile
Bon marché

Préparation	Cuisson
15 min	1 h 10

Endives (1 kg) • **Jambon** (4 tranches) • **Gruyère râpé** (250 g) • **Crème fraîche** (30 cl) • **Ail** (2-3 gousses) • **Beurre** (1 noisette) • **Sel, poivre**

❶ Préchauffez le four à 210 °C (th. 7).

❷ Effeuillez les endives puis faites-les cuire dans une casserole d'eau bouillante 30 min environ. Quand elles sont cuites, égouttez-les.

❸ Dans une casserole, faites fondre le beurre, ajoutez-y l'ail écrasé, la crème fraîche, du sel, du poivre et les trois quarts du gruyère. Mélangez et laissez chauffer quelques minutes.

❹ Dans un plat allant au four, disposez une tranche de jambon autour de chaque endive, puis recouvrez de crème au fromage. Terminez en parsemant le reste du gruyère râpé sur le dessus.

❺ Enfournez pour 30 min jusqu'à ce que le dessus soit doré.

ASTUCE Veillez à bien laisser s'égoutter les endives afin qu'elles ne rendent pas trop d'eau dans le gratin.

Beignets de salsifis

Pour 4 personnes
Facile
Moyen

Préparation	Cuisson	Repos
20 min	50 min	2 h

Salsifis (750 g) • **Gros sel** (2 poignées) • **Vinaigre** (2 c. à soupe) • **Farine** (1 c. à soupe) • **Sel, poivre** • **Huile de friture** (1 l) • **Pour la pâte à beignets :** **Farine** (150 g) • **Œuf** (1) • **Cognac** (1 c. à soupe) • **Beurre** (15 g) • **Lait** (10 cl) • **Sel** (1 pincée) • **Levure chimique** (½ sachet) • **Poivre**

❶ Préparez la pâte à beignets : faites fondre le beurre. Dans un saladier, mettez la farine, une pincée de sel, un peu de poivre, la levure chimique, le beurre fondu, le cognac et l'œuf. Mélangez bien, en versant progressivement le lait.

❷ Laissez la pâte reposer 2 h au minimum.

❸ Épluchez les salsifis, puis coupez-les en tronçons. Plongez-les dans un récipient d'eau vinaigrée.

❹ Dans une casserole, faites bouillir 2 l d'eau salée au gros sel.

❺ Dans un bol, délayez la farine avec 1 c. à soupe d'eau puis versez le mélange dans l'eau salée.

❻ Plongez les salsifis dans l'eau salée en ébullition, et faites-les cuire pendant 45 min environ.

❼ Égouttez et laissez refroidir.

❽ Trempez les salsifis dans la pâte à beignets, puis dans un bain de friture bien chaud. Laissez-les dorer. Égouttez-les sur du papier absorbant, puis salez et servez.

ASTUCE Si la pâte vous paraît trop épaisse, rajoutez un peu de lait.

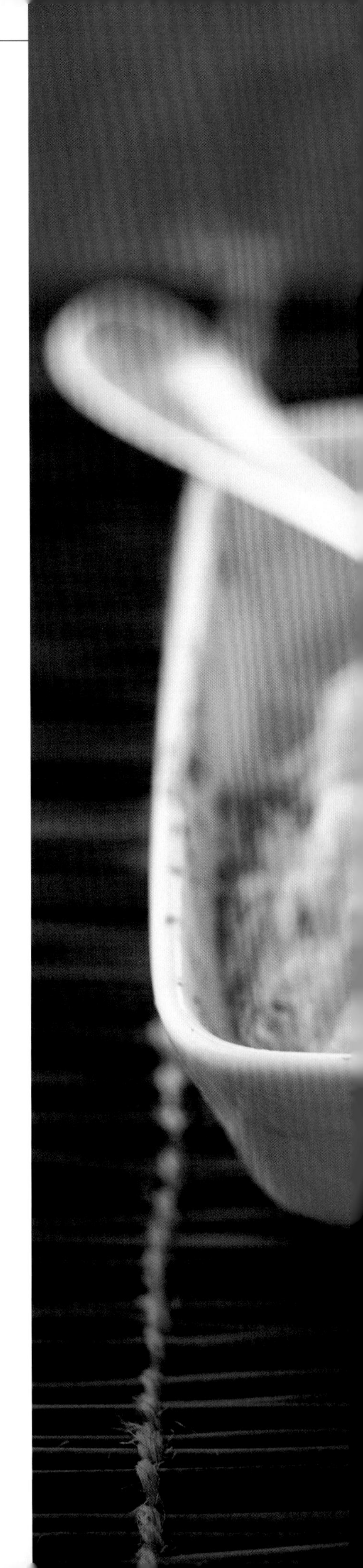

> *« C'est excellent. Entre les couches, je mets de la fourme d'Ambert et je gratine au parmesan. »* vpingouin

Soupe au *comté*

Pour 6 personnes
Proposée par Frederique_722
Facile
Bon marché

Préparation	Cuisson
10 min	**15 min**

Comté (200 g) • **Beurre** (50 g) • **Farine** (50 g) • **Bouillon de volaille dégraissé** (2 cubes) • **Jaunes d'œufs** (2) • **Crème fraîche** (20 cl) • **Noix de muscade** • **Sel, poivre**

❶ Râpez 150 g de comté. Coupez le reste du fromage en petits dés.

❷ Dans une casserole à fond épais, faites fondre le beurre, ajoutez la farine et mélangez bien.

❸ Ajoutez 1 l d'eau et délayez avec un fouet.

❹ Ajoutez les cubes de bouillon et portez à ébullition tout en fouettant.

❺ Incorporez le fromage râpé et continuez de fouetter jusqu'à ce qu'il soit fondu.

❻ Dans un bol, mélangez les jaunes d'œufs et la crème fraîche.

❼ Versez ce mélange dans la casserole tout en fouettant et sans laisser bouillir. Salez.

❽ Répartissez la soupe dans des bols. Saupoudrez-la d'une bonne pincée de noix de muscade, de quelques tours de moulin à poivre et répartissez les dés de comté dessus.

ASTUCE En même temps que l'eau, ajoutez 20 cl de vin blanc.

Poulet aux *grenades*

Pour 4 personnes
Facile
Moyen

Préparation	Cuisson
30 min	**1 h 30**

Poulet (1 de 1,5 kg) • **Grenades** (5) • **Pignons de pin** (250 g) • **Oignon** (1) • **Cannelle** (3 pincées) • **Safran** (1 dose) • **Citron non traité** (1) • **Miel** (2 c. à soupe) • **Huile d'olive** (4 c. à soupe) • **Sel, poivre**

❶ Préchauffez le four à 160 °C (th. 5-6).

❷ Séchez le poulet avec du papier absorbant. Frottez-le avec du sel et du poivre.

❸ Hachez les deux tiers des pignons. Gardez le reste entier.

❹ Chauffez 2 c. à soupe d'huile d'olive dans une cocotte allant au four et faites dorer le poulet sur toutes les faces.

❺ Enfournez et laissez rôtir 30 min. Sortez la cocotte du four.

❻ Dans une poêle antiadhésive à sec, faites dorer les pignons hachés et entiers.

❼ Épluchez et émincez l'oignon. Coupez 4 grenades en deux, pressez-les. Retirez les graines de la grenade restante.

❽ Faites revenir l'oignon dans le reste d'huile. Ajoutez les graines et le jus de grenade, la cannelle, les pignons et le safran. Laissez mijoter la sauce à feu moyen pendant 10 min. Salez et poivrez.

❾ Lavez le citron sous l'eau froide, séchez-le, râpez le zeste dans la sauce puis versez celle-ci sur le poulet. Pressez le citron.

❿ Remettez le poulet au four 40 min. Retournez-le régulièrement, puis prolongez la cuisson 5 min à 220 °C (th. 7-8). Lorsqu'il est cuit, fendez-le en deux.

⓫ Ajoutez le jus de citron et le miel dans la sauce et nappez-en le poulet.

« Si les grenades ne sont pas assez mûres, ajoutez un peu de sucre d'agave (le meilleur sucre naturel). » **Eliane_5**

ZOOM SUR LA *grenade*

QUAND L'ACHETER ?

JAN.	**FÉV.**	MARS	AVRIL
MAI	JUIN	JUIL.	AOÛT
SEPT.	OCT.	**NOV.**	**DÉC.**

COMMENT LA CHOISIR ? Elle doit être bien lourde.

COMMENT LA CONSERVER ? Deux semaines à température ambiante, au moins un mois au réfrigérateur. Elle ne supporte pas la congélation.

COMMENT LA CUISINER ? Bourrée d'antioxydants, la grenade est très convoitée pour ses bienfaits sur la santé. Son petit goût acidulé apporte de la fraîcheur aux desserts, notamment aux salades de fruits et convient très bien aux plats sucrés-salés.

BON À SAVOIR La grenade peut dégager de l'éthylène qui pourrait faire mûrir des fruits placés à ses côtés.

« On a adoré ce plat tout simple que j'ai servi avec du boulghour. Je n'ai pas essayé de presser les grenades, j'ai préféré utiliser du jus de grenade trouvé en magasin bio. » **Nefertiti**

Cake aux *dattes*

Pour 6-8 personnes
Proposé par Laure
Très facile
Bon marché

Préparation	Cuisson
20 min	**50 min**

Dattes dénoyautées (300 à 400 g) • **Eau de fleur d'oranger** (5 cl ou plus selon votre goût) • **Farine** (200 g) • **Sucre** (100 g) • **Levure chimique** (1 sachet) • **Œufs** (3) • **Huile de tournesol** (10 cl) • **Lait** (10 cl) • **Beurre** (pour le moule)

❶ Préchauffez le four à 180 °C (th. 6).

❷ Coupez les dattes en morceaux.

❸ Dans un saladier, mélangez la farine, le sucre, les œufs et la levure. Fouettez bien. Ajoutez l'huile et le lait et fouettez encore. Terminez en ajoutant les dattes et l'eau de fleur d'oranger. Mélangez à l'aide d'une cuillère en bois.

❹ Beurrez un moule à cake ou tapissez-le de papier sulfurisé.

❺ Versez la préparation dans le moule, enfournez et laissez cuire 45 à 50 min, en couvrant si nécessaire en cours de cuisson avec une feuille de papier d'aluminium pour éviter que le dessus ne prenne trop de couleur.

❻ Dégustez tiède ou froid, tel quel ou accompagné d'une crème anglaise.

« J'ai remplacé l'eau de fleur d'oranger par du rhum blanc et j'ai battu les blancs en neige pour un cake plus léger. Un régal. » **Bene10**

Pâtes de fruits aux *coings*

Pour 8 personnes
Facile
Bon marché

Préparation	Cuisson	Repos
20 min	1 h 20	2-3 jours

Coings (1 kg) • **Gousse de vanille** (1) • **Sucre en poudre** (500 g) • **Sucre cristal**

❶ Lavez les coings, coupez-les en morceaux, sans les éplucher, et ôtez les cœurs.

❷ Placez-les dans une casserole, couvrez-les d'eau à hauteur et ajoutez le sucre.

❸ Grattez les graines de la gousse de vanille et ajoutez-les dans la casserole.

❹ Laissez cuire sur feu doux jusqu'à ce que les fruits soient tendres (comptez une vingtaine de minutes). Égouttez les morceaux de coings et mixez-les.

❺ Remettez cette purée sur feu très doux et faites cuire environ 1 h, en mélangeant régulièrement, afin que toute l'eau s'évapore.

❻ Étalez la pâte dans un moule rectangulaire, sur 3 à 4 cm d'épaisseur. Mettez ce moule, recouvert d'un papier sulfurisé sur un radiateur, pendant 2 ou 3 jours, jusqu'à ce que la pâte soit bien ferme.

❼ Une fois prête, coupez la pâte en cubes et roulez-les dans du sucre cristal.

ASTUCE Pour donner une jolie couleur à la gelée, ajoutez le jus d'un demi-citron.

Fricassée de *dinde* aux *trompettes-de-la-mort*

Pour 4 personnes
Proposée par laurent_957
Facile
Moyen

Préparation	Cuisson
30 min	50 min

Escalopes de dinde (1 kg)
• **Trompettes-de-la-mort** (100 g)
• **Crème fraîche liquide** (50 cl)
• **Baies de genièvre** (7-8)
• **Échalote** (1) • **Huile d'olive**
• **Fleur de sel, poivre 5 baies**

❶ Émincez les escalopes en petits morceaux (2 cm de côté).

❷ Lavez les trompettes-de-la-mort, laissez-les s'égoutter.

❸ Épluchez et émincez finement l'échalote.

❹ Dans une sauteuse, faites revenir la dinde dans l'huile d'olive jusqu'à ce qu'elle soit bien dorée.

❺ Ajoutez l'échalote, les baies de genièvre et les trompettes-de-la-mort. Salez et poivrez. Laissez cuire à feu moyen pendant 20 min de façon à ce que la viande s'imprègne bien du jus formé par l'échalote et les champignons.

❻ Versez la crème liquide et poursuivez la cuisson sur feu doux jusqu'à ce que la sauce nappe le dos de la cuillère.

❼ Rectifiez l'assaisonnement et servez chaud.

ASTUCE. Si vous utilisez des champignons séchés, réhydratez-les 15 à 20 min dans du vin blanc ou de l'eau tiède.

« J'ai ajouté du fond de volaille (3 c. à café diluées dans un verre d'eau) que j'ai laissé réduire avant d'ajouter la crème. Un régal ! »
ptipouic

Huîtres chaudes au champagne gratinées

Pour 6 personnes
Proposées par Sabrina_838
Facile
Assez cher

Préparation	Cuisson
15 min	**20 min**

Huîtres (36) • **Champagne** (25 cl) • **Beurre** (40 g) • **Gruyère râpé** • **Farine** (2 c. à soupe) • **Sucre** (1 pincée) • **Poivre**

❶ Ouvrez les huîtres, découquillez-les. Mettez de côté l'eau rendue et les coquilles.

❷ Faites fondre le beurre dans une casserole, sur feu moyen, puis ajoutez la farine. Remuez bien.

❸ Versez le champagne en mélangeant bien, puis baissez le feu. Ajoutez un peu de jus des huîtres afin de rendre la sauce plus liquide, du poivre et le sucre.

❹ Faites cuire les huîtres dans la sauce pendant 5 min sur feu moyen.

❺ Préchauffez le gril du four.

❻ Pendant ce temps, lavez les coquilles d'huîtres et placez-les sur un plat allant au four.

❼ Disposez une huître dans chaque coquille et nappez de sauce. Parsemez de gruyère râpé et enfournez 5 à 10 min, afin qu'elles gratinent. Servez chaud.

Ouvrir les huîtres

« Délicieux ! J'ai ajouté un peu de crème fraîche et j'ai remplacé le champagne par du vin blanc. À refaire ! » **Blandine_193**

Gratin de *betteraves* au chèvre

Pour 4 personnes
Proposé par lody04
Facile
Bon marché

Préparation	Cuisson
15 min	45 min

Betteraves rouges crues (4) • **Œufs** (4) • **Crème liquide** (20 cl) • **Fromage de chèvre** (1 bûche) • **Oignon** (1) • **Gruyère râpé** (50 g) • **Huile d'olive** • **Sel, poivre**

❶ Faites cuire les betteraves rouges à la cocotte-minute 10 à 15 min en fonction de leur grosseur.

❷ Épluchez-les et coupez-les en dés.

❸ Préchauffez le four à 210 °C (th. 7).

❹ Épluchez et émincez l'oignon. Faites-le revenir dans une poêle avec un peu d'huile d'olive.

❺ Dans un saladier, mélangez la crème et les œufs. Ajoutez le chèvre préalablement émietté, les betteraves et l'oignon. Salez, poivrez.

❻ Versez cette préparation dans un plat à gratin légèrement huilé. Saupoudrez de gruyère.

❼ Enfournez et laissez cuire 30 min.

ASTUCE Pour une recette express, utilisez des betteraves déjà cuites : réduisez alors le temps de cuisson au four à 15 min.

« Original, facile à faire et très bon. Je recommanderai seulement de couper les betteraves en tout petits morceaux, voire de les râper. »
NATHALIE_3320

« Avec de la feta et des lardons, c'est extra ! »
Marmichlou

Glace à la *banane*

Pour 2 personnes
Très facile
Bon marché

Préparation	Repos
5 min	40 min

Bananes (4) • **Sirop de sucre** (25 cl) • **Crème fraîche** (25 cl) • **Citron** (½)

❶ Pressez le citron. Épluchez et coupez en morceaux les bananes.

❷ Mixez ensemble tous les ingrédients.

❸ Faites prendre en sorbetière une quarantaine de minutes.

ASTUCE Si vous n'avez pas de sorbetière, placez la préparation dans des moules en silicone et laissez prendre 4 heures au congélateur.

« Extra ! J'ai mis 1 c. à soupe de sucre et j'ai ajouté des pépites de chocolat dans la sorbetière. » cveriine

« Cette recette est tout simplement excellente. Je n'ai mis que 90 g de sucre pour 90 g d'eau et c'est parfait. » Cindy22

Purée de citrouille

Pour 4 personnes
Proposée par jenny_11
Très facile
Bon marché

Préparation	Cuisson
15 min	**30 min**

Citrouille (1 belle tranche, de 250 g à 500 g) • **Carottes** (2) • **Pommes de terre** (3 grosses) • **Lait** • **Sel, poivre**

❶ Épluchez et émincez finement les légumes.

❷ Mettez les légumes dans une cocotte-minute, couvrez d'eau, salez et poivrez. Fermez et mettez à cuire sur feu moyen fort.

❸ Quand la cocotte se met à siffler, comptez 15 min de cuisson.

❹ Mixez les légumes en rajoutant de l'eau de cuisson et/ou du lait de manière à obtenir une consistance onctueuse.

ASTUCE Pour relever cette purée, ajoutez un peu de noix de muscade.

« J'ai ajouté en fin de cuisson un peu de beurre salé et 1 c. à soupe de crème. La purée était vraiment très onctueuse ! »
patricia74

« Avant de servir, nous avons mis la purée dans des cassolettes individuelles avec un peu de gruyère et fait gratiner au four ! À refaire sans hésitation ! »
Eloapprentiecuisto

Magrets de *canard* aux fruits secs

Pour 4 personnes
Proposés par evelyne_37
Très facile
Moyen

Préparation	Cuisson	Repos
15 min	**20 min**	**30 min**

Magrets de canard (2)
• **Pruneaux** (8) • **Abricots secs** (8)
• **Raisins secs** (50 g) • **Sauce soja** (4 c. à soupe) • **Sucre** (½ c. à café)
• **Noix de muscade** (1 c. à café)
• **Sel, poivre**

❶ Mettez tous les fruits secs dans un bol d'eau très chaude. Laissez-les gonfler pendant au moins 30 min.

❷ Entaillez la graisse des magrets.

❸ Déposez-les dans une poêle côté peau et faites-les cuire 5 min à feu vif.

❹ Préchauffez le four à 210 °C (th. 7).

❺ Égouttez les magrets, coupez-les en tranches (si vous les aimez saignants, laissez-les entiers), puis placez-les dans un plat allant au four. Saupoudrez de noix de muscade, de sucre, de poivre et d'un petit peu de sel.

❻ Égouttez les fruits secs et placez-les autour des magrets.

❼ Enfournez et laissez cuire 10 à 12 min selon leur épaisseur.

❽ Arrosez de sauce soja et servez.

ASTUCE Faites infuser les fruits séchés dans du thé noir.

« Recette très simple et délicieuse. J'ai laissé macérer les fruits secs pendant 24 heures et accompagné le plat de semoule comme pour un tajine. » **cofinoga**

« C'est délicieux, simple et parfumé. Avec des champignons et de la confiture d'oignons, c'est un régal. » **FRANcOIS_753**

Pleurotes à l'ail

Pour 4 personnes
Proposés par Sophie_137
Très facile
Bon marché

Préparation **10 min** | Cuisson **15 min**

Pleurotes (500 g) • **Beurre** • **Ail** (2 gousses) • **Sel, poivre**

❶ Nettoyez les pleurotes en coupant la partie inférieure et en les rinçant rapidement à l'eau courante. Séchez-les et émincez-les.

❷ Épluchez et coupez l'ail très finement.

❸ Dans une poêle, faites fondre une noix de beurre puis ajoutez l'ail et les pleurotes. Laissez cuire à feu vif jusqu'à ce que les pleurotes caramélisent.

❹ Salez, poivrez et servez.

ASTUCE Ajoutez 1 c. à café de persil haché à la fin de la cuisson.

« J'ai remplacé le beurre par de l'huile d'olive et j'ai déglacé en fin de cuisson avec 1 c. à soupe de crème fraîche, c'était délicieux. »
Laurence_3750

ZOOM SUR LE *pleurote*

QUAND L'ACHETER ?
JANV.
FÉV.
MARS
AVRIL
MAI
JUIN
JUIL.
AOÛT
SEPT.
OCT.
NOV.
DÉC.

COMMENT LE CHOISIR ? Il doit être frais et ferme, d'un joli beige et sans aucune tache.

COMMENT LE CUISINER ? Il se cuisine poêlé ou sauté avec un assaisonnement léger, comme une persillade.

BON À SAVOIR Il pousse sur les troncs des arbres feuillus.

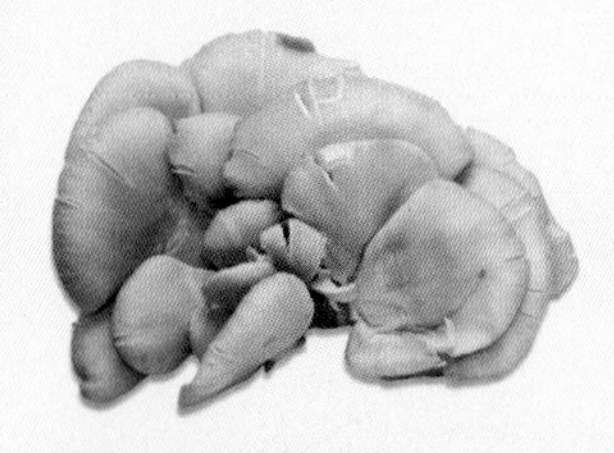

Cassolettes de queues d'*écrevisse* au bourbon

Pour 4 personnes
Moyennement facile
Moyen

Préparation	Cuisson
20 min	**30 min**

Queues d'écrevisse décortiquées (500 g) • **Écrevisses entières** (8, pour la décoration) • **Fumet de crustacés** (20 cl) • **Vin blanc sec** (10 cl) • **Échalotes** (2) • **Ail** (2 gousses) • **Bourbon** (4 c. soupe) • **Beurre** (60 g) • **Crème fraîche** (40 cl) • **Piment de Cayenne** • **Sel, poivre**

❶ Dans une casserole, faites réduire le fumet sur feu moyen de manière à obtenir 10 cl de liquide. Dans une autre casserole, faites tiédir le bourbon.

❷ Pelez et hachez les échalotes et les gousses d'ail préalablement dégermées.

❸ Dans une sauteuse, faites fondre sur feu doux le hachis d'échalotes et d'ail dans 30 g de beurre jusqu'à ce qu'il soit translucide.

❹ Ajoutez ensuite les queues d'écrevisse et les écrevisses entières puis faites-les sauter sur feu vif pendant 3 à 4 min. Arrosez-les du bourbon tiédi et flambez-les.

❺ Versez ensuite le fumet et le vin blanc, laissez réduire de moitié, puis incorporez la crème et une bonne pincée de piment de Cayenne, salez et poivrez. Laissez réduire encore 10 min jusqu'à ce que la sauce soit liée.

❻ Retirez les écrevisses. Répartissez les queues dans 4 cassolettes bien chaudes. Mettez de côté les écrevisses entières.

❼ En fouettant doucement, incorporez le beurre restant coupé en morceaux dans le fond de sauce. Nappez-en les queues d'écrevisse.

❽ Décorez avec les écrevisses entières et servez.

ASTUCE Accompagnez ces cassolettes de tagliatelles fraîches.

« J'ai remplacé le bourbon par du cognac et c'était excellent. »
Kersouille10

ZOOM SUR L'*écrevisse*

QUAND L'ACHETER ?

JAN.	FÉV.	MARS	AVRIL
MAI	**JUIN**	**JUIL.**	**AOÛT**
SEPT.	**OCT.**	**NOV.**	**DÉC.**

BON À SAVOIR Crustacé décapode vivant en eau douce, l'écrevisse est caractérisée par une carapace assez dure, une large nageoire caudale et surtout de puissantes pinces. Il existe deux grands groupes d'écrevisse : les écrevisses à pattes rouges et celles à pattes blanches (présentes en Europe de l'Ouest). Toutes les recettes de crevettes leur conviennent, mais leur chair étant plus délicate, la saveur des plats sera plus raffinée.

“J'ai préféré servir les queues d'écrevisse à l'assiette avec la sauce à part dans un petit bol. Mes invités ont adoré.” celina678

Pintade farcie

Pour 6 personnes
Proposée par veronique_876
Facile
Moyen

Préparation	Cuisson
20 min	1 h 30

Pintade (1,5 kg) • **Chair à saucisse** (100 g) • **Chair fine de porc** (100 g) • **Échalotes** (2) • **Ail** (1 gousse) • **Pomme** (1) • **Raisins secs** (10) • **Œuf** (1) • **Calvados, cognac ou armagnac** • **Huile d'olive** • **Sel, poivre**

❶ Préchauffez le four à 240 °C (th. 8).

❷ Faites macérer les raisins secs dans un bol avec un peu de cognac, de calvados ou d'armagnac.

❸ Épluchez la pomme, ôtez le cœur et coupez-la en petits dés.

❹ Épluchez et émincez ou hachez finement les échalotes et l'ail.

❺ Dans une poêle, faites fondre les échalotes et l'ail dans de l'huile d'olive.

❻ Ajoutez la chair à saucisse et faites-la revenir quelques minutes (sans la faire cuire).

❼ Ajoutez la chair fine de porc et mélangez quelques instants.

❽ Hors du feu, ajoutez les dés de pomme, les raisins macérés préalablement égouttés ainsi que l'œuf. Salez et poivrez.

❾ Farcissez la pintade de cette préparation, placez-la dans un plat allant au four.

❿ Enfournez et laissez cuire 1 h 15.

Verrines *mangue* coco

Pour 6 personnes
Proposées par aguey88
Très facile
Moyen

Préparation	Repos
20 min	**2 h**

Mascarpone (250 g) • **Œufs** (2) • **Sucre** (150 g + 50 g) • **Mangues** (2) • **Palets bretons** (6) • **Lait de coco** (5 cl) • **Noix de coco râpée** (2 c. à soupe)

❶ Épluchez et coupez la chair des mangues en petits dés.

❷ Mettez les noyaux des mangues dans une casserole avec 20 cl d'eau et 150 g de sucre pour faire un sirop.

❸ Pochez les morceaux de mangue dans le sirop pendant 3 min.

❹ Dans un saladier, mélangez les jaunes d'œufs avec le mascarpone, 50 g de sucre et le lait de coco.

❺ Battez les blancs d'œufs en neige et incorporez-les à la préparation.

❻ Émiettez grossièrement les palets bretons dans 6 verrines, versez 1 c. à soupe de sirop (préalablement refroidi) sur les biscuits.

❼ Alternez une couche de crème au mascarpone et une couche de dés de mangue.

❽ Saupoudrez de noix de coco râpée et réservez au frais 2 h au minimum avant de servir.

Potée aux *navets*

Pour 4 personnes
Proposée par Natou
Très facile
Bon marché

Préparation	Cuisson
20 min	**40 min**

Pommes de terre (6 grosses) • **Lard fumé** (200 g) • **Navets** (6) • **Lait** (30 cl) • **Beurre** • **Noix de muscade** • **Gruyère râpé** • **Sel, poivre**

❶ Épluchez les pommes de terre et coupez-les en morceaux.

❷ Épluchez les navets et coupez-les en quartiers.

❸ Dans une cocotte, faites rissoler le lard coupé en morceaux, dans une noix de beurre.

❹ Déglacez avec un peu de lait.

❺ Ajoutez les pommes de terre et les navets. Recouvrez aux deux tiers de lait. Salez un peu et poivrez. Ajoutez de la noix de muscade. Laissez cuire environ 30 min jusqu'à ce que les légumes soient tendres.

❻ Servez sur des assiettes et parsemez de fromage râpé.

ASTUCE Remplacez les lardons par de la saucisse fumée coupée en morceaux.

Préparer des navets

« Une très bonne façon d'accommoder les navets, un plat d'hiver bien réconfortant, facile et complet ! » **MarieNoelle_14**

Rôti de *bœuf* à l'oignon caramélisé

Pour 4 personnes
Proposé par sumtraffic
Facile
Moyen

Préparation	Cuisson	Repos
15 min	40 min	30 min

Rôti de bœuf avec une barde de lard (1, de 800 g à 1 kg) • **Oignons** (2) • **Ail** (1 gousse) • **Sucre** (2 c. à café) • **Beurre** (25 g) • **Lait ou eau** (5 c. à soupe) • **Huile d'olive** (1 c. à soupe) • **Thym** • **Romarin**

❶ Sortez le rôti du réfrigérateur 30 min avant la préparation et laissez-le à température ambiante.

❷ Préchauffez le four à 250 °C (th. 8-9).

❸ Épluchez et coupez l'ail en fines lamelles. Avec un couteau fin et aiguisé, faites de petites incisions dans le rôti et glissez dedans les lamelles d'ail.

❹ Frottez le rôti avec une noix de beurre.

❺ Épluchez et émincez les oignons.

❻ Faites fondre le reste de beurre et l'huile dans une poêle à feu vif puis faites-y revenir les oignons. Ajoutez le sucre et laissez caraméliser.

❼ Ajoutez les herbes. Une fois que les oignons ont bruni, grillez rapidement le rôti sur chaque face.

❽ Déposez le rôti dans un plat allant au four et répartissez les oignons caramélisés dessus.

❾ Enfournez et laissez cuire 10 min.

❿ Déglacez avec le lait ou l'eau, poivrez et laissez cuire encore 10 min environ. Ajustez le temps de cuisson en fonction de votre préférence : viande bien cuite ou saignante.

ASTUCE Pour que le rôti reste tendre, il ne faut jamais le saler pendant la préparation ou la cuisson.

« J'ai remplacé les oignons par des échalotes caramélisées avec du miel et du thym. Un régal ! La sauce est parfaite, le rôti cuit à point. » **Delichoc**

« C'est top top top ! J'ai remplacé le lait par de la crème liquide coupée à l'eau. » **LiBeLule35**

Oie rôtie aux fruits secs

Pour 6 personnes
Proposée par jenlain
Moyennement facile
Moyen

Préparation	Cuisson
1 h	**1 h 45**

Oie (3 kg) • **Pommes reinettes** (4) • **Abricots secs** (200 g) • **Ail** (5 gousses) • **Carotte** (1 grosse) • **Cerneaux de noix** (200 g) • **Oignons** (500 g) • **Poitrine fumée** (300 g) • **Foies de volaille** (200 g) • **Citron** (1) • **Bouillon de volaille** (1 cube) • **Cognac** (4 c. à soupe) • **Huile d'olive** • **Muscade** • **Clous de girofle** (10) • **Sauge** (3 feuilles) • **Cannelle** • **Sel, poivre**

❶ Découpez les abricots en fines lanières, mettez-les dans un saladier, arrosez d'un verre d'eau chaude et de 2 c. à soupe de cognac. Laissez gonfler.

❷ Préchauffez le four à 220 °C (th. 7-8). Épluchez et émincez finement les oignons. Épluchez les pommes et la carotte, râpez-les grossièrement, arrosez de jus de citron. Moulinez les noix. Découennez et coupez la poitrine en lardons.

❸ Faites fondre doucement les oignons dans une cocotte avec un peu d'huile pendant 10 min environ.

❹ Ajoutez les lardons, les pommes et la carotte râpées, ainsi que les foies de volaille coupés en morceaux (afin de ne pas les réduire en bouillie, vous pouvez les faire dorer à la poêle avant). Laissez cuire 10 min sans couvrir et en remuant souvent.

❺ Placez l'oie sur la plaque du four, badigeonnez-la d'huile avec un pinceau.

❻ Ajoutez les abricots égouttés, les noix, 2 c. à soupe de cognac, un peu de muscade et de cannelle, la sauge, l'ail coupé en morceaux et les têtes des clous de girofle écrasées. Mélangez bien.

❼ Garnissez l'oie de cette farce. Recousez l'ouverture.

❽ Enfournez et laissez cuire 1 h.

❾ Arrosez l'oie avec le bouillon dilué dans 25 cl d'eau. Baissez la température du four à 180 °C (th. 6) et terminez la cuisson en arrosant régulièrement la volaille avec le jus de cuisson (comptez encore 25 min).

❿ Salez et poivrez 10 min avant la fin.

ASTUCE Vous pouvez ajouter dans le bouillon 5 cl de cognac chaud et faites flamber !

“Super bon ! J'ai utilisé du vin blanc liquoreux type monbazillac, un délice.” **Lea1931**

Saint-Jacques sur lit de poireaux

Pour 4 personnes
Facile
Moyen

Préparation	Cuisson
15 min	**30 min**

Noix de Saint-Jacques (12) • **Poireaux** (3) • **Vin blanc** (50 cl) • **Crème fraîche** (50 cl) • **Ail** (3 gousses) • **Échalotes** (4) • **Huile d'olive** (2 c. à soupe) • **Piment de Cayenne en poudre** • **Beurre** • **Sel, poivre**

❶ Pelez et émincez les échalotes. Pelez et hachez l'ail.

❷ Lavez et émincez les poireaux. Faites-les revenir dans le beurre puis ajoutez 25 cl de vin blanc. Portez à ébullition et laissez réduire sur feu doux.

❸ Faites revenir les noix de Saint-Jacques dans l'huile d'olive 1 à 2 minutes.

❹ Ajoutez les échalotes et l'ail, remuez puis ajoutez le reste de vin blanc. Salez et poivrez.

❺ Portez à ébullition puis ajoutez la crème fraîche et laissez réduire sur feu doux.

❻ Répartissez les poireaux dans 4 assiettes et disposez dessus 3 noix de Saint-Jacques avec un peu de sauce. Parsemez d'une pincée de piment de Cayenne et servez.

ASTUCE Remplacez le piment de Cayenne par du curry ou du gingembre en poudre.

Savarin à l'orange et au Grand Marnier

Pour 6 personnes
Proposé par Famille_2
Facile
Bon marché

Préparation	Cuisson
20 min	**30 min**

Farine (120 g) • **Sucre** (250 g) • **Œufs** (3) • **Beurre** (50 g) • **Lait** (1 c. à soupe) • **Levure chimique** (1 c. à soupe) • **Oranges non traitées** (3) • **Thé léger** (25 cl) • **Grand Marnier** (2 c. à soupe) • **Sel**

❶ Préchauffez le four à 200 °C (th. 6-7). Séparez les blancs des jaunes d'œufs. Battez les blancs en neige.

❷ Dans un saladier, fouettez les jaunes d'œufs avec 150 g de sucre et une pincée de sel jusqu'à ce que le mélange blanchisse.

❸ Dans une casserole, faites chauffer le lait avec le beurre puis ajoutez-les au mélange.

❹ Ajoutez progressivement la farine ainsi que la levure.

❺ Incorporez délicatement les blancs en neige en soulevant le mélange de bas en haut.

❻ Beurrez un moule en couronne et versez-y la préparation. Enfournez et laissez cuire 25 min.

❼ Pendant ce temps, prélevez le zeste de 1 orange, pressez les 3 oranges et mettez le jus dans une casserole avec le thé, le reste du sucre et le zeste.

❽ Portez à ébullition en remuant puis ajoutez, hors du feu, le Grand Marnier.

❾ Démoulez le gâteau et versez le sirop encore chaud dessus.

❿ Dégustez aussitôt.

ASTUCE Vous pouvez servir ce savarin avec un mélange de fruits frais au milieu.

“Je n'ai utilisé que la moitié du sirop pour imbiber le gâteau. Avec le reste, j'ai confectionné une crème à l'orange pour l'accompagner.” **Maddy78**

Flan de *papaye*

Pour 4 personnes
Proposé par Sara
Facile
Bon marché

Préparation	Cuisson	Repos
20 min	**40 min**	**2 h**

Papaye (1) • **Sucre** (7 c. à soupe) • **Lait** (4 c. à soupe) • **Œufs** (2) • **Farine** (2 c. à soupe) • **Beurre** (1 noisette + un peu pour le moule) • **Sel**

❶ Pelez, nettoyez et coupez la papaye en gros cubes.

❷ Faites bouillir les cubes dans une casserole d'eau légèrement salée pendant 10 min.

❸ Égouttez dans une passoire et couvrez d'une assiette de façon à laisser bien s'égoutter le tout.

❹ Préchauffez le four à 150 °C (th. 5).

❺ À l'aide d'une fourchette, écrasez les dés de papaye dans un saladier jusqu'à obtenir une crème.

❻ Incorporez à cette dernière les œufs, le sucre, la farine, le beurre et le lait, tout en remuant sans jamais changer de sens.

❼ Beurrez un moule rectangulaire et versez-y la compote obtenue. Faites cuire dans un bain-marie au four pendant 30 min environ.

❽ Laissez refroidir et placez 2 h au réfrigérateur.

« Très simple et rapide, et surtout très bon ! J'ai juste supprimé le sucre, que je trouve souvent inutile dans les recettes avec des fruits. » **Maite-maite**

Soupe de légumes à l'*emmental* et au curry

Pour 6-8 personnes
Proposée par gaelle_435
Facile
Bon marché

Préparation	Cuisson
15 min	**30 min**

Carottes (6) • **Tomates** (2) • **Pommes de terre** (6 grosses) • **Poireaux** (2) • **Navets** (2) • **Emmental** (150 g) • **Curry** (2 c. à soupe) • **Bouillon de bœuf** (3 cubes) • **Sel, poivre**

❶ Épluchez les légumes, coupez les plus gros en morceaux, et mettez le tout dans une cocotte-minute. Recouvrez-les d'eau, ajoutez les cubes de bouillon et 1 c. à soupe de curry.

❷ Fermez la cocotte, portez à ébullition sur feu moyen puis comptez 15 min de cuisson après la mise en route du sifflet de la cocotte.

❸ Prélevez dans la cocotte une quantité d'eau de cuisson permettant de remplir une casserole. Égouttez les légumes.

❹ Ajoutez l'emmental et le curry restant et mixez le tout.

❺ Rajoutez l'eau de cuisson selon votre goût afin d'obtenir une soupe épaisse et onctueuse.

ASTUCE Cette soupe se congèle très bien.

« J'ai opté pour des petits flans individuels. J'ai réduit la cuisson de 10 minutes. C'était très réussi ! »
Carolina7899

Joue de *porc* à la bière

Pour 4 personnes
Proposée par BABETTE_6
Facile
Bon marché

Préparation **10 min** | Cuisson **2 h 20**

Joue de porc (1 kg) • **Oignons** (2 gros) • **Lardons** (250 g) • **Miel** (1 c. à soupe) • **Bière** (33 cl) • **Beurre** • **Huile d'olive** • **Sel, poivre**

❶ Dégraissez la viande en enlevant les morceaux de gras éventuels et coupez-la en morceaux.

❷ Dans une casserole, faites revenir les morceaux de viande dans un mélange beurre-huile (pour ne pas que le beurre brûle). Mettez de côté la viande et le jus de la casserole.

❸ Épluchez et émincez les oignons. Dans la même casserole, faites revenir les lardons et les oignons.

❹ Ajoutez le miel, remuez quelques instants, puis remettez la viande. Remuez pour bien l'enrober.

❺ Ajoutez la bière, salez (légèrement à cause des lardons) et poivrez.

❻ Couvrez et laissez mijoter 2 h en surveillant la cuisson.

ASTUCE Ajoutez des carottes coupées en rondelles 1 h avant la fin de la cuisson.

« *J'ai remplacé le miel par 1 c. à soupe de cassonade et j'ai servi le tout avec une purée. Super bon.* » **francine_539**

L'INCONTOURNABLE DU MOIS

Noël

Chapon farci de Noël

Pour 8 personnes
Proposé par Ysaly
Moyennement facile
Assez cher

Préparation	Cuisson
45 min	2 h 40

• **Chapon** (1, d'environ 3 kg) • **Le foie du chapon ou foie de lapin** (100 g) • **Épinards frais** (200 g) • **Foie gras mi-cuit** (50 à 70 g) • **Persil** (1 bouquet) • **Échalote** (1) • **Ail** (1 gousse) • **Mie de pain** (1 grosse poignée) • **Lait** (15 cl) • **Œuf** (1 gros) • **Huile** • **Beurre** • **Sel, poivre**

❶ Préchauffez le four à 180 °C (th. 6).

❷ Hachez le persil, la gousse d'ail et l'échalote préalablement pelées.

❸ Plongez les épinards dans une casserole d'eau bouillante salée et laissez-les cuire 8 min.

❹ Égouttez-les, pressez-les bien pour ôter le maximum d'eau puis déposez-les sur du papier absorbant.

❺ Trempez rapidement la mie de pain dans le lait, puis émiettez-la grossièrement.

❻ Hachez le foie du chapon.

❼ Coupez le foie gras en petits morceaux.

ZOOM SUR LE *chapon*

QUAND L'ACHETER ?

JANV. | FÉV. | MARS | AVRIL | MAI | JUIN | JUIL. | AOÛT | SEPT. | OCT. | NOV. | DÉC.

COMMENT LE CHOISIR ?
Sa forme doit être bien rebondie, particulièrement au niveau des cuisses et des blancs. Le chapon de Bresse bénéficie d'une AOC.

COMMENT LE CUISINER ?
Sa chair est délicate et fondante car sa graisse se développe au sein même de la viande. Il est souvent servi entier, farci, la farce apportant saveur et tendreté à la chair, et cuit au four, lentement.

BON À SAVOIR
Le chapon est un jeune coq castré élevé en plein air puis cloîtré une quinzaine de jours avant son abattage.

❽ Mettez tous les ingrédients dans un grand saladier, avec l'œuf. Salez et poivrez. Mélangez bien.

❾ Farcissez le chapon de cette préparation puis cousez-le avec du fil de cuisine pour éviter que la farce ne s'échappe à la cuisson.

❿ Huilez le chapon avec un pinceau, déposez-le dans un plat puis parsemez-le de 3 ou 4 lamelles de beurre.

⓫ Couvrez le chapon avec une feuille de papier d'aluminium et enfournez. Laissez cuire 1 h 30, en arrosant régulièrement la volaille avec le jus de cuisson.

⓬ Au bout de ce temps, ôtez le papier d'aluminium et laissez dorer le chapon sous tous les côtés en le retournant et en l'arrosant toutes les 15 min pendant au moins 1 h.

⓭ Quand le chapon est bien cuit, servez-le sans attendre, accompagné de fagots de haricots verts et d'une cuillerée de farce par personne.

ASTUCE Vous pouvez ajouter 2 petits-suisses à votre farce pour qu'elle soit plus onctueuse.

« Excellente recette qui a été très appréciée par toute la famille. J'ai rajouté autour des châtaignes, des champignons et des héliantis. » **Patorion**

« La farce est excellente ! J'ai mis un peu plus d'échalotes et une demi-tête d'ail et tout le monde a apprécié. » **Laurent_1156**

L'INCONTOURNABLE DU MOIS

Noël

Bûche de Noël

Pour 10 personnes
Proposée par Nadine_37
Moyennement facile
Bon marché

Préparation	Cuisson	Repos
2 h	10 min	4 h

Pour le biscuit : Sucre (140 g) • **Farine** (150 g) • **Œufs** (3) • **Citron** (½) • **Levure chimique** (½ sachet) • **Sucre vanillé** (1 sachet) • **Liqueur de fruit** (1,5 cl) • **Huile** • **Sel** • **Pour la mousse au chocolat : Chocolat noir pâtissier** (100 g) • **Œufs** (3) • **Sel** • **Pour la crème au beurre : Beurre** (120 g) • **Sucre glace** (100 g) • **Œuf** (1) • **Café soluble ou Grand Marnier** (2 c. à café) • **Liqueur de fruit** (2 c. à soupe)

❶ Préparez le biscuit : préchauffez le four à 210 °C (th. 7). Séparez les blancs des jaunes d'œufs.

❷ Dans un saladier, battez le sucre et les jaunes d'œufs jusqu'à ce que le mélange blanchisse. Ajoutez le jus de citron.

❸ Dans un autre saladier, battez les blancs d'œufs en neige. Versez-les dans un saladier et ajoutez la levure, une pincée de sel, le sucre vanillé, la farine et le mélange jaunes-sucre.

❹ Huilez une plaque à biscuit et versez la pâte dessus (égalisez bien pour que l'épaisseur du biscuit soit homogène).

❺ Enfournez sur la partie haute du four pour 10 min. Laissez le biscuit refroidir.

❻ Préparez la mousse au chocolat : faites fondre le chocolat au bain-marie.

❼ Séparez les blancs des jaunes d'œufs.

❽ Ajoutez une pincée de sel aux blancs d'œufs et battez-les en neige.

❾ Versez peu à peu le chocolat fondu sur les jaunes d'œufs en remuant énergiquement. Incorporez les blancs en neige avec une spatule.

❿ Placez la préparation au réfrigérateur.

⓫ Préparez la bûche : une fois le biscuit refroidi, démoulez-le sur un torchon propre.

⓬ Découpez les bords du biscuit.

⓭ Dans un bol, diluez la liqueur dans 3 cl d'eau tiède et imbibez le biscuit de ce mélange.

⓮ Tartinez le biscuit de mousse au chocolat.

⓯ Roulez très délicatement le biscuit tartiné et enveloppez-le dans un torchon. Déposez la bûche au réfrigérateur pendant au moins 2 h pour que la mousse prenne.

⓰ Préparez la crème au beurre : dans une casserole, faites fondre le beurre avec le sucre glace jusqu'à ce qu'il mousse.

⓱ Ajoutez l'œuf puis le café dilué dans un fond d'eau (ou le Grand Marnier) et la liqueur de fruit.

⓲ Sortez le biscuit roulé du réfrigérateur, puis tartinez-le de crème au beurre.

⓳ Placez la bûche au réfrigérateur 12 h avant de servir.

ASTUCE Surveillez bien la cuisson du biscuit : il doit rester malléable sinon il risque de se casser lorsque vous le roulerez.

Praires farcies aux noix et aux pignons

Pour 4 personnes
Proposées par Colorado
Très facile
Bon marché

Préparation **20 min** | Cuisson **25 min**

Praires (24) • **Vin blanc sec** (15 cl) • **Ail** (3 gousses) • **Beurre** (30 g) • **Poivre du moulin** • **Pour la farce : Beurre ramolli** (100 g) • **Pignons de pin** (2 c. à soupe) • **Cerneaux de noix** (20) • **Basilic** (12 feuilles) • **Jus de citron** (1 c. à café) • **Parmesan fraîchement râpé** (1 grosse c. à café) • **Sel, poivre**

❶ Épluchez les gousses d'ail et émincez-les. Nettoyez les praires.

❷ Versez le vin blanc dans une grande casserole avec l'ail, le beurre et du poivre. Portez à ébullition. Ajoutez les praires, couvrez, laissez-les s'ouvrir (comptez 5 min environ sur feu vif). Égouttez et laissez les praires tiédir. Détachez les valves du dessus.

❸ Préchauffez le four à 210 °C (th. 7). Préparez la farce : hachez finement les noix et les pignons, ajoutez le basilic préalablement lavé et ciselé. Incorporez le beurre en malaxant, puis le jus de citron, le parmesan, du sel et du poivre.

❹ Remplissez les praires de farce. Disposez-les sur un grand plat. Faites gratiner 5 min dans la partie haute du four, sans laisser brunir.

Gratins d'*ananas*

Pour 4 personnes
Proposés par audrey8288
Très facile
Bon marché

Préparation	Cuisson
15 min	**10 min**

Ananas frais (½) • **Noix de coco en poudre** (2 c. à soupe) • **Jaunes d'œufs** (3) • **Crème fraîche liquide** (150 g) • **Sucre** (60 g) • **Sucre vanillé** (1 sachet)

❶ Préchauffez le gril du four.

❷ Retirez l'écorce et le cœur de l'ananas. Découpez la pulpe en petits dés.

❸ Dans un bol, mélangez le sucre, le sucre vanillé, les jaunes d'œufs, la crème et la noix de coco.

❹ Dans de petits plats allant au four (type ramequins), répartissez les dés d'ananas puis versez dessus la crème à la noix de coco.

❺ Posez les ramequins sur la grille du four et enfournez au tiers de la hauteur.

❻ Laissez dorer quelques minutes le temps que la crème se colore en surface.

❼ Servez tiède.

ASTUCE Accompagnez ces gratins de boules de sorbets exotiques (noix de coco, fruits de la passion ou mangue).

Préparer un ananas

ZOOM SUR L'*ananas*

QUAND L'ACHETER ?

JAN.	**FÉV.**	**MARS**	AVRIL
MAI	JUIN	JUIL.	AOÛT
SEPT.	OCT.	**NOV.**	**DÉC.**

COMMENT LE CHOISIR ? On distingue les ananas Cayenne lisses, la variété la plus consommée, et les Victoria, plus petits, au goût plus sucré. Vérifiez son toupet : ses feuilles doivent être rigides et d'un vert vif. Si l'une des feuilles s'en détache facilement, l'ananas est mûr.

COMMENT LE CONSERVER ? Il supporte mal le froid, il est donc préférable de le conserver à température ambiante tant qu'il n'est pas découpé.

BON À SAVOIR L'ananas est bien pourvu en broméline, une enzyme qui aide à la digestion des protéines. Il est l'ingrédient idéal pour les préparations sucrées-salées exotiques.

Salade de pommes de terre aux *harengs* fumés

Pour 3 personnes
Proposée par goupilgourmet
Très facile
Bon marché

Préparation	Cuisson	Repos
15 min	**20 min**	**30 min**

Filets de hareng doux fumés au naturel (100-150 g) • **Feuilles de salade** (4 grandes) • **Pommes de terre** (300 g) • **Échalote** (1)
• **Cornichons aigres-doux** (2)
• **Olives noires dénoyautées** (6)
• **Oignons frits** (1 c. à soupe)
• **Moutarde forte** (1 c. à café)
• **Crème fraîche liquide** (1 c. à soupe) • **Vin blanc sec** (3 c. à soupe) • **Coriandre en poudre** (½ c. à café) • **Noix de muscade en poudre** (½ c. à café) • **Huile d'olive** (2 c. à soupe) • **Sel, poivre**

❶ Lavez la salade et coupez-la en morceaux de taille moyenne.

❷ Faites cuire les pommes de terre (avec leur peau) 20 min dans une casserole d'eau bouillante salée.

❸ Laissez refroidir, épluchez les pommes de terre, puis coupez-les en rondelles de 3 à 4 mm d'épaisseur.

❹ Épluchez et émincez l'échalote en fines rondelles. Émincez les cornichons. Coupez chaque olive en 2 ou 3 morceaux.

❺ Coupez le hareng dans le sens de la longueur, en lanières de 1 cm de large.

❻ Dans un bol, mélangez la moutarde, la crème fraîche, le vin blanc, les épices et l'huile d'olive. Salez et poivrez.

❼ Dans un saladier, mettez dans l'ordre : salade, échalote, pommes de terre, harengs, cornichons.

❽ Nappez le tout de vinaigrette et mettez au frais 20 à 30 min.

❾ Sortez la salade 10 min avant de la servir, décorez avec les olives et les oignons frits.

ASTUCE Remplacez la moutarde forte par de la moutarde à l'ancienne.

« J'ai remplacé la crème de la vinaigrette par un jaune d'œuf. Ma grand-mère la faisait ainsi et y ajoutait beaucoup de persil. Sa vinaigrette enrobait bien les pommes de terre tiédies. »
FREDFLO

« J'ai rajouté une carotte coupée en fines rondelles. » **meloute**

Pont-l'évêque au caramel poivré

Pour 8 personnes
Proposé par ghislaine_57
Très facile
Bon marché

Préparation **5 min** | Cuisson **10 min**

Pont-l'évêque (1) • **Pain de campagne** (8 tranches) • **Caramel liquide** • **Poivre**

❶ Préchauffez le gril du four.

❷ Sur chaque tranche de pain, mettez une lamelle assez épaisse de pont-l'évêque, recouvrez-la de caramel (qui coulera sur le pain) et poivrez.

❸ Laissez griller 10 min sous le gril du four chaud.

❹ Servez tiède.

ASTUCE Accompagnez d'une salade assaisonnée d'une vinaigrette au vinaigre balsamique.

« Bravo, superbe recette essayée avec du pain Poilâne. » **Sixte**

ZOOM SUR LE *pont-l'évêque*

QUAND L'ACHETER?

JANV.
FÉV.
MARS
AVRIL

MAI

JUIN
JUIL.
AOÛT
SEPT.

OCT.
NOV.
DÉC.

BON À SAVOIR Fromage de Normandie AOC/AOP au lait de vache à pâte molle et à croûte lavée caractérisé par sa forme carrée (11 cm de côté, 3 cm d'épaisseur). Il existe également un demi-pont-l'évêque de forme rectangulaire.

Tarte aux *mandarines*

Pour 6 personnes
Proposée par Severine_25
Facile
Bon marché

Préparation	Cuisson	Repos
25 min	**35 min**	**1 h**

Mandarines non traitées (7)
• **Beurre** (150 g + 60 g) • **Œufs** (4)
• **Sucre** (250 g) • **Farine** (300 g) • **Sel**

❶ Battez légèrement 1 œuf dans un bol.

❷ Tamisez la farine dans une jatte, ajoutez une pincée de sel. Mettez au centre 150 g de beurre froid coupé en morceaux et l'œuf battu. Mélangez le tout de manière à obtenir une sorte de sable puis versez 2 c. à soupe d'eau froide. Pétrissez le tout le plus rapidement possible jusqu'à la formation d'une pâte homogène. Formez une boule, enveloppez-la dans du film alimentaire puis laissez-la reposer 1 h au frais.

❸ Sur un plan de travail fariné, étalez la pâte avec la paume de la main pour écraser les éventuels morceaux de beurre restants, sur 3 mm d'épaisseur environ puis garnissez-en un moule de 22 cm de diamètre.

❹ Râpez le zeste des mandarines et pressez les fruits. Faites fondre le beurre restant.

❺ Préchauffez le four à 220 °C (th. 7-8).

❻ Dans un grand bol, fouettez les 3 œufs restants et le sucre pendant 2 min. Ajoutez le beurre fondu, le jus et enfin le zeste des mandarines. Fouettez vigoureusement tous ces ingrédients.

❼ Versez la préparation sur le fond de tarte et enfournez pour 35 min. Démoulez la tarte et laissez-la refroidir sur une grille.

ASTUCE Si la crème est restée trop liquide après la cuisson, laissez-la prendre plusieurs heures au réfrigérateur avant de la déguster.

« J'ai fait cette tarte facile et originale avec des clemenvilla et je l'ai meringuée. » **dacore**

« Absolument délicieuse. Je n'ai mis que 150 g de sucre, 5 mandarines et 1 orange. » **Charlotte_97**

Menus d'hiver

MENU 1

MENU 2

MENU 3

MENU 4

MENU 5

MENU 6

MENU 7

MENU 8

MENU 9

MENU 10

MENU 11

MENU 12

Menus de printemps

MENU 1

MENU 2

MENU 3

MENU 4

MENU 5

MENU 6

MENU 7

MENU 8

MENU 9

MENU 10

MENU 11

MENU 12

Menus d'été

Menus d'automne

C'est le bon moment pour...

... se faire plaisir et consommer les produits de saison. Voici un calendrier, mois par mois, qui vous permettra en un clin d'œil de choisir et vérifier tous les produits de saison. Mais faites attention, les indications peuvent varier en fonction de l'origine géographique des produits !

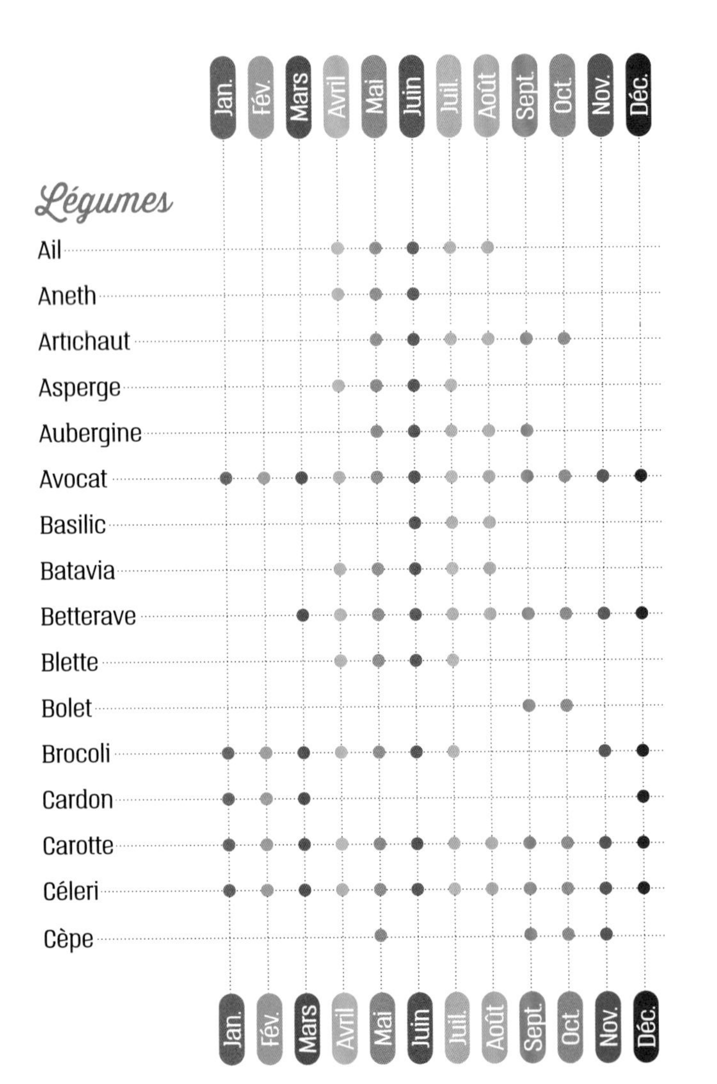

Légumes

	Jan.	Fév.	Mars	Avril	Mai	Juin	Juil.	Août	Sept.	Oct.	Nov.	Déc.
Ail				●	●	●	●	●				
Aneth				●	●	●						
Artichaut					●	●	●	●	●	●		
Asperge				●	●	●	●					
Aubergine					●	●	●	●	●			
Avocat	●	●	●	●	●	●	●	●	●	●	●	●
Basilic						●	●	●				
Batavia				●	●	●	●	●				
Betterave			●	●	●	●	●	●	●	●	●	●
Blette				●	●	●	●					
Bolet									●	●		
Brocoli	●	●	●	●	●	●	●				●	●
Cardon	●	●	●									●
Carotte	●	●	●	●	●	●	●	●	●	●	●	●
Céleri	●	●	●	●	●	●	●	●	●	●	●	●
Cèpe					●				●	●	●	

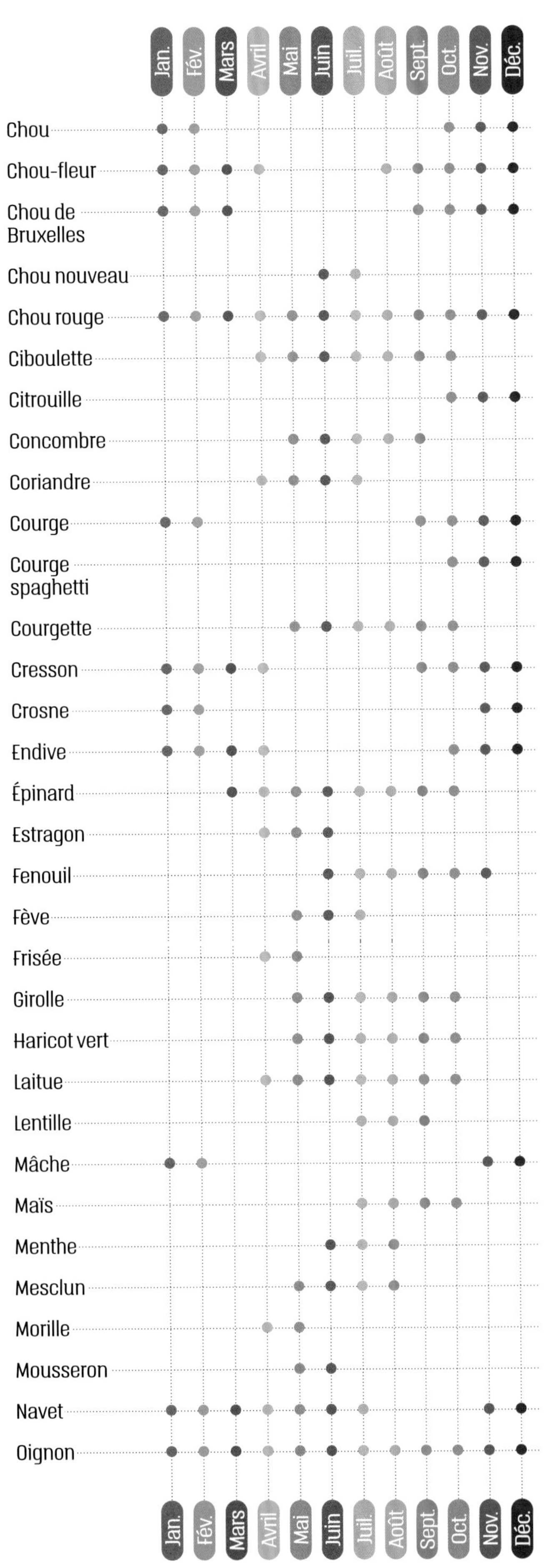

	Jan.	Fév.	Mars	Avril	Mai	Juin	Juil.	Août	Sept.	Oct.	Nov.	Déc.
Chou	●	●								●	●	●
Chou-fleur	●	●	●	●				●	●	●	●	●
Chou de Bruxelles	●	●	●						●	●	●	●
Chou nouveau						●	●					
Chou rouge	●	●	●	●	●	●	●	●	●	●	●	●
Ciboulette				●	●	●	●	●	●	●		
Citrouille										●	●	●
Concombre					●	●	●	●	●			
Coriandre				●	●	●	●					
Courge	●	●							●	●	●	●
Courge spaghetti										●	●	●
Courgette					●	●	●	●	●	●		
Cresson	●	●	●	●					●	●	●	●
Crosne	●	●									●	●
Endive	●	●	●	●						●	●	●
Épinard			●	●	●	●	●	●	●	●		
Estragon				●	●	●						
Fenouil						●	●	●	●	●	●	
Fève					●	●	●					
Frisée				●	●							
Girolle					●	●	●	●	●	●		
Haricot vert					●	●	●	●	●	●		
Laitue				●	●	●	●	●	●	●		
Lentille							●	●	●			
Mâche	●	●									●	●
Maïs							●	●	●	●		
Menthe						●	●	●				
Mesclun					●	●	●	●				
Morille				●	●							
Mousseron					●	●						
Navet	●	●	●	●	●	●	●				●	●
Oignon	●	●	●	●	●	●	●	●	●	●	●	●

	Jan.	Fév.	Mars	Avril	Mai	Juin	Juil.	Août	Sept.	Oct.	Nov.	Déc.
Origan				●	●	●	●					
Oseille			●	●	●	●	●	●				
Panais	●										●	●
Pâtisson								●	●	●		
Persil				●	●	●	●	●	●	●		
Petit pois					●	●	●	●				
Pied-de-mouton									●	●	●	●
Pissenlit					●	●	●	●				
Pleurote										●	●	●
Poireau	●	●	●						●	●	●	●
Poireau primeur				●	●	●						
Pois gourmand				●	●	●	●					
Poivron							●	●	●	●		
Pomme de terre	●	●	●	●			●	●	●	●	●	●
Pomme de terre primeur				●	●							
Potimarron	●										●	●
Potiron	●	●						●	●	●	●	●
Radis			●	●	●	●	●	●	●	●		
Radis noir									●	●	●	
Roquette					●	●	●	●	●	●	●	
Rutabaga	●	●								●	●	●
Salade romaine				●	●							
Salsifis	●	●							●	●	●	●
Sarriette				●	●	●						
Sauge				●	●	●	●					
Scarole	●									●	●	●
Tomate						●	●	●	●	●		
Topinambour	●	●									●	●
Trompette-de-la-mort										●	●	●
Truffe noire du Périgord	●	●										

Fruits

	Jan.	Fév.	Mars	Avril	Mai	Juin	Juil.	Août	Sept.	Oct.	Nov.	Déc.
Abricot						●	●	●				
Airelle								●	●			
Ananas	●	●	●								●	●
Amande fraîche						●						
Banane	●	●	●	●	●					●	●	●
Brugnon							●	●				
Châtaigne									●	●	●	
Cassis							●	●				
Cerise						●	●	●				
Citron	●	●	●	●	●	●	●	●	●	●	●	●
Citron de Menton	●	●										●
Clémentine	●	●									●	●
Clémentine de Corse												●
Coing										●	●	●
Datte										●	●	●
Figue							●	●	●	●		
Fraise					●	●	●	●	●			
Framboise						●	●	●	●	●		
Grenade	●	●									●	●
Groseille						●	●	●				
Kaki										●	●	●
Kiwi	●	●	●								●	●
Kumquat	●	●										●
Litchi	●	●	●	●						●	●	●
Mandarine	●	●	●								●	●
Mangue	●	●	●	●	●						●	●
Melon						●	●	●	●			
Mirabelle								●	●			
Mûre							●	●	●	●		
Myrtille							●	●	●	●		
Nectarine							●	●	●			
Noisette									●	●		

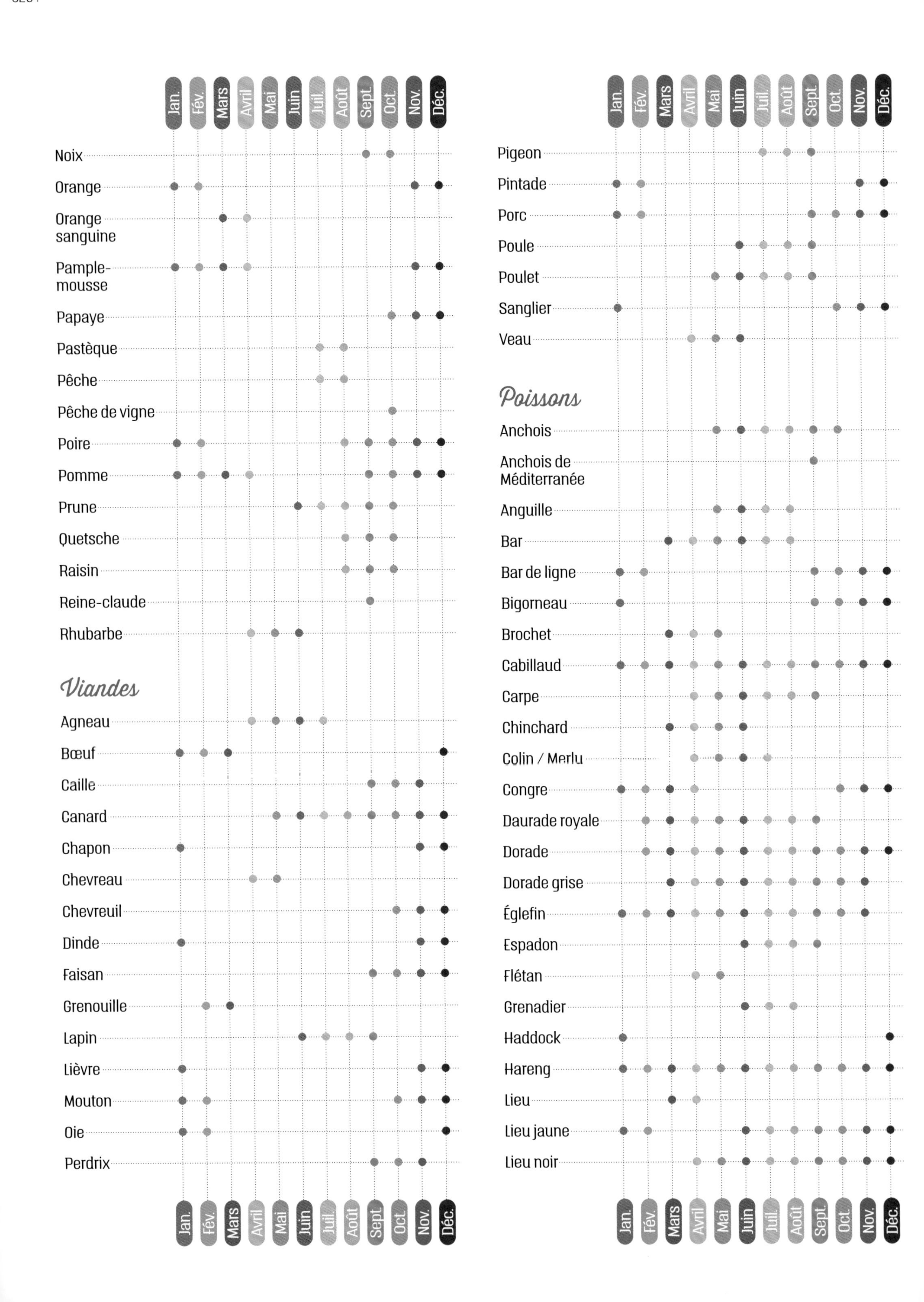

	Jan.	Fév.	Mars	Avril	Mai	Juin	Juil.	Août	Sept.	Oct.	Nov.	Déc.
Noix									●	●		
Orange	●	●									●	●
Orange sanguine			●	●								
Pamplemousse	●	●	●	●							●	●
Papaye										●	●	●
Pastèque							●	●				
Pêche							●	●				
Pêche de vigne										●		
Poire	●	●						●	●	●	●	●
Pomme	●	●	●	●					●	●	●	●
Prune						●	●	●	●	●		
Quetsche								●	●	●		
Raisin								●	●	●		
Reine-claude									●			
Rhubarbe				●	●	●						

Viandes

	Jan.	Fév.	Mars	Avril	Mai	Juin	Juil.	Août	Sept.	Oct.	Nov.	Déc.
Agneau				●	●	●	●					
Bœuf	●	●	●									●
Caille									●	●	●	
Canard					●	●	●	●	●	●	●	●
Chapon	●										●	●
Chevreau				●	●							
Chevreuil										●	●	●
Dinde	●										●	●
Faisan									●	●	●	●
Grenouille		●	●									
Lapin						●	●	●	●			
Lièvre	●										●	●
Mouton	●	●								●	●	●
Oie	●	●										●
Perdrix									●	●	●	
Pigeon							●	●	●			
Pintade	●	●									●	●
Porc	●	●							●	●	●	●
Poule						●	●	●	●			
Poulet					●	●	●	●	●			
Sanglier	●									●	●	●
Veau				●	●	●						

Poissons

	Jan.	Fév.	Mars	Avril	Mai	Juin	Juil.	Août	Sept.	Oct.	Nov.	Déc.
Anchois					●	●	●	●	●	●		
Anchois de Méditerranée									●			
Anguille					●	●	●	●				
Bar			●	●	●	●	●	●				
Bar de ligne	●	●							●	●	●	●
Bigorneau	●								●	●	●	●
Brochet			●	●	●							
Cabillaud	●	●	●	●	●	●	●	●	●	●	●	●
Carpe				●	●	●	●	●	●			
Chinchard			●	●	●	●						
Colin / Merlu				●	●	●	●					
Congre	●	●	●	●						●	●	●
Daurade royale		●	●	●	●	●	●	●	●			
Dorade		●	●	●	●	●	●	●	●	●	●	●
Dorade grise			●	●	●	●	●	●	●	●	●	
Églefin	●	●	●	●	●	●	●	●	●	●	●	
Espadon						●	●	●	●			
Flétan				●	●							
Grenadier						●	●	●				
Haddock	●											●
Hareng	●	●	●	●	●	●	●	●	●	●	●	●
Lieu			●	●								
Lieu jaune	●	●				●	●	●	●	●	●	●
Lieu noir				●	●	●	●	●	●	●	●	●

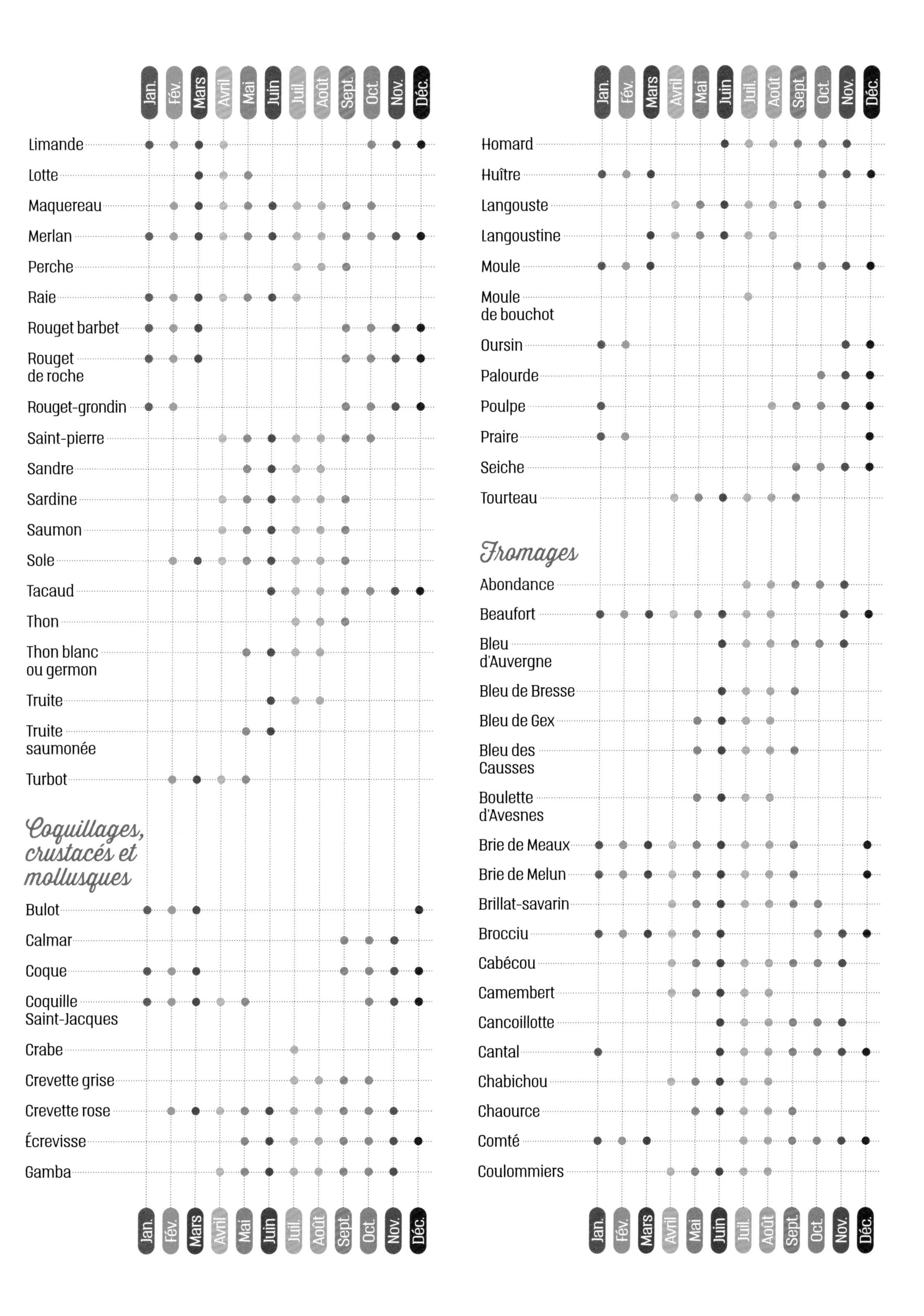

	Jan.	Fév.	Mars	Avril	Mai	Juin	Juil.	Août	Sept.	Oct.	Nov.	Déc.
Limande	●	●	●	●						●	●	●
Lotte			●	●	●							
Maquereau		●	●	●	●	●	●	●	●	●		
Merlan	●	●	●	●	●	●	●	●	●	●	●	●
Perche							●	●	●			
Raie	●	●	●	●	●	●	●					
Rouget barbet	●	●	●						●	●	●	●
Rouget de roche	●	●	●						●	●	●	●
Rouget-grondin	●	●							●	●	●	●
Saint-pierre				●	●	●	●	●	●	●		
Sandre					●	●	●	●				
Sardine				●	●	●	●	●	●			
Saumon				●	●	●	●	●	●			
Sole		●	●	●	●	●	●	●	●			
Tacaud						●	●	●	●	●	●	●
Thon							●	●	●			
Thon blanc ou germon					●	●	●	●				
Truite						●	●	●				
Truite saumonée					●	●						
Turbot		●	●	●	●							

Coquillages, crustacés et mollusques

	Jan.	Fév.	Mars	Avril	Mai	Juin	Juil.	Août	Sept.	Oct.	Nov.	Déc.
Bulot	●	●	●									●
Calmar									●	●	●	
Coque	●	●	●						●	●	●	●
Coquille Saint-Jacques	●	●	●	●	●					●	●	●
Crabe							●					
Crevette grise							●	●	●	●		
Crevette rose		●	●	●	●	●	●	●	●	●	●	
Écrevisse					●	●	●	●	●	●	●	●
Gamba				●	●	●	●	●	●	●	●	
Homard						●	●	●	●	●	●	
Huître	●	●	●							●	●	●
Langouste				●	●	●	●	●	●	●		
Langoustine			●	●	●	●	●	●				
Moule	●	●	●						●	●	●	●
Moule de bouchot							●					
Oursin	●	●									●	●
Palourde										●	●	●
Poulpe	●							●	●	●	●	●
Praire	●	●										●
Seiche									●	●	●	●
Tourteau				●	●	●	●	●	●			

Fromages

	Jan.	Fév.	Mars	Avril	Mai	Juin	Juil.	Août	Sept.	Oct.	Nov.	Déc.
Abondance							●	●	●	●	●	
Beaufort	●	●	●	●	●	●	●	●			●	●
Bleu d'Auvergne						●	●	●	●	●	●	
Bleu de Bresse						●	●	●	●			
Bleu de Gex					●	●	●	●				
Bleu des Causses					●	●	●	●	●			
Boulette d'Avesnes					●	●	●	●				
Brie de Meaux	●	●	●	●	●	●	●	●	●			●
Brie de Melun	●	●	●	●	●	●	●	●	●			●
Brillat-savarin				●	●	●	●	●	●	●		
Brocciu	●	●	●	●	●	●				●	●	●
Cabécou				●	●	●	●	●	●	●	●	
Camembert				●	●	●	●	●				
Cancoillotte						●	●	●	●	●	●	
Cantal	●					●	●	●	●	●	●	●
Chabichou				●	●	●	●	●				
Chaource					●	●	●	●	●			
Comté	●	●	●				●	●	●	●	●	●
Coulommiers				●	●	●	●	●				

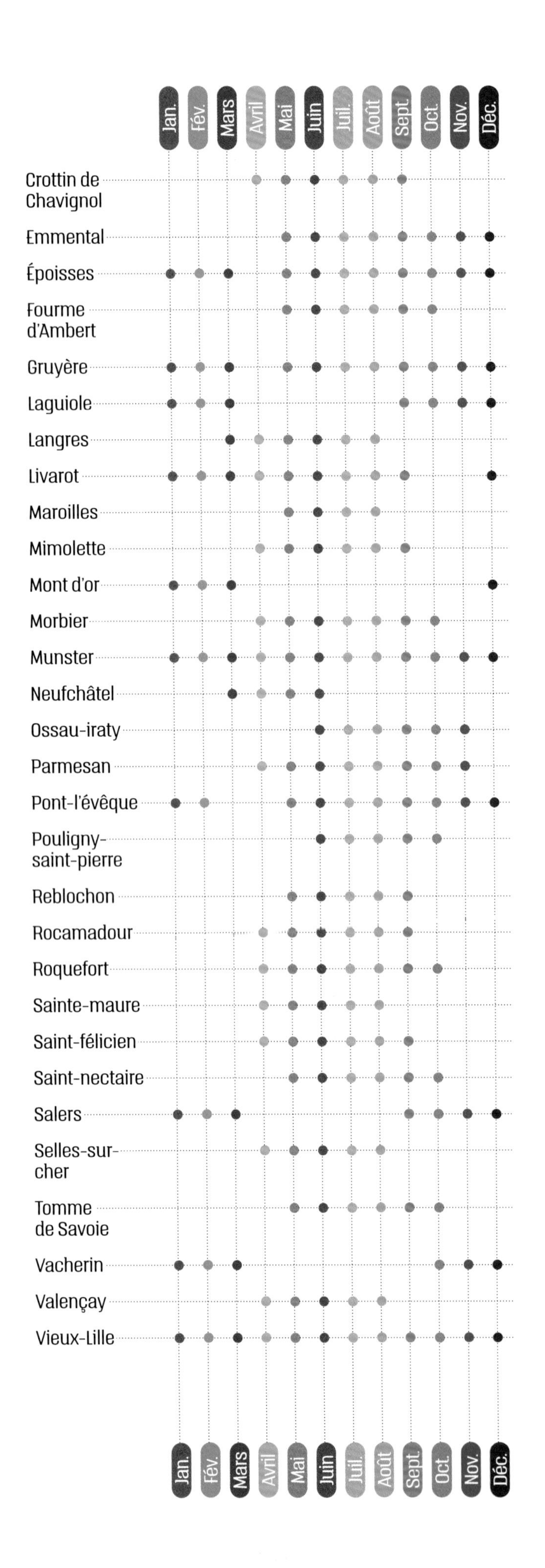
Jan.
Fév.
Mars
Avril
Mai
Juin
Juil.
Août
Sept.
Oct.
Nov.
Déc.
Crottin de Chavignol
Emmental
Époisses
Fourme d'Ambert
Gruyère
Laguiole
Langres
Livarot
Maroilles
Mimolette
Mont d'or
Morbier
Munster
Neufchâtel
Ossau-iraty
Parmesan
Pont-l'évêque
Pouligny-saint-pierre
Reblochon
Rocamadour
Roquefort
Sainte-maure
Saint-félicien
Saint-nectaire
Salers
Selles-sur-cher
Tomme de Savoie
Vacherin
Valençay
Vieux-Lille
Jan.
Fév.
Mars
Avril
Mai
Juin
Juil.
Août
Sept.
Oct.
Nov.
Déc.

Recettes par ordre alphabétique

Recettes par préparation

Apéro

Entrée

Plat

PLAT (SUITE)

Accompagnement

Dessert

DESSERT (SUITE)

Confiserie

Goûter

Boisson

Recettes par ingrédients

Carpe

Cassis

Céleri-rave

Cèpe

Cerise

Champagne

Champignon de Paris

Chapon

Châtaigne

Chevreau

Chevreuil

Chocolat

Chorizo

Chou de Bruxelles

Chou vert

Chou-fleur

Cidre

Citron

Citrouille

Clémentine

Groseille

Gruyère

Haddock

Hareng

Haricot vert

Homard

Huître

Jambon

Kaki

Kirsch

Kiwi

Kumquat

Lait concentré

Lait de coco

Laitue

Langouste

Langoustine

Langres

Lapin

Lard / Lardon

Lasagne

Lieu

Lièvre

Limande

Litchi

Lotte

Mâche

Maïs

Mandarine

Mangue

Maquereau

Maroilles

Marron

Mascarpone

Melon

Menthe

Oignon grelot

Oignon nouveau

Olive

Orange

Oseille

Pain

Pain d'épices

Pamplemousse

Panais

Papaye

Parmesan

Pastèque

Pâte

Pâte brisée

Pâte feuilletée

Reine-claude

Rhubarbe

Rhum

Riz

Roquefort

Roquette

Rouget

Rouget-grondin

Rutabaga

Saint-félicien

Saint-nectaire

Saint-pierre

Salade

Salade frisée

Salsifi

Sandre

Sardine

Saucisse / Chair à saucisse

Saumon

Scarole

Seiche

Semoule

Sole

Spéculoos

Thon

Tomate

Crédits

Couverture : Getty Images / Dorling Kindersley / Gary Ombler ; p. 8 : Sarah Bruey ; p. 10 : Marmiton / Manina Hatzimichali ; p. 11 : Sucré Salé / Viel, 123RF / Ewasstudio ; p. 12 : Fotolia / Shibachuu, Marmiton ; p. 13 : Marmiton ; p. 15 : Sucré Salé / Caste ; p. 16 : Sucré Salé / Norris ; p. 17 : Sucré Salé / Studio, Fotolia / Brad Pict ; p. 18 : Sucré Salé / Nicoloso ; p. 20 : Fotolia / Picture Partners ; p. 21 : Marmiton / Manina Hatzimichali, p. 22 : Marmiton / Manina Hatzimichali ; P. 23 : Marmiton / Manina Hatzimichali ; p. 24 : Sucré Salé / Swalens, 123RF / Natika ; p. 25 : Marmiton / Manina Hatzimichali ; p. 26 : StockFood / Wissing, Michael ; p. 28 : Sucré Salé / Dieterlen ; p. 29 : StockFood / Rozenbaum, Isabelle ; p. 31 : Sucré Salé / Marielle ; p. 32 : Marmiton / Manina Hatzimichali ; p. 33 : Sucré Salé / Studio, Fotolia / Andy Lidstone ; p. 34 : Sarah Bruey ; p. 37 : Sucré Salé / Studio ; p. 38 : StockFood / La Food - Thomas Dhellemmes ; p. 39 : Sucré Salé / Bilic ; p. 40 : Sucré Salé / Bilic ; p. 41 : Marmiton / Manina Hatzimichali ; p. 42 : Sucré Salé / Guedes ; p. 44 : 123RF / Pauline Wessel, Marmiton / Manina Hatzimichali ; p. 45 : Sucré Salé / Studio ; p. 47 : Sucré Salé / Bilic ; p. 48 : Marmiton / Manina Hatzimichali ; p. 49 : 123RF / Isselee ; p. 51 : Sucré Salé / Studio ; p. 52 : Marmiton / Manina Hatzimichali ; p. 53 : Marmiton / Manina Hatzimichali ; p. 54 : 123RF / Emmanuelle Bonzami ; p. 55 : Marmiton / Manina Hatzimichali ; p. 56 : Sucré Salé / Marielle ; p. 57 : Marmiton / Manina Hatzimichali, 123RF / Christian Jung ; p. 58 : Sarah Bruey ; p. 60 : Marmiton / Manina Hatzimichali, 123RF / Dmitriy Shpilko ; p. 61 : Marmiton / Manina Hatzimichali ; p. 62 : Sucré Salé / Caillaut ; p. 63 : Marmiton / Manina Hatzimichali, Fotolia / Sailorr ; p. 64 : StockFood / Castilho, Rua ; p. 67 : StockFood / Hart, Michael ; p. 68 : Marmiton / Manina Hatzimichali ; p. 69 : Sucré Salé / Riou, 123RF/ Belchonock ; p. 70 : Marmiton / Manina Hatzimichali ; p. 71 : Marmiton / Manina Hatzimichali ; p. 73 : Sucré Salé / Vaillant ; p. 74 : Marmiton / Manina Hatzimichali, 123RF / Serezniy ; p. 75 : Sucré Salé / Sudres ; p. 76 : Sucré Salé / Hall ; p. 77 : Marmiton / Manina Hatzimichali, Fotolia / Alain Wacquier ; p. 79 : Sucré Salé / Food & Drink ; p. 80 : Marmiton / Manina Hatzimichali ; p. 82 : Fotolia / Brad Pict ; p. 83 : Marmiton / Manina Hatzimichali ; p. 84 : Sarah Bruey ; p. 86 : Marmiton / Manina Hatzimichali ; p. 87 : Marmiton / Manina Hatzimichali, 123RF / Anitasstudio ; p. 88 : Marmiton / Manina Hatzimichali ; p. 90 : Sucré Salé / Studio ; p. 91 : Sucré Salé / Studio ; p. 92 : Marmiton / Manina Hatzimichali, 123RF / Natika ; p. 93 : Sucré Salé / Chris Court photography ; p. 95 : Sucré Salé / Viel ; p. 96 : Marmiton / Manina Hatzimichali, Fotolia / Brad Pict ; p. 97 : Sucré Salé / Bagros ; p. 98 : Marmiton / Manina Hatzimichali, 123RF / Nito500 ; p. 99 : Marmiton / Manina Hatzimichali ; p. 100 : Marmiton / Manina Hatzimichali ; p. 101 : Émilie Montuclard ; p. 102 : Marmiton / Manina Hatzimichali ; p. 104 : Marmiton / Manina Hatzimichali ; p. 105 : StockFood / Schindler, Martina, 123RF / Peter Zijlstra ; p. 107 : Sucré Salé / Studio ; p. 108 : Marmiton / Manina Hatzimichali ; p. 109 : Marmiton / Manina Hatzimichali ; p. 110 : Sarah Bruey ; p. 112 : Marmiton / Manina Hatzimichali, Fotolia / Sarawutk ; p. 113 : Sucré Salé / Viel ; p. 114 : Marmiton / Manina Hatzimichali ; p. 115 : Marmiton / Manina Hatzimichali ; p. 117 : Émilie Montuclard ; p. 118 : Sucré Salé / Bagros ; p. 120 : Marmiton / Manina Hatzimichali ; p. 121 : Marmiton / Manina Hatzimichali ; p. 122 : Sucré Salé / Veigas ; p. 123 : 123RF / Anastasiia Prokofyeva ; p. 124 : Marmiton / Manina Hatzimichali, Fotolia / Philipimage ; p. 125 : Marmiton / Manina Hatzimichali ; p. 126 : Marmiton / Manina Hatzimichali ; p. 128 : Sucré Salé / Chris Court photography ; p. 129 : Marmiton / Manina Hatzimichali, 123RF / Cokemomo ; p. 130 : Marmiton / Manina Hatzimichali ; p. 131 : Fotolia / Brad Pict ; p. 132 : Sucré Salé / Czap ; p. 134 : Marmiton / Manina Hatzimichali ; p. 135 : Marmiton / Manina Hatzimichali ; p. 136 : Sarah Bruey ; p. 138 : Marmiton, 123RF / Anna Kucherova ; p. 139 : Sucré Salé / Amiel ; p. 141 : StockFood / Peltre, Beatrice ; p. 142 : Sucré Salé / Radvaner ; p. 143 : Sucré Salé / Thys/Supperdelux ; p. 144 : Sucré Salé / Roulier/Turiot, 123RF / Nenovbrothers ; p. 145 : Marmiton / Manina Hatzimichali ; p. 146 : Marmiton / Manina Hatzimichali ; p. 148 : Marmiton / Manina Hatzimichali ; p. 149 : Marmiton / Manina Hatzimichali, 123RF / Maria Volosina ; p. 150 : Marmiton / Manina Hatzimichali ; p. 151 : 123RF / Lev Kropotov (haricot vert), 123RFRF / Pongphan Ruengchai (haricot mange-tout) ; p. 152 : Marmiton / Manina Hatzimichali ; p. 153 : Marmiton / Manina Hatzimichali ; p. 154 : Marmiton / Manina Hatzimichali, 123RF / Jirkaejc ; p. 155 : Sucré Salé / Amiel ; p. 156 : Marmiton / Manina Hatzimichali ; p. 158 : Marmiton / Manina Hatzimichali ; p. 159 : Marmiton / Manina Hatzimichali, Fotolia / Brad Pict ; p. 160 : Marmiton / Manina Hatzimichali ; p. 162 : Sarah Bruey ; p. 164 : Marmiton / Manina Hatzimichali ; p. 165 : Sucré Salé / Van Leuven/Supperdelux, 123RF / Lianem, 123RF / Viktar Malyshchyts (melon jaune) ; p. 166 : 123RF / Valentyn Volkov ; p. 167 : Marmiton / Manina Hatzimichali ; p. 169 : Marmiton / Manina Hatzimichali ; p. 170 : Marmiton / Manina Hatzimichali, Fotolia / Alain Wacquier ; p. 171 : Marmiton / Manina Hatzimichali ; p. 172 : Sucré Salé / Viel ; p. 174 : Sucré Salé / Viel ; p. 175 : Marmiton / Manina Hatzimichali ; p. 176 : Sucré Salé / Veigas, 123RF / Valentyn Volkov ; p. 177 : Sucré Salé / Studio ; p. 178 : Sucré Salé / Studio ; p. 179 : Sucré Salé / Duca ; p. 180 : 123RF / Mikhail Mandrygin ; p. 181 : Sucré Salé / Caste ; p. 182 : Sucré Salé / Dacosta ; p. 183 : Sucré Salé / Viel ; p. 184 : Marmiton / Manina Hatzimichali ; p. 185 : Marmiton / Manina Hatzimichali ; p. 186 : StockFood / Sporrer/Skowronek, Fotolia / E. S. ; p. 188 : Sarah Bruey ; p. 190 : Sucré Salé / Fénot, 123RF / Andrey Starostin ; p. 192 : Marmiton / Manina Hatzimichali ; p. 193 : Marmiton / Manina Hatzimichali, Fotolia / L. Bouvier ; p. 194 : Sucré Salé / Fénot, 123RF / Yasonya ; p. 195 : Marmiton / Manina Hatzimichali ; p. 196 : Marmiton ; p. 197 : 123RF / Margouillat ; p. 198 : Marmiton / Manina Hatzimichali ; p. 199 : Marmiton / Manina Hatzimichali ; p. 200 : Marmiton / Manina Hatzimichali ; p. 201 : Sucré Salé / Veigas ; p. 202 : Marmiton / Manina Hatzimichali ; p. 204 : Sucré Salé / Vaillant ; p. 205 : Marmiton / Manina Hatzimichali ; p. 206 : Marmiton / Manina Hatzimichali ; p. 207 : Marmiton / Manina Hatzimichali, 123RF / Alexander Raths ; p. 208 : Sucré Salé / Radvaner ; p. 209 : Sucré Salé / Studio ; p. 210 : Marmiton / Manina Hatzimichali ; p. 212 : Marmiton / Manina Hatzimichali ; p. 214 : Sarah Bruey ; p. 216 : Marmiton / Manina Hatzimichali ; p. 218 : Sucré Salé / Radvaner, 123RF / Natika ; p. 219 : Marmiton / Manina Hatzimichali ; p. 220 : Fotolia / Tim Ur, Marmiton / Manina Hatzimichali ; p. 222 : Sucré Salé / Leser, 123RF / Cynoclub ; p. 223 : Marmiton / Manina Hatzimichali ; p. 224 : Sucré Salé / Faccioli ; p. 226 : 123RF / Olga Popova, StockFood / Lanneretonne, Anthony ; p. 227 : Marmiton / Manina Hatzimichali ; p. 228 : Sucré Salé / Thys/Supperdelux, 123RF / Yuri Teploukhov ; p. 229 : Sucré Salé / Fondacci ; p. 231 : Marmiton / Manina Hatzimichali ; p. 232 : Sucré Salé / Roulier/Turiot ; p. 233 : Sucré Salé / Amiel ; p. 234 : Sucré Salé / Swalens ; p. 235 : Marmiton / Manina Hatzimichali ; p. 236 : Marmiton / Manina Hatzimichali ; p. 237 : Sucré Salé / Bilic ; p. 238 : Sucré Salé / Adam ; p. 239 : Marmiton / Manina Hatzimichali ; p. 240 : Sarah Bruey ; p. 242 : Marmiton / Manina Hatzimichali, Fotolia / Brad Pict ; p. 243 : Sucré Salé / Thys/Supperdelux ; p. 244 : 123RF / Serhiy Stakhnyk ; p. 245 : Marmiton / Manina Hatzimichali ; p. 246 : Marmiton / Manina Hatzimichali ; p. 247 : Sucré Salé / A Point Studio, 123RF / Pauliene Wessel ; p. 249 : Marmiton / Manina Hatzimichali ; p. 250 : Marmiton / Manina Hatzimichali ; p. 251 : Sucré Salé / Thys/Supperdelux, 123RF / Shane White ; p. 252 : Sucré Salé / Fondacci ; p. 253 : Sucré Salé / Rivière ; p. 254 : Marmiton / Manina Hatzimichali ; p. 256 : Sucré Salé / Hall ; p. 257 : Marmiton / Manina Hatzimichali ; p. 259 : Marmiton / Manina Hatzimichali ; p. 260 : Marmiton / Manina Hatzimichali ; p. 261 : Sucré Salé / Radvaner, 123RF / Iakov Kalinin ; p. 262 : Marmiton / Manina Hatzimichali ; p. 263 : Marmiton / Manina Hatzimichali ; p. 264 : Marmiton / Manina Hatzimichali ; p. 265 : Sucré Salé / Roche ; p. 266 : Sucré Salé / Roche ; p. 268 : Marmiton / Manina Hatzimichali, Fotolia / Veleknez ; p. 269 : Marmiton / Manina Hatzimichali ; p. 270 : Marmiton / Manina Hatzimichali ; p. 272 : Marmiton / Manina Hatzimichali ; p. 273 : Marmiton ; p. 274 : Sucré Salé / Studio ; p. 275 : Sucré Salé / Rivière, Jean-Francois, Fotolia / Brad Pict ; p. 276 : Sucré Salé / Viel ; p. 278 : Marmiton / Manina Hatzimichali ; p. 280 : Marmiton / Manina Hatzimichali, 123RF / Sedvena ; p. 281 : Marmiton / Manina Hatzimichali ; p. 282 : Sucré Salé / Studio ; p. 283 : Sucré Salé / Cabannes ; p. 284 : Marmiton / Manina Hatzimichali ; p. 286 : Sucré Salé / Bilic, 123RF / Peter Zijlstra ; p. 287 : Marmiton / Manina Hatzimichali ; p. 288 : Marmiton / Manina Hatzimichali ; p. 289 : Marmiton / Manina Hatzimichali, 123RF / Mariusz Blach ; p. 290 : Marmiton / Manina Hatzimichali ; p. 291 : Fotolia / Javarman ; p. 292 : Sarah Bruey ; p. 294 : Sucré Salé / Swalens ; p. 296 : Fotolia / Dusk ; p. 297 : Marmiton / Manina Hatzimichali ; p. 298 : Sucré Salé / Balme ; p. 299 : Sucré Salé / Hall ; p. 301 : Marmiton / Manina Hatzimichali ; p. 302 : Émilie Montuclard ; p. 303 : Marmiton / Manina Hatzimichali, 123RF / Andrey Shupilo ; p. 304 : 123RF / Alan64 ; p. 305 : Marmiton / Manina Hatzimichali ; p. 306 : Marmiton / Manina Hatzimichali ; p. 307 : Sucré Salé / Bilic ; p. 308 : Marmiton / Manina Hatzimichali ; p. 309 : Sucré Salé / Nicoloso ; p. 310 : Marmiton / Manina Hatzimichali ; p. 311 : Sucré Salé / Veigas ; p. 312 : 123RF / Cynoclub ; p. 314 : Sucré Salé / Viel ; p. 316 : Marmiton / Manina Hatzimichali, 123RF / Atoss ; p. 317 : Marmiton / Manina Hatzimichali ; p. 318 : Marmiton / Manina Hatzimichali, Fotolia / Cynoclub ; p. 319 : StockFood / Leser, Nicolas.